Inhaltsverzeichnis

Vorwort

„Bankraub ist eine Unternehmung von Dilettanten. Wahre Profis gründen eine Bank."

Bertolt Brecht (deutscher Lyriker, 1898-1956)

Auch wenn es das Wort suggeriert, „Bankster" ist nicht nur das Synonym für kriminelle Bankangestellte, vielmehr ist es ein Wort, das Mitglieder einer mitten unter uns existierenden Parallelgesellschaft der Geldvermehrungsindustrie beschreibt. Banker, Berater, Rechtsanwälte, Unternehmer, sogar Journalisten und Glaubensvertreter – sie alle können Bankster sein, und viele von ihnen sind es, ohne dass wir es wissen. Und ich weiß, wovon ich rede, denn ich war ein Bankster.

Bereits im Alter von 25 Jahren wurde ich Mitinhaber einer kleinen, aber sehr geschäftigen Vermögens- und Unternehmensberatung an einer der Top-Adressen in Zürich. Unsere Hauptgeschäftsfelder: Steuersparkonstrukte, Schwarzgeld und Geldwäsche. Unsere Kunden: Deutsche, Österreicher, Niederländer, Griechen – eigentlich die ganze Welt.

Eine knappe Milliarde Euro hat meine Firma für unsere Kunden, vorbei am Fiskus, in sichere Häfen verfrachtet. Ich war einer der Großen auf der dunklen Seite der Finanzwirtschaft, und Sie hätten wahrscheinlich nie von mir gehört, wenn Sie dieses Buch nicht gerade lesen würden. Wahrscheinlich hätten Sie das meiste, was in diesem Buch enthüllt wird, ebenso nie erfahren.

Folgen Sie mir auf einem Streifzug durch meine Geschichte. Es ist die Geschichte zwielichtiger Vermögensverwalter, gieriger Multis, korrupter Politiker, betrügerischer Berater und verantwortungsloser Unternehmer und ihrer Tricks und Kniffe der legalen und illegalen Geldvermehrung – aber auch die Geschichte von den Resten der verschollen geglaubten DDR-West-Mark-Millionen, über Nazi-Goldbarren bis hin zu einer gigantischen Steuervermeidungsindustrie, die Europa jedes Jahr bis zu 1.000 Milliarden Euro unterschlägt.

Der Weg auf die dunkle Seite

Leute, die behaupten, dass das erste, was ihnen einfällt, wenn man sie nach der Schweiz fragt, Berge und Schokolade seien, lügen entweder oder sie sind total naiv. Wer nicht mit einer rosaroten Brille oder einem verklärten Weltbild durch die Gegend läuft, der denkt an Banken, Geld und Luxus – na ja, und vielleicht noch an den ulkigen Dialekt.

Als ich mit Anfang zwanzig mein Bachelor-Studium in der Tasche hatte, kehrte ich Deutschland den Rücken – wohl wissend, dass in der alten BRD durch ehrliche, harte Arbeit keiner mehr wirklich reich wird. Das war für mich keine Perspektive. Meine ganze Familie besteht und bestand aus Arbeitern – ehrliche Leute, die sich über Generationen so etwas wie eine kleine heile Welt geschaffen hatten: ein Haus mit Garten, zwei Kleinwagen, ab und zu an die Nordsee in den Urlaub; dörflich, mit freundlichen Nachbarn, Vereinen und diesen ganzen Dingen, die man wohl nicht umsonst spießbürgerlich nennt.

Für mich war das damals gar nichts. Ich träumte schon mit zwölf Jahren davon, die richtig dicke Kohle zu scheffeln, vom Luxus und dem, was einem der Boulevard-Blödsinn als „Saus und Braus“ verkauft hat. Dabei führte mich mein Weg nicht ganz ohne Grund in die Schweiz. Mein Englisch war zu diesem Zeitpunkt miserabel. Essen bestellen und nach dem Weg fragen, mehr traute ich mir nicht zu, und in der Schweiz sprach man ja Deutsch. Das dachte ich zumindest, bis mir ein Zugschaffner kurz hinter der Grenze irgendwas von Grütze, Billett und *„falschi Chlasse“* (falsche Klasse) erzählte.

Meine erste Bude mietete ich mir im Zürcher Oberland (der Schweizer schreibt nie *Züricher*, sondern *Zürcher* – ohne „i“), zirka zwanzig Minuten mit dem Zug entfernt vom Hauptbahnhof Zürich: überhaupt nichts Besonderes, oberster Stock in einem Betonklotz, im Winter wurde die Heizung nicht warm, im Sommer stank es nach moderiger Feuchtigkeit. Die Holzfenster auf der Wetterseite bröckelten bereits auseinander und wenn ich Ihnen von der Küche erzählen soll, na ja, zumindest so viel: Irgendwann hatte ich beim Backen die 200°C heiße Tür des 1960er-Jahre Herds in der Hand, von dem sich die Scharniere gelöst hatten... Kurzum, es war eine bescheidene Absteige, in der die meisten Wohnungen mit skurrilen Sozialfällen aufgefüllt wurden, die in der Nacht aus dem Fenster predigten, lautstark Freier bedienten oder morgens um fünf Uhr Töpfe durch den Flur kickten.

Ich hatte zu Anfang nur eine Aufenthaltsbewilligung „L" für EU-Bürger, die für ein Jahr gültig war, ähnlich einer „Green-Card" auf Probe. Damit ein Dach über dem Kopf zu finden, war schwer genug, ich konnte mich also nur mäßig beklagen... Kostenpunkt: 1.850 CHF warm für 2,5 Zimmer (damals rund 1.275 €) – eine vergleichsweise günstige Wohnung für die Nähe von Zürich.

Die Joblage in der Schweiz war leider Anfang der 2000er-Jahre auch nicht die beste. Meine damals noch sehr unbeholfenen Versuche, in einer Bank ein Praktikum oder gar eine Trainee-Stelle zu bekommen, scheiterten meist schon beim Pförtner. Anscheinend hatte die Schweiz nicht auf mich gewartet. Nach knapp drei Monaten und rund neunzig Bewerbungen ging mir langsam, aber sicher das Geld aus. Ich erweiterte deshalb meine „Strategie" und suchte einen Job, der mir gegebenenfalls für die Zukunft nützliches Know-How bringen könnte, irgendwas eben, das man als Berufserfahrung sehen konnte. Ich landete schließlich als Teamleiter in einer Bude, die hauptsächlich Promotionen und Point-of-Sale Verkauf für Telekommunikations- und Elektrounternehmen managte. Damals war ich unglaublich stolz auf das, was ich machte. Man unterstellte mir von Anfang an 30 Mitarbeiter und von Zürich bis in die Ostschweiz rund 25 Geschäfte mit permanenten Werbeständen. Der Lohn war mit 5.000 CHF (damals 3.450 €) für Schweizer Verhältnisse im Mittelfeld. Dienstwagen und Spesen kamen noch dazu. Aber das Beste war, das Gefühl zu empfinden, wirklich das Sagen zu haben.

Richtig durchschaut habe ich diese Firma erst ein paar Jahre später. Ein so junger Mann ohne große Führungserfahrung beziehungsweise eigentlich ohne Berufserfahrung, was sollte der in einer so hohen Position? Der Dummbeutel sein! Die Methoden im Unternehmen waren alles andere als mitarbeiterfreundlich. Die Promotoren wurden mit guten Provisionen geködert, der Stundenlohn war indes mickrig, sodass die weniger Erfolgreichen schnell wieder gingen. Die Mitarbeiter wurden ständig dazu genötigt, noch mehr Abschlüsse zu machen. Wie diese Abschlüsse zustande kamen, war der Bude mehr oder weniger egal. Wer nicht spurte, wurde entlassen. Ich habe in der Zeit so viele Kündigungen rausschicken lassen, wie andere in ihrem ganzen Leben nicht, davon sicherlich 50% fristlos an Ort und Stelle oder – bei mehrmaligem Nichterscheinen – per SMS. Das ganze Konstrukt, so seriös es nach außen aufgezogen wurde, war nichts weiter als eine Edel-Drückerkolonne, die ein paar Top-Firmen zu ihren Kunden zählte.

Aber nicht nur die Mitarbeiter wurden ausgepresst wie die Zitronen. Wir wussten, dass viele Promotoren Fake-Verträge ausstellten, um sich Provisionen zu erschleichen. Solange sich die „Storno-Rate“ beim Kunden aber bei unter 10% bewegte, war alles im grünen Bereich, und die Provisionen wurden trotzdem ausgeschüttet. Begründet wurde die Show damit, dass eine Endkontrolle zu aufwendig und kostspielig sei. Es war also zu teuer herauszufinden, was Windeier und was reale Stornos waren. Ein bisschen Bescheißen war also drin, die schlauen Promotoren hatten das schnell raus, davon gab es allerdings auch nicht allzu viele.

Die rekrutierten Mitarbeiter waren, bis auf zwei oder drei Ausnahmen, Langzeitarbeitslose, Alleinerziehende, Studenten, Ungelernte, Ausländer aus Ex-Jugoslawien mit schwierigem kulturellem Hintergrund, Ex-Knackis, und einmal wurde mir sogar eine Schizophrene zugeteilt. Wie die Arbeitsmoral dieser „Crème de la Crème“ des Arbeitsmarktes gewesen ist, können Sie sich sicherlich vorstellen. Doch den Kunden der Bude war das egal, die wollten nur Präsenz. Und da sich ihre Produkte ohne Zutun ganz gut verkauften, mussten die Promotoren auch keine Genies sein, um brauchbare Abschlusszahlen zu bringen.

Meine Aufgaben als „Teamleiter“ oder, wie auf meiner Visitenkarte stand, „Verkaufsleiter“ war irgendwie eine Mischung aus Einpeitscher auf einer römischen Galeere und einem Betreuer für minderbemittelte oder zurückgebliebene Spätpubertierer. Mein Tag bestand darin, von einem Standort zum nächsten zu fahren, zu gucken, ob die Promotoren vor Ort waren, der Stand aufgeräumt war, ob sie ihre Kleidung vorschriftsmäßig trugen, diese gewaschen war, ob die Körperhygiene stimmte etc.

Ich übertreibe nicht! Ich musste mehrfach stinkende oder ungewaschene Mitarbeiter nach Hause schicken – Leute mit Zahnbelag, als hätten sie noch nie eine Zahnbürste gesehen, oder Schweißrändern wie ein Radprofi, der sein Trikot nach der Tour de France nicht gewaschen hatte... Nicht selten hat mich vorher ein wütender Shopleiter angerufen und mich „gebeten“, den stinkenden Mitarbeiter nie wieder in seinem Laden einzuteilen. Mein Umgang damit: freundlich bleiben, „Ja“ sagen und schauen, ob er sich in zwei Wochen noch daran erinnern kann. Erziehungsmaßnahmen fruchteten bei den meisten Sklaven sowieso nicht. Das war auch egal, die Fluktuation lag bei durchschnittlich 215% in 12 Monaten. Es wäre also reine Zeitverschwendung gewesen.

Wenn ich die Zeit heute Revue passieren lasse, muss ich sagen, dass die echte „Crème de la Crème“ nicht meine Untergebenen waren, es waren eigentlich meine Vorgesetzten. Die meisten von ihnen hätten wohl auch Puff-Daddy oder Chef eines Dealerrings sein können. Solange die Promotoren ihre Zahlen brachten, waren das alles Deine Freunde, gute Freunde, Freunde, die Dich mit Geschenken wie iPods oder schicken Stiften mit Namen drauf überschütteten, die jedes Quartal eine Champagnersause für das „Führungsteam“ veranstalteten und so weiter.

Aber wehe, Deine Zahlen waren nicht gut, dann durftest Du im Verkaufsleitermeeting vor versammelter Mannschaft hören, wie schlecht Du bist und Dich dazu erklären, schwören, dass Du ab jetzt besser und härter einpeitschst, was man Dir an Mitarbeitern aus dem nie enden wollenden Strom der „Individualgestalten“ zuteilte.

Mir blieb das Gott sei Dank immer erspart, bei mir lief es bis zu meiner Kündigung durchweg positiv. Deshalb habe ich mir wahrscheinlich auch nie wirklich Gedanken darüber gemacht, was ich da eigentlich tue und vor allem, für welche Menschen.

Fast auf den Tag genau zwei Jahre habe ich den Spaß mitgemacht. Mein Fazit ist aber um einiges positiver, als Sie es sich nach diesen Zeilen vielleicht vorstellen würden. Ich denke, ich hätte in so kurzer Zeit nirgendwo so viel lernen können wie in dieser Position, mit diesen Mitarbeitern und diesen Vorgesetzten. Zum einen war es der Umgang mit jeder Art von Mensch und das, was sich so schimpft: den Gescheiterten, den Aggressiven, den Verschlossenen, den Verrückten, der Hausfrau, dem Arbeiter bis hin zum wohlhabenden Kunden.

Dann kam eine Lektion, die mein ganzes Leben verändert hat: nämlich, wie man sich weltmännisch gibt oder besser gesagt, wie man sich richtig verkauft! Sprich, wie man sich angemessen kleidet – Schuhe, Anzüge, Krawatten (und deren Knoten!) –, wo man sich die Augenbrauen zupfen lässt (und überhaupt, dass man das machen sollte) und dass man keinen schwarzen Gürtel zu braunen Schuhen trägt. Außerdem, wie sich der „Mann von Welt“ ausdrückt, wie er sich gibt, wie er seine Schwächen überdeckt, sein Unwissen überschwatzt, seine Stärken hervorhebt und auf diese Weise alle um sich herum für sich vereinnahmt, ja gar richtig beeindruckt.

Ganz nebenbei – das habe ich aber erst später gemerkt – entwickelte ich eine Art „Ganoven-Nase“. Ich habe gelernt, Betrüger und Schwätzer zu riechen, aber dazu später mehr.

Man kann das alles mit zwei Überschriften beschreiben: *„Mehr Schein als Sein“* und *„moralische Flexibilität“*.

Irgendwie bin ich sogar etwas wehmütig gegangen. Wenn diese Stelle auch anfangs extrem zeitaufwendig gewesen war und ich viele Wochen, gerade vor Weihnachten und zu anderen Feiertagen, sicherlich mehr als 70 Stunden pro Woche gearbeitet habe, so hatte ich mir später doch mein System entwickelt. Viele Abläufe hatte ich für mich und die Sklaven standardisiert. Die Fluktuation war merklich gesunken, was mir ebenfalls viel Arbeit ersparte. Zusätzlich waren eine knappe Hand voll Leute dermaßen gut geworden, dass sie 70% des Abschlussvolumens machten, ohne einen größeren Betreuungszeitraum zu benötigen. Kurz gesagt: Ich hatte einige bezahlte Freizeit.

Den Dienstagnachmittag habe ich dann zum Badewannen-Nachmittag erklärt, an dem ich jede Woche zur selben Zeit die Quietsche-Ente zu Wasser ließ und es mir mit einer kleinen Flasche Schampus und einer Schachtel Zigaretten gemütlich machte, bis meine Haut schrumpelig wurde.

Zwei Jahre später war die Bude pleite…

Den Fuß in der Tür

Bevor ich weiter von mir erzähle, möchte ich Ihnen ein paar Informationen zu den Dimensionen und andere Eckdaten zur Schweiz geben. Manchmal hilft das, um gewisse Umstände besser zu verstehen oder eigene Schlüsse ziehen zu können. Der Sage nach wurde die Eidgenossenschaft am 1. August 1291 durch einen Bundesbrief besiegelt. Die Kantone Uri, Schwyz und Unterwalden sollen auf einer Bergwiese, unweit des Ufers des Vierwaldstädtersees, per Eid einen Bund gegen die tyrannischen Habsburger geschlossen haben. Eine wirklich schöne Legende, wie es sie in der Schweiz einige gibt. Ganz nebenbei: Der schweizerische Nationalheld Wilhelm Tell – wahrscheinlich auch eine Legende – ist meines Wissens nach der einzige Nationalheld weltweit, der durch einen Schuss auf einen Landsmann ein Nationalheld wurde.

Aber weiter im Text: Die Schweiz als moderner Bundesstaat mit seinem ausgeprägten föderalistischen System existiert seit dem 12. September 1848. Die Schweizer selbst nennen sich gern eine Willensnation, soll heißen, dass sich Bürger unterschiedlichster, auch ethnischer Herkunft, willentlich zusammengeschlossen haben, um gegenseitig voneinander zu profitieren – ähnlich wie die EU, allerdings in der Schweiz eben mit dem Willen aller Bürger und um gegenseitig zu profitieren. Letzteres funktioniert bei den Eidgenossen auch noch relativ gut.

Wie Sie wahrscheinlich wissen, ist die Schweiz kein Mitglied der EU. Ein entsprechender Antrag über die Aufnahme von Gesprächen über eine Mitgliedschaft wurde zwar einmal eingereicht, ist aber mittlerweile zurückgezogen worden. Die linken Parteien haben mehrfach Volksinitiativen zum Beitritt der Schweiz in die EU lanciert oder versucht zu lancieren. Die letzte Initiative wurde 2001 mit 76,8% abgelehnt, ein deutliches Votum also gegen die EU. Es leben rund 8,2 Mio. Menschen in der Schweiz, davon sind ca. 2 Mio. Ausländer ohne Schweizer Pass.

Ungefähr 300 Finanzgesellschaften haben in der Schweiz eine Banklizenz. In diesen Unternehmen sind ca. 60.000 Mitarbeiter beschäftigt. Wie viel Vermögen die Schweizer Banken wirklich verwalten, ist schwer zu schätzen. Die zwölf größten Geldinstitute kommen zusammen auf 5

Billionen, also 5.000 Milliarden Schweizer Franken. Zu den Banken gesellen sich ca. 2.000 sog. externe Vermögensverwaltungsgesellschaften (kurz EVV) hinzu, welche manchmal aus nur einer Person aber auch aus mehreren hundert Mitarbeitern bestehen können.

Allgemein sei noch gesagt: Das *Tax Justice Network*, eine internationale Vereinigung, die sich für die Transparenz auf Finanzmärkten und die progressive Verteilung von Steuerlast einsetzt, listet die Schweiz auf Platz 1 ihres „Schattenwirtschaftsindex" und rügt damit ihre intransparente Haltung im Austausch mit ausländischen Behörden, ihre wenig effektive Schwarzgeldbekämpfung und ihr Image als „Steueroase", denen ich in einem späteren Kapitel mehr Aufmerksamkeit schenken werde. Zudem leistet die Schweiz anderen Ländern generell nur Amtsbeihilfe bei der Aufklärung von Verbrechen, die auch laut schweizerischem Recht ein Verbrechen sind.

Zurück zum Wesentlichen: Das Geldgeschäft spielt sich überwiegend in Zürich, der größten Stadt der Schweiz mit nicht ganz 400.000 Einwohnern, sowie in Genf, der zweitgrößten Schweizer Stadt mit knapp 200.000 Einwohnern, ab. Bern, die eigentliche Bundeshauptstadt (ca. 130.000 Einwohner) ist doch eher ein Nest. Auch wenn dort ein paar Banken ihren Sitz haben, wird das große Geschäft doch woanders erledigt.

In der Stadt Zürich ist rein rechnerisch jeder vierte Einwohner Millionär. Okay, bei einem Preis pro Quadratmeter Bauland von 10.000-75.000 CHF und Mietpreisen (in normalen Stadtgebieten) von 2.500 CHF für eine Dreizimmer-Wohnung mit 75 qm sollte man auch das nötige Kleingeld haben. Dafür bietet die Stadt auch eine Bilderbuchatmosphäre, die ihresgleichen sucht. Wer einmal vom Hauptbahnhof die Bahnhofstraße rauf bis zum Zürichsee gelaufen ist, die wundervollen, mit Schweizer- und Kantonsfahnen vollhängenden Fassaden der Gründerzeithäuser gesehen hat, der wird seine Begeisterung kaum verbergen können. Jede erdenkliche Luxusmarke ist hier vertreten. Eine Bank reiht sich hier an die andere, ebenso die Büros großer Firmen – links und rechts die Fußgänger, in der Mitte die in den Kantonsfarben gehaltenen, blau-weißen Straßenbahnen. Im oberen Drittel der Bahnhofstraße befindet sich der Paradeplatz, wo die beiden Großbanken *UBS* und *Credit Suisse* ihre Hauptfilialen haben. Ebenso immer einen Besuch wert ist das Cafe *Sprüngli*.

Am See angekommen, links weiter über die Quaibrücke, auf der anderen Seite des Flusses Limmat, unweit des Ortes, wo ich bald wohnen sollte, verbrachte ich viele Jahre beinahe jeden Abend. Im Sommer wie im Winter ist es an diesem Fleckchen wunderschön. Die Bars dort servieren hervorragende Drinks, und die Gesellschaft ist dem Networking mehr als dienlich. Dorthin geht man, um sich zu zeigen und um ins Gespräch zu kommen. Genau dort befand sich mein heimisches Wasserloch, in das ich nach der Arbeit so gern einkehrte, um mir an der Bar ganz gemütlich den einen oder anderen Absacker zu gönnen, nebenbei die Aussicht zu genießen und natürlich Gespräche zu suchen, um neue Kontakte zu knüpfen – selbstverständlich immer frisch rausgeputzt im Maßanzug mit polierten Lackschuhen und dem dazu passenden Gürtel, wie ich es gelernt hatte.

In den zwei Jahren zuvor hatte ich dort in den Bars einige wirklich vielversprechende Kontakte machen können. Visitenkarten zu sammeln, gute Gespräche zu führen, mich zu verkaufen bzw. in Erinnerung zu bleiben, war mir das Wichtigste. Wenn mich die Kontakte auch nicht jetzt sofort auf eine Pole-Position bringen konnten, so waren sie doch vielleicht später von Nutzen.

Irgendwann dann, während ich mir eine Woche Urlaub von der Sklaventreiberei nahm und keine große Lust verspürte wegzufahren, stand ich an einem Donnerstagmorgen zum Kaffee und Gipfeli (das schweizerische Wort für Croissant) am Tresen einer kleinen Bar mit Blick auf den See. Irgendwas hatte mich diesen Morgen aus dem Bett getrieben, obwohl ich den vorangegangenen Abend doch etwas zu viel Alkohol getrunken hatte. Man könnte es einen Wink des Schicksals nennen, wie sich später herausstellte, denn ich hatte das Glück, den wohl wichtigsten Kontakt meines bis dahin relativ unbedeutenden Daseins zu machen. Ich traf Danny D., den die meisten wohl unter dem

Spitznamen „Mr. Red“ oder kurz „Red“ kannten – zweifellos eine Anspielung auf seinen blutdruckbedingt rot leuchtenden Kopf.

Danny zu beschreiben, gestaltet sich als etwas schwierig, gehört er doch definitiv zu den zehn skurrilsten Erscheinungen, denen ich je begegnet bin. Er war ein kleiner, vielleicht 1,65 m großer, dicklicher Typ Anfang 50, der in seinem Auftreten ein wenig an William Shatner in seiner Rolle als „durchgedrehter“ Anwalt aus der Serie „Boston Legal“ erinnerte.

Selbst wenn ich es wollte, ich könnte Ihnen nicht sagen, was dieser Mann eigentlich beruflich gemacht hat, als ich ihn kennenlernte. Im späteren Verlauf unserer Bekanntschaft erzählte man mir, er handle mit „Finanzlösungen“, jedoch wollte mir niemand Details verraten, was nicht selten ist, aber aufhorchen lässt. Früher schien er mal eine Zeit lang eine kleine Bank geleitet zu haben. Was aber jeder wusste: Der gute Mann hatte ein wahnsinniges Alkoholproblem, was jedoch niemanden zu stören schien. Danny machte sein Business von Montagmorgen bis Mittwochnachmittag nüchtern. Er fuhr dabei, nach Aussagen einiger seiner Bekannten, jeden Monat einige Millionen für seine Firma ein und war von Donnerstagmorgen an nur noch auf dem Handy erreichbar, da er sich die Hucke vollsoff.

Man muss an dieser Stelle vielleicht hinzufügen: Im Bankengewerbe, und generell in hochdotierten Positionen, genießen sehr erfolgreiche Mitarbeiter gewisse „künstlerische Freiheiten“. Diese werden von Vorgesetzten entweder gepflegt ignoriert oder aktiv unterstützt. Dabei kommt es auch nicht darauf an, ob es sich um destruktive oder positive „Künste“ handelt. Sich unter der Woche an zwei Tagen bis zur Besinnungslosigkeit zu betrinken, ist da noch relativ harmlos. Ich habe später einmal eine Zeit lang für ein Unternehmen gearbeitet, in dem die Geschäftsleitung regelmäßig eine Assistenz losschicken musste, um einen berühmten Aktienhändler auszulösen, der nach einem Wochenende mit zahllosen Prostituierten, Alkohol und Kokain die Rechnung nicht mit nur einer goldenen Kreditkarte zahlen konnte.

Aber weiter im Text: Red sprach mich an jenem Morgen an. Wir redeten über die Dinge, die Schlipsträger an der Theke so bereden: Banken, Wirtschaft, aber vor allem die EU, Deutschland und allgemein die Politik. Rund sieben Stunden uferte unser Gespräch aus. Man verstand sich, was wahrscheinlich daran lag, dass wir beide eine leicht anarchistisch libertäre Einstellung zu Geld vertraten und wundervoll über dämliche Regulierungsversuche der EU und allgemein über deutsche Politik lästern konnten. Ich hatte mich nach dem dritten Kaffee auch dazu hinreißen lassen, auf Weißwein umzusteigen, und so hielten wir beide den Pegel, bis ich irgendwann gegen 15 Uhr aufgeben musste.

Red schien einen ziemlichen Narren an mir gefressen zu haben. Ich hatte ihm während unseres „Frühschoppens" die Pläne zu meiner Zukunftsgestaltung erläutert, erklärt, was ich jetzt mache und dass ich verzweifelt versuche, irgendwo einen Fuß in die Tür zu bekommen.

Am Freitagmorgen – ich hatte den restlichen Donnerstagnachmittag und die Nacht durchgeschlafen – bekam ich eine Terminanfrage von Reds Assistentin für den kommenden Montagnachmittag in seinem Büro in Zürich. Wenn man einen Betrunkenen in einer Kneipe kennenlernt, oder besser, wenn man einen Kerl in einer Kneipe kennenlernt, der schon am Morgen einen gesunden Harald-Juhnke-Gedächtnispegel zu haben scheint, sollte man eigentlich nicht glauben, dass aus dem Gespräch mit ihm etwas anderes herauskommt als heiße Luft oder dass er am nächsten Tag überhaupt noch weiß, wer man eigentlich ist.

Am Montagnachmittag in einem Büro an der Bellerivestraße, einer Top-Adresse direkt am See gelegen und damals nur ein paar Gehminuten von meinem Zuhause entfernt, traf ich dann einen nüchternen, aber vom Typus her immer noch gleichen „Mr. Red". Ich betrat sein sehr minimalistisch, aber stilvoll eingerichtetes Büro, ich würde es auf etwa 40 qm schätzen. Das Herzstück war allerdings nicht in diesem Raum zu finden, vielmehr war es der nach innen gesetzte Balkon zur Seeseite des Gebäudes, ausgestattet mit ein paar französisch anmutenden Metallstühlen, einem Tischlein und einem riesigen, überquellenden Aschenbecher, der wohl mehr benutzt wurde als der beinahe leer aussehende Schreibtisch in der Mitte des Raums. Kurz gesagt: ein Traum. Dieser

Ort schien förmlich zu schreien: *„Schaut, wie geil und erfolgreich ich bin.“* Red drückte es allerdings etwas anders aus. Ich erinnere mich noch gut an seinen Satz: *„Manchmal stehe ich hier oben, gucke auf die vorbeischleichenden Gestalten und möchte runterbrüllen: ‚Schaut euch meine riesigen Eier an. Bulleneier!‘“* Dabei machte er mit beiden Händen eine Geste, als würde er eine riesige Melone halten.

Zu meinem Erstaunen hatte Danny nichts von dem vergessen, was wir besprochen hatten, und er schien einen wirklich guten Eindruck von mir behalten zu haben. Unser Gespräch dauerte nicht ganz eine Dreiviertelstunde. Wir vertieften noch einmal meine Erfahrungen, die ich bis jetzt sammeln durfte, sowie meine Jobwünsche. Wir machten ein paar Witze über Linke, Weltverbesserer und die Unfähigkeit internationaler Ermittlungsbehörden. Danny erklärte mir dann, dass er in seiner Firma zwar keine Verwendung für mich hätte, er mich aber so mögen würde, dass er mich einem seiner alten Weggefährten empfohlen hätte, der derzeit Quereinsteiger für ein Projekt in einer bekannten Privatbank suchen würde. Aufstiegschancen bzw. Entwicklungsmöglichkeiten wären garantiert, und wenn ich jetzt sagen würde, ich würde zu meinem Wort und allem, was ich am Donnerstag gesagt hatte, stehen, dann würden wir beide jetzt sofort am Telefon mit seinem Freund einen Termin ausmachen.

Ich hatte bis dahin selten so ein erhebendes Gefühl gespürt, in meiner Welt gab es nur noch mich. Filme zogen vor meinem inneren Auge vorbei: Ich sah mich gut gekleidet ins Büro laufen, auf einem Boot über den See fahren, beim Shoppen in Mailand, wie ich eine sündhaft teure Uhr bei IWC kaufte und, und, und. Absolut in meiner eigenen Welt wanderte ich wie auf Wolken nach Hause.

Revolution des Nihilismus

Vor wichtigen Gesprächen oder Prüfungen hatte ich nie wirklich Angst. Ganz im Gegenteil: Ich werde unter Druck, in Fällen von großer Herausforderung oder Eskalation wesentlich ruhiger und kreativer, als ich es sonst schon bin – was im Übrigen eine Eigenschaft ist, die auch ausgewachsene Psychopathen teilen.

Zur Vorbereitung hatte mir Red vorab einige Infos per Email zukommen lassen, worauf Wert gelegt wird und wie die Protagonisten des bevorstehenden Stücks an sich menschlich und politisch ticken. Es war damit zu rechnen, dass der Vorstellungstermin nach dem Standardprocedere, also in drei Phasen ablaufen würde:

1. **Phase:** Lerne Dich kennen. Wäge ab, ob Dir Dein Gegenüber passt, ob Du ihn Dir in Deinem Team oder – von der anderen Seite – als Deinen Vorgesetzten vorstellen kannst. Stimmt die anfängliche Chemie, dann verwickle Dein Gegenüber in ein Gespräch, um mehr über seine Einstellung zu erfahren. Meist geht es um Politik oder gesellschaftliche Themen. So habe ich als Gesprächführer dann gleich Weltverbesserer, Moralisten und Etatisten, sprich Störenfriede, aussortiert, die in einer annähernd nihilistischen Branche sowieso nur hinderlich sind. Ganz klassisch sind auch Fragen zu vorausgegangenen Projekten bzw. Jobs. Hier merkt jeder Beobachtende schnell, was sein Gegenüber von sich selbst hält, da der eine oder andere doch dazu neigt, hier aus der zurückhaltenden Rolle zu schlüpfen und sich selbst über den grünen Klee zu loben, andere der Unfähigkeit zu beschuldigen und/oder fachliche Mängel zu offenbaren. Eigentlich sind dies alles Punkte, auf die sich jeder halbwegs intelligente und informierte Bewerber vorbereiten kann.

2. **Phase:** Das Assessment-Center (AC). Ein beinahe unmöglich zu lösendes Szenario wird erstellt, in dem es darum geht, unter massivem Druck und Störungen von außen (durch widerspenstige

Vorgesetzte, plötzliche Richtungsänderungen der Geschäftsleitung, fehlende Ressourcen oder Kunden, die auf einmal vollkommen am Rad zu drehen scheinen) die Kontrolle und vor allem die Fassung zu bewahren. Oft geht es dabei nur sekundär um die eigentliche fachliche Kompetenz des Bewerbers und in erster Linie darum, seine Reaktion, das „schnelle Schalten", unternehmerisches Denken und analytische Fähigkeiten beurteilen zu können.

3. **Phase:** Vertragsverhandlungen. Wer es bis hierhin geschafft hat, der kann nicht mehr viel falsch machen, außer natürlich, er wirft mit surrealen Forderungen um sich. Dennoch, und das habe ich des Öfteren selbst mit Bewerbern so durchgezogen, sollte der Bewerber, um nicht zu ergeben und abhängig zu wirken, wenigstens ein bisschen feilschen und wenn es nur ein paar Hunderter mehr sind als der fixe Spesensatz.

In meinem Fall hieß es nach allen drei Phasen: Willkommen im Team!

Ich muss ganz ehrlich zugeben: Ich wusste eigentlich gar nicht, in was für ein Team ich da gekommen war. Man hatte sich während des Gesprächs bedeckt gehalten, um was es eigentlich wirklich geht. Bei der Vertragsverhandlung war dann die Rede von einer Stelle als Trainee für ein Jahr mit der Option, danach in ein „Thinktank"-Projekt aufgenommen zu werden, welches zu diesem kommenden Zeitpunkt dann neu gegründet werden würde. Mir war das alles aber eigentlich auch egal. Ich war drin, das Gehalt war etwas mehr als das, was ich vorher hatte, und eine Tür, oder besser ein Türchen, in Richtung Bankenkarriere war geöffnet worden.

Ein Trainee ist meist ein Hochschulabsolvent mit oder ohne Joberfahrung, der im Unternehmen ein befristetes Programm in verschiedenen Abteilungen und Projekten durchläuft, um als Nachwuchskraft möglichst schnell wichtige Abläufe und Personen kennenzulernen. Dazu kommen diverse Seminare, die zu besuchen sind, die zum Beispiel interne Abläufe, Produkte, Rechtliches, IT oder Personal- oder Kundenentwicklung beinhalten. Alles in allem ist es eine riesige Chance, die sich ein Unternehmen ordentlich etwas kosten lässt und bei der man am Ende weiß, warum es heißt: *„Lehrjahre sind keine Herrenjahre."*

Der Erfolgsdruck hat schon einige um den Verstand gebracht. Da der Trainee oft in mehrere Projekte gleichzeitig eingebunden ist und er dort auch Vorschläge oder Lösungsideen zu liefern hat, sind 70 Stunden im Büro pro Woche keine Seltenheit. An den Wochenenden geht es am heimischen Schreibtisch weiter, viele interne oder externe Weiterbildungen haben am Ende eine Art Prüfung, und nicht zu vergessen sind die vielen Networking-Anlässe, welche nach Feierabend stattfinden und bei denen es darum geht, nach außen ein top-gelauntes und dankbares Bild abzugeben. Wer mit dem Druck nicht klarkommt, der wird nicht gefeuert, man triezt ihn einfach so lange, bis er aufgibt. Als ich an einem der Networking-Anlässe Red traf und ihm von dem Druck erzählte, unter dem wir standen, gab mir dieser nur einen Rat: Niemals Schwäche zeigen! Wer Schwäche zeigt, den zerfleischen die Löwen.

Ich habe so etwas mit eigenen Augen gesehen, es ist kein schöner Anblick und sicherlich besser, in so einem Moment aufzuhören. Wenn sie Dich nicht wollen, dann wollen sie Dich nicht. In England und den USA sind in den letzten Jahren einige Trainees und Praktikanten unter dem unmenschlichen Druck zusammengebrochen und gestorben. So etwas macht nachdenklich, scheint mir aber nach wie vor normal, wenn ich bedenke, wie viele Bewerber um so eine Stelle kämpfen und mit Sicherheit so gut wie alles aufgeben würden, was ihnen lieb und teuer ist.

Ich selbst bin nicht gestorben, ganz im Gegenteil: Zum Ende hin hat es sogar richtig Spaß gemacht. In der kurzen Zeit von knapp zwölf Monaten habe ich so viel Wissen aufgesaugt wie davor noch nie. Nach neun Monaten, also ungefähr in der Weihnachtszeit, liefen die meisten Projekte aus, und 20 der 22 Schulungen waren beendet. Viele der Kollegen im Trainee-Programm nutzten die Zeit, um durchzuatmen und ein wenig auszuspannen. Ich hingegen nutzte die Atempause, um zu sondieren und noch einmal die Runde in den Teams der verschiedenen Abteilungen zu machen. Böse Zungen würden sagen, ich ging schleimen, und mit Sicherheit tat ich das auch – allerdings wohl nicht unangenehm aufdringlich, denn der Erfolg dieser Aktion sprach für sich.

Zwei Teamleiter der Compliance, also der bankinternen Abteilung zur Überprüfung der Einhaltung aller Gesetze und Vorschriften, wurden gute Trinkkumpels, mit denen ich jeden Dienstag auf eine der Afterwork-Partys in der Innenstadt von Zürich ging. Ebenso gute Kumpels wurden ein paar Leute aus dem Private Banking und der Produktentwicklung, die ich wiederum über meine Compliance-Kumpels kennenlernte. Neben neuen Kumpels und unglaublich wichtigen internen Kontakten sondierte ich aber auch in die andere Richtung, um abzuschätzen, wer zu den wirtschaftlichen Spaßbremsen und Miesepetern gehörte, wer sich zu streng an die Regeln hielt, sprich ein Paragraphenreiter war, für wen es keine Grauzonen der „kreativen" Problemlösung gab oder wer zu denen gehörte, die einen sofort und ohne Vorwarnung bei irgendwelchen Vorgesetzten oder Aufsichtsstellen anschwärzten. Letzteres half mir ungeheuerlich bei meinen späteren Tätigkeiten und Projekten. Wer den Weg des geringsten Widerstandes kennt, der ist grundsätzlich schneller und den anderen damit klar einen Schritt voraus.

Nachdem ich sämtliche meiner Projekte abgeschlossen und alle Kurse mit Bravour bestanden hatte, durfte ich meiner ersten richtigen, selbstverantwortlichen Aufgabe nachgehen. Aus einigen meiner ehemaligen Trainee-Kollegen und ein paar Leuten vom Stammpersonal stellte unser neuer Vorgesetzter – der nebenbei gesagt identisch mit dem Herrn war, der mich eingestellt hatte – einen „Thinktank" zusammen. Wir waren insgesamt achtzehn Personen mit verschiedenem Hintergrund, so waren darunter drei Leute vom Verkauf, ein Elektrotechniker, zwei von der IT, mehrere Juristen, ein paar Wirtschaftswissenschaftler sowie ein Sozialpädagoge. Die meisten waren also Quereinsteiger in die Bankenbranche. Ziel dieser kleinen neuen Abteilung war es, für den EMEA-Wirtschaftsraum (Europe-MiddleEast-Africa) neue, der derzeitigen Nachfrage und den Trends gerecht werdende Produkte zu skizzieren und diese dann mit der Abteilung für Produktentwicklung/Strukturierte Produkte auszuarbeiten.

Hier brachten die verschiedenen Herkünfte der neuen Teammitglieder einen genau so großen Vorteil wie deren berufliche Hintergründe. Mein Team bestand aus einem Juristen, dem Sozialwissenschaftler und mir, alle drei gebürtig deutsch – na ja, genauer gesagt waren das mein Fischkopp und zwei Schwaben. Und nun dürfen Sie dreimal raten, welchen Teil Europas wir analysieren durften. Richtig: Deutschland/Österreich.

Ich möchte hier niemanden mit der Ausarbeitung dieses Projekts langweilen, nur so viel zum Ergebnis: Herausgekommen ist etwas, was in Deutschland geliebt wird. Es war eine Versicherung, die hervorragende Rendite erzielen konnte und trotzdem Steuern sparte – beides Dinge, die in Deutschland wunderbar ankommen, denn die Deutschen sind überversichert, und ihr Drang, Steuern zu sparen, ist höher als ihr Sexualtrieb – meistens zumindest.

Nun gut, eigentlich muss man sagen, dass es sich faktisch nicht um eine klassische Versicherung gehandelt hat, sondern um einen sogenannten Versicherungsmantel. Mäntel sind etwas Wunderbares, sie kommen nie aus der Mode, halten auch in kalten Zeiten warm, und es lässt sich vieles unter ihnen verstecken. Letzteres ist auch bei einem Versicherungsmantel ausschlaggebend. Es handelt sich dabei um ein Produkt, welches nach außen hin eine Rentenversicherung mimt – welche ja in vielen Ländern, allen voran in Deutschland, spezielle Steuervergünstigungen genießt –, aber in Wirklichkeit ein ganz normales Wertpapierdepot mit Fonds und Aktien darstellt, in dem der Kunde nach Belieben umschichten, also kaufen und verkaufen kann. So etwas ist per se nicht illegal, es ist allerdings ein Leichtes, durch solche Versicherungsmäntel versteuerungspflichtige Erträge zu verschleiern, und oft dienen solche Produkte als sehr unscheinbares Versteck für Schwarzgeld.

Wir haben diese Art von Produkten auch nicht erfunden, wir haben sie nur erneuert und auf den juristisch undurchschaubarsten Stand gebracht. Eine kleine „Neuerung“ hatten wir allerdings eingebaut: Es war dem Kunden möglich, von Anfang an größere Beträge einzuzahlen und diese, wenn gewünscht, als monatliche Zahlung verbuchen zu lassen. Auf diese Einmalzahlungen gab es zwar nur marginale Zinsen, der Kunde war aber seine großen, „störenden“ Geldbestände los. In einigen Fällen sind die Verträge auch der Einfachheit halber auf 2005 zurückdatiert worden.

Als wir 2008/2009 daran herumbastelten, hatte in Deutschland die Schwarz-Gelbe Regierung gerade die Steuerprivilegien für Lebensversicherungen angepasst, und der neue Bundesfinanzminister Wolfgang Schäuble schraubte an der Kapitalertragssteuer. Der Trick funktioniert ungefähr so: Eine Abgeltungssteuer fällt pauschal auf Dividenden, Kursgewinne und Zinsen an, aber nicht auf Erträge, die Anleger durch Renten- oder Kapitalversicherungen erzielen – immer vorausgesetzt, die Versicherung läuft mindestens 12 Jahre und der Abschließende ist unter 62 Jahre alt. Für uns war dieser Spaß ein guter Erfolg, und soweit ich weiß, wird dieses Produkt zwar nicht mehr aktiv verkauft, hochgegangen ist es aber auch nicht – anders als 2013, als deutsche Ermittler versuchten, der italienischen Versicherung *Generali* eine Beihilfe zur Steuerhinterziehung anzuhängen. Die *Generali* hatte offenbar ein ähnliches Produkt verkauft und wurde bzw. wird verdächtigt, dies seinen Kunden mit allen Mitteln schmackhaft gemacht zu haben. Mit im Kreuzfeuer war damals auch die *Commerzbank*, von der mehrere Filialen bundesweit durchsucht wurden, da man vermutete, dass beide zusammenarbeiten würden. Ein Jahr zuvor kamen dem deutschen Fiskus durch eine Datenpanne bei der *Credit Suisse* einige Datensätze in die Hände, die offenbarten, dass auch die *Credit Suisse* Scheinversicherungen an ca. 5.000 Deutsche verkauft hatte. Das ganze Konstrukt soll über die Bermudas gelaufen sein. Na ja, man kann nicht immer gewinnen.

Während unseres Projekts konnte ich mich in der Firma das erste Mal richtig frei entfalten. Meine vor kurzem neu gewonnenen, internen Kontakte halfen mir hervorragend bei Recherche und Ausgestaltung.

Besonders durfte ich von Erfahrungen einiger Private Banker (PBs) profitieren, die mir, speziell bei der Marktanalyse, mit ihren Kundenerfahrungen halfen. Einige Freundschaften dort vertieften sich im Laufe des Projekts, besonders die zum Teamleiter des Desks für Deutschland & Österreich. Ich war nach wie vor ein „Frontschwein" und passte gut in die Gruppe der PBs. Für den proaktiven Kundenkontakt muss man sicherlich geboren sein. Wer sich überwinden muss, einen potentiellen Kunden anzurufen oder ihn zu treffen, der gehört nicht in den direkten Kundenkontakt. Kunden, die Geld haben, sind im Normalfall nicht dumm. Ganz im Gegenteil: Die riechen Angst wie ein Bluthund eine Meile gegen den Wind und zerpflücken jeden unsicheren Neuling in der Luft schneller, als er seine Produktmappe aufgeschlagen hat. Die saucoolen Storys einiger PBs, die sie mir abends in den Kneipen erzählten, verursachten, dass es mir wieder in den Fingern juckte.

Unsere Thinktank-Gruppe sollte schließlich nach zwölfmonatigem Bestehen eingestampft werden, denn die meisten der Teams waren nicht wirklich erfolgreich gewesen – womit man aber wohl von oben auch gerechnet hatte, da die meisten dieser Post-Trainee-Projekte eher dazu gedacht sind, die Spreu vom Weizen zu trennen, also zu sehen, wer ein Gespür für den Markt entwickelt, treffend analysiert, unter Realbedingungen effektiv arbeitet und natürlich auch, wer die Führungsrolle übernimmt. Die übrig gebliebenen fünf von uns hatten die Chance bekommen, sich intern zu bewerben, die anderen mussten leider gehen.

Ein schöner Schreibtisch mag bequem sein, ich wusste aber, dass ich mich irgendwann langweilen würde, und so nutzte ich meine Kontakte und bewarb mich intern auf eine Stelle im Private Banking. Zuerst allerdings inoffiziell. Wir drei vom Thinktank-Team „Deutschland" bekamen für unser gelungenes Projekt einen respektablen Bonus von 10.000 Franken. Das war jetzt nicht die Welt im Vergleich zu den anderen, aber ausreichend, um sich für neue Schandtaten motiviert zu fühlen.

Für einen Tausender dieses Geldes lud ich alle diejenigen von den Internen, die mir bei der Planung und Recherche geholfen hatten, zum

Saufen und Fressen ein. (Verzeihen Sie bitte meine Wortwahl, aber man muss es so nennen.) Mit rund zehn Personen ging es in ein Szene-Lokal an der Badenerstraße. Aufgetischt wurden, in stets nachgefüllten Champagnerkühlern, diverse Biersorten, Champagner und Weißwein, für den Hunger standen Teller mit etwas deftigeren Tapas bereit – also das, was der Genießer als „Apéro riche" bezeichnen würde, welcher zukünftig nach und nach mein „Abendbrot" ersetzen sollte.

Als im Verlauf des Abends der Pegel bei den Entscheidungsträgern stimmte, streute ich dann meine Idee, mich intern als Private Banker zu bewerben. Die Resonanz war ausschließlich positiv, womit ich allerdings auch gerechnet hatte. Der Abend endete am nächsten Tag gegen Mittag irgendwo am anderen Ende der Stadt in einem Café, in dem es angeblich das beste Frühstück der Stadt gab. Ich kann mich allerdings beim besten Willen nicht mehr daran erinnern, ob es dieser Lobpreisung gerecht geworden war beziehungsweise, ob sich die 120 Franken Taxi hin und zurück gelohnt hatten...

Am darauffolgenden Dienstag war mein Kopf wieder klar genug, um pro forma auch das offizielle Bewerbungsprocedere einzuleiten, nur damit sich die Human Resources (HR) nicht so überflüssig fühlte und niemand behaupten könnte, es wäre nur auf Grund von Sympathie und nicht wegen vorangegangener Leistung bzw. Qualifikation eine Entscheidung gefällt worden. Im Grunde genommen entscheidet so oder so jeder „Head" einer Abteilung selbst, wen er in seinem Team haben will. Der Form halber müssen allerdings gewisse Reglements eingehalten werden, in erster Linie, um Vorwürfen von Diskriminierung oder anderweitiger Jammerei vorzubeugen. Es wird einem allerdings von Anfang an von jedem Kollegen eingebläut, den „Weg von oben hinein" zu nehmen, wenn man etwas erreichen möchte. Die Erfolgschancen sind auf diese Weise um einiges höher, und man umgeht einen Spießrutenlauf mit der HR, in der sich oft Einer für wichtiger hält als der Nächste, wenn er in langatmigen Gesprächen uralte, vorgefertigte Musterfragebögen ankreuzt und auswertet, um einem dann anhand dieser „wertvollen" Daten mehr über einen selbst erzählen zu können.

Durch meine Vorarbeit dauerte das Procedere keine zehn Tage. Ich wurde direkt vom „Head“ angefordert. Rund drei Jahre später erzählte er mir, dass er doch ganz schön hatte diskutieren müssen, da ich mit Abstand der jüngste Bewerber gewesen wäre, den es für eine Privat-Banking-Abteilung in den letzten Jahren gab. Ob das stimmt oder ob er mir nur Honig ums Maul schmieren wollte, um eine Bringschuld oder einfach etwas mehr Arschkriecherei zu erhaschen, weiß ich nicht. Es war mir da aber auch ziemlich egal, da zu diesem Zeitpunkt strenger Pulvergeruch in der Luft hing und ich wusste, dass meine Entsorgung kurz bevor stand. Aber dazu komme ich später noch.

So sehr ich mich über die verbliebenen neun Riesen von meinem Bonus gefreut hatte, sie waren innerhalb von vier Wochen weg. Ich hatte etwas zugenommen und brauchte neue Anzüge. Etwas kleiner zu machen, geht immer, etwas dranzunähen gestaltet sich hingegen wahrlich schwieriger – selbst wenn so etwas Ähnliches in Spam-Emails immer wieder versprochen wird. Glauben Sie mir: Es geht nicht, oder das Ergebnis sieht ausgeleiert aus.

Ein ordentlicher Maßanzug inkl. Hemd sowie Krawatte, Einstecktuch und Manschettenknöpfe im gleichen Stoff beginnt kostentechnisch bei 600 Franken, der Durchschnittspreis dürfte 800 Franken betragen.

Ich habe mich über solche Ausgaben nie geärgert. Auch wenn ich immer lieber der legere Typ war und so etwas nicht brauchte, so war es doch eine Investition in gute Geschäfte. Mir haben einige Leuteerzählt: *„Man macht gute Geschäfte nicht, weil man einen guten Anzug trägt.“*, was auch teilweise stimmt, aber man macht gute Geschäfte, wenn man einen guten Auftritt hinlegt, und für einen guten Auftritt benötigt man ein gutes Kostüm. Auch wenn es nur dafür sorgt, dass man sich an seine Rolle erinnert.

Mein neuer Job begann Anfang Januar des darauf folgenden Jahres. Vorher hatte ich mir den Dezember freigenommen, um hier und da noch ein paar alte Kontakte zu treffen – vor allem Red und ein paar Typen, die ich beim Netzwerken in den Lokalen kennengelernt hatte. Es ging darum, ein wenig die Fühler auszustrecken und abzutasten, wo gegebenenfalls Kundengelder darauf warteten, von mir abgeerntet zu werden. Das war auch dringend nötig, denn man hatte mir ein strammes Ziel von mind. 50 Mio. Franken neuen Kundengeldern gesetzt, die ich innerhalb von sechs Monaten zu angeln hatte. Das nennt man „sich ein Buch“ aufbauen. Das „Buch“ ist das, was einen PB ausmacht. Ein wirklich guter PB mit einem großen Buch, also einer, der seine Kunden an sich gebunden hat, kann die Bank wechseln und wird fünfzig bis neunzig Prozent seiner Kunden mitnehmen. Solche Leute sind immer gesucht, und deshalb tut die Bank alles, um sie zu halten, denn mit ihrer Zufriedenheit stehen und fallen die *Assets Under Management* (AUM), also das verwaltete Vermögen.

Für meinen Einstieg nahm mich in den ersten Monate ein gestandener Senior namens David an die Hand, er sollte auch später noch als mein „Pate“ fungieren. David war ein großgewachsener und schlanker Mann Mitte 50 und von sehr fröhlicher, teilweise sogar etwas aufgedrehter Natur, Letzteres allerdings in keinster Weise unseriös wirkend. Ganz im Gegenteil: Es machte ihn wesentlich authentischer als viele von denen, die eine Art überhöflich-seriöse Rolle zu spielen versuchten. Durch genau diese Art prägte David auch mein Verhalten. Ich begann sogar, es etwas zu kopieren oder besser gesagt: Ich ließ es nicht zu, dass auch mir dieser „Stock im Arsch“ wuchs, der aus so vielen Bankern diese schleimspurigen und gespielten Schwiegermamalieblinge machte. Das war ich nicht, und es wäre mir ehrlich gesagt auch zu anstrengend gewesen, permanent schauspielern zu müssen. Ich hatte meine Art, die etwas ruppig, zielstrebig, manchmal etwas ungeduldig, aber warmherzig und vertrauenerweckend rüberkam, und die wollte ich behalten.

David war im Business ein Riesenschlitzohr. Seine Devise: *„Alles für den Kunden, wirklich alles.“*, egal ob es gegen die Regeln der Firma verstieß oder eigentlich schon illegal war. Er kannte so viele Wege, Regeln zu umgehen und die interne Compliance zu verarschen, dass man ihm nur selten einen Deal ablehnte.

Seine größte Kunstfertigkeit war es, Dokumente zu fälschen. Keiner konnte das mit so wenig Hilfsmitteln so gut wie er. Oft fehlten den Kunden Herkunftsnachweise für größere Bareinzahlungen, die die Bank dann eigentlich hätte ablehnen müssen. Für David war das kein Problem. Mit einem mittelmäßigen Grafikbearbeitungsprogramm und einer Sammlung von Briefköpfen und Kopien originaler Einzahlungsbelege von diversen Banken und Versicherungen bastelte er innerhalb von einer halben Stunde jedes nötige Dokument zusammen, scannte es dann noch mal ein, druckte es erneut aus, um die Verpixelung anzupassen, oder schickte sich den Wisch selbst per Fax zu. Am einfachsten war es, dem Kunden zu raten, sich bei der Hausbank zeitnah z.B. 1.000 €/CHF/$ mit Beleg auszahlen zu lassen. Der frische Beleg wurde dann so frisiert, dass der Kunde einen Auszahlungsbeleg über 100.000 hatte, mit dem dann eine Einzahlung oder Deponierung der Gelder bei uns kein Problem mehr darstellte.

Selbst zum Fälschen von Unterschriften hatte David Kugelschreiber in jeder Farbe auf seinem Schreibtisch, und wenn zwei oder mehr Signaturen unter ein Dokument gehörten, dann fand sich, damit keine Ähnlichkeiten bei den Unterschriften zu erkennen waren, immer ein Kollege, der irgendeinen Namen kritzelte. Die Angelegenheit hörte auch bei Stempeln nicht auf. Der eine oder andere hatte zuhause „geliehene" Stempel seiner ehemaligen Arbeitgeber oder hatte sich, durch einen guten Scan eines Stempelabdrucks, eine Kopie bei einem der zahlreichen Internetanbieter machen lassen. Wer eine gute Beobachtungsgabe hat, etwas Geschick mit dem PC mitbringt und keine Skrupel kennt, der wird innerhalb kürzester Zeit ein guter Fälscher.

Sicherlich war uns klar, dass es sich hierbei um eine strafbare Urkundenfälschung handelte, aber kontrolliert hat das nie jemand. Der Compliance reichte es, ein Dokument vorliegen zu haben, das ihr Gewissen beruhigte. Beim Aussteller die Echtheit zu erfragen, wäre in jedem Fall – ob echt oder nicht – nur peinlich geworden und hätte den Kunden einem Dritten gegenüber bloßgestellt, was wahrscheinlich intern mehr Ärger gegeben hätte als ein paar „frisierte" Belege. Es kann mir niemand erzählen, dass von solchen Machenschaften, gerade weil sie so offen und wie selbstverständlich praktiziert wurden, keiner gewusst hat.

David war wie ich im Desk für Deutschland/Österreich/Schweiz, und er verwaltete ein Buch in Höhe von über 800 Mio. Franken – ein Lebenswerk. Und es hätte noch mehr sein können, wenn er nicht hier und da ein paar Kunden an Kollegen abgegeben hätte, wenn er das Gefühl hatte, dort könnte die Chemie stimmiger sein als mit ihm – eine wirklich feine und gönnerhafte Geste, die wohl zu den eher seltenen in der Branche gehören dürfte, vor allem, wenn man bedenkt, dass die meisten PBs Neider vom Feinsten waren und Konkurrenten, die – genauso wie die direkten Kollegen – einem nicht das Schwarze unterm Fingernagel gönnten.

Mich nahm David in den ersten Monaten sehr väterlich unter seine Fittiche. Ich durfte ihn zu ausnahmslos jedem Meeting mit Kunden begleiten. Ich bekam von ihm eine Einführung in die Präsentation der Firma und der Produkte, und er ließ mich sogar häufig vor wirklich hochrangigen Kunden alleine sprechen. In erster Linie gab er mir wohl das Gefühl von Sicherheit und stärkte meine Fähigkeiten. Es ist schwer, passende Worte zu finden, ohne wie ein Homo zu klingen. Ich bin ihm sehr dankbar für seine Unterstützung, vor allem, weil jedem Neuling in der Branche zuerst einmal ein sehr rauer Wind entgegenweht. Der Markt ist hart umkämpft, wirkliche Unterstützung oder Hilfe von den direkten Kollegen ist deshalb nicht zu erwarten.

Aber die brauchte ich auch nicht zwingend. Durch meine vielen Kontakte innerhalb der Stadt und nach Deutschland hatte ich relativ schnell ein kleines, beschauliches Buch von 25 Mio. Franken.

Was nun wirklich gefragt war, war Fleiß. Die erfolgreichen PBs sind rund um die Uhr am Arbeiten und jederzeit erreichbar. Von der Firma wurde von jedem von uns verlangt, mindestens ein bis zwei Veranstaltungen zur Kundengewinnung zu besuchen. Gemeint sind hier Afterwork-Partys in bekannten Clubs in großen Städten: Anlässe wie Autorennen, Golfturniere, Atelier-Eröffnungen, Charity-Events, Hunderennen, Pferderennen (z.B. in Iffezheim bei Baden-Baden), Jagdveranstaltungen, wie sie beispielsweise auf der Insel Herrenchiemsee stattfinden, oder Yacht-Boot-Kutter-Treffen irgendwo an einem See bzw. Meer – eben alles das, was Leute mit Kohle in der Tasche anzieht. Gerade hierfür ist nun ein hervorragender Draht zur bestehenden Kundschaft enorm wichtig. Niemand fungiert besser als „Door-Opener" als ein zufriedener Kunde, der sich von seinem Banker zu einer von ihm präferierten Veranstaltung einladen lässt und dann aus Dankbarkeit und Überschwänglichkeit dem Banker seinen kompletten Bekanntenkreis vorstellt. Ein anderer Trick ist, selbst eine Veranstaltung zu generieren und dem Eingeladenen zu erlauben, ein bis zwei Freunde mitzubringen. Ich habe so etwas stets einen „Herrenevent" genannt, und es hat hervorragend funktioniert. Dann geht es auf in das Piemont in Südfrankreich zur Trüffelsuche, begleitet durch einen Fachmann; oder an den Nürburgring zur Testfahrt des neuen Porsche Cayenne/Mercedes/BMW/Audi-RS-irgendwas; oder auf eine Berghütte in schneebedeckten Höhen mit Anreise per Helikopter; oder... Solange das Spesenkonto mitspielte – und das tat es bei erfolgreichen PBs –, waren der Kreativität keine Grenzen gesetzt. Das Wichtigste bei diesen Events war es, originell zu bleiben! Ich kann mich an einige coole Trips erinnern, bei denen ich nicht einmal den Verkäufer habe raushängen lassen, nicht einmal an den Abenden, wenn alle zusammensaßen, sich besoffen und über Politik oder Wirtschaft sprachen, über ihre Ehefrauen lästerten oder mit ihren Konkubinen angaben. Dafür war ich mir zu 75% sicher, dass in den nächsten zehn Tagen mein Telefon klingelte und ein Meeting vereinbart wurde, in dem es dann nicht mehr um nackte Weiber, sondern um nackte Zahlen ging.

Es war so oder so die Zeit, in der viele Kunden aus Deutschland sehr vorsichtig wurden. Die deutsche Bundesregierung hatte gerade ein paar Daten-CDs gekauft, auf denen sich angeblich geklaute Kundendaten von Deutschen befanden, die ihr Geld in Schweizer Banken versteckt hatten. Auch wenn das nur die halbe Wahrheit war und die meisten Datensätze von Deutschen gewesen sind, die auch in der Schweiz lebten und somit in Deutschland gar nicht steuerpflichtig gewesen sind, schlugen die Wellen hoch. Zu allem Überfluss befand sich zu diesem Zeitpunkt die SPD im Vor-Wahlkampfgetue, und ihr Kanzlerkandidat Peer Steinbrück, den man in der Schweiz nur liebenswürdig „Peitschen-Peer“ nannte, kläffte, was die Beinfreiheit zuließ, gegen das No-Go-nicht-EU-Land-mit-Bankgeheimnis Schweiz – allerdings erfolglos, wie wir alle wissen, dazu aber in einem gesonderten Kapitel mehr.

Die meisten Kunden hatten trotzdem weiter den Mut, ihr Geld einer Schweizer Bank anzuvertrauen. Es blieb ihnen ja auch, zumindest in knapp der Hälfte der von mir bearbeiteten Fälle, nichts anderes übrig…

Ich hatte wahrlich Erfolg und mir gefiel, was ich tat, auch wenn ich dafür eine 80-Stunden-Woche in Kauf nehmen musste und kaum noch private Zeit zur Verfügung hatte. Ich richtete mein Leben auf den Job aus. Die Firma machte es einem da auch nicht sonderlich schwer. Wer Erfolg hatte, der durfte auf Bürozeiten pfeifen, für den galt eine spezielle Form der „Gleitzeit“, sprich, es war egal, ob Du erst gegen zehn Uhr oder zum Mittagessen oder auch einfach mal gar nicht kamst, wenn unterm Strich dicke, fette schwarze Zahlen standen.

Nachdem ich ein gutes Jahr im Geschäft war, schusterte Red mir den Deal meines Lebens zu. Durch seine Kontakte in eine Pensionskasse hatte er erfahren, dass dort ein Betrag von rund 180 Mio. frei würde, also bei einer anderen Bank als Festgeldanlage auslief und ein neues Zuhause suchte. Eigentlich war das nicht mein Resort, da ich aber der Erste am Ball war und Red mich ausdrücklich empfohlen hatte, holte ich den Kunden fast im Alleingang für meine Bank ab und das Ganze mit dem Versprechen, auch noch weitere frei werdende Gelder in unsere Obhut zu bekommen – in den nächsten zwölf Jahren nochmals ca. 500 Mio.

Auch wenn mir das Geld nicht auf mein „Buch“ angerechnet wurde, da es von einer anderen Abteilung betreut war, so bekam ich doch meinen Bonus für dieses Geschäft, und der war spitzenmäßig – 35.000 Schweizer Franken. Außerdem durfte ich in eines der begehrten Eckbüros umziehen – ein ehemaliges Direktionsbüro mit ca. 25 qm Fläche, einem Vorzimmer für eine Assistentin und, was am allerbesten war, mit einem eigenen kleinen Bad mit WC und Dusche. Nach einer längeren Diskussion mit dem Facility Management wurde mir auch eine Chaiselongue für die müden Stunden genehmigt. Na ja, eigentlich eher, um bequemer in der Firma zu pennen, wenn ich es mal wieder nicht nach Hause geschafft hatte, aber egal. Das Herzstück, und das, worum mich alle beneideten, war sekundär die Altstadt-Aussicht und primär das Bad. Es war eines dieser alten schummrigen Bäder mit diesen kleinen, braunen Fliesen – sehr gemütlich. Wäre eine Badewanne drin gewesen, dann hätte ich mir den Telefonanschluss dorthin verlegen lassen. Den Rekord, den ich dort auf dem Klo beim Doodle-Jump-Spielen auf meinem Handy aufgestellt habe, habe ich nie wieder annähernd erreicht.

Ich hatte meinen Platz an der Sonne gefunden. Mein Ansehen in der Firma war hoch, mein Buch war auf über 300 Mio. angewachsen, und wenn sich selbstständig Kunden bei der Bank meldeten, gehörte ich mit zu den Ersten, die als Berater vorgeschlagen wurden. Mein Spesenkonto war reich gefüllt, und ich durfte so ziemlich alles, was ich tat, auf Spesen abrechnen – was im Monat, ohne Kundenevents, rund 5.000 Franken gewesen sein dürften. Ich lebte also wie eine überbezahlte Made im Speck, und ich hätte ewig so weitermachen können, hätten sich nicht gewisse „Umweltfaktoren“ ergeben, die dies verhindern wollten.

Der große Knall kam mit der rasanten Übernahme unseres Geldhauses durch eine andere Bank. Plötzlich stand alles Kopf. Die meisten Führungspositionen wurden von einem Tag auf den anderen neu besetzt, und auch unser Häuptling wurde geschasst und mit sofortiger Wirkung freigestellt. Der Spielraum für Kundenberater bzw. Private Banker wurde geschrumpft, Spesenkonten dezimiert, Überprüfungen in die Wege geleitet. Kurz gesagt: Alles war über Nacht kompliziert geworden und hatte sich für mich extrem zum Negativen entwickelt.

Am Abend trafen wir uns alle mit unserem ehemaligen Chef in einem Irish Pub in der Innenstadt. Dort war das Risiko, belauscht zu werden, relativ gering. Die Leute, von denen sich die meisten sonst auf den Tod nicht ausstehen konnten, saßen auf einmal alle im selben Boot. Jeder bangte um seinen Job und seine Zukunft. Viele waren bereits über fünfzig, starr im Geist und wussten, wie schwer es werden würde, bei der Marktlage einen ähnlich gut dotierten Job zu finden. Die anderen, einige gerade 30 oder 35 Jahre alt, hatten vor kurzem geheiratet oder planten, ihre Kinder auf teure Privatschulen zu schicken oder mussten ein Boot abbezahlen oder eine Konkubine unterhalten… Jeder hatte seine Problemchen, alle jammerten vor sich hin. Ich blieb an diesem Abend jedoch relativ still in der Ecke sitzen, trank meinen Whisky, rauchte einen Glimmstengel nach dem anderen und hörte hier und da zu, was gesprochen wurde. In den wenigen sinnvollen Sätzen, die gesprochen wurden, tauchte ein Wort immer wieder auf: Weißgeldstrategie…

Die Weißgeldstrategie war in meinem Fall der „Worst Case“. Mein Buch bestand aus ungefähr 60% Weißgeldern, also beim Fiskus angegebenen und versteuerten Geldern, sowie aus 40% Schwarzgeld. „Zebragelder“ nennt man das in der Fachsprache. Die meisten Kunden hatten einen Teil Weißgeld und einen Teil Schwarzgeld, was sich also in etwa die Waage hielt. Ein paar hatten auch nur Weißgeld, dafür ein paar wenige nur Schwarzgeld.

Die Schweizer Politik hatte jahrzehntelang auf das Bankgeheimnis verwiesen, wenn mal wieder irgendwo auf der Welt gegen die eidgenössische Bankenpolitik gewettert wurde. Doch seit kurzem wehte der Wind aus einer anderen Richtung. Man verlangte von den Banken, ihre Kunden um eine Erklärung der Steuerkonformität ihrer Gelder zu bitten. Der Markt wurde immer globaler, ausländische Staaten verklagten Schweizer Banken, überall tauchten sogenannte „Steuer-CDs“ auf, und der Druck ausländischer Regierungen auf die kleine Schweiz wurde immer größer. Um sich den Normen der OECD (*Organisation für wirtschaftliche Zusammenarbeit und Entwicklung*) zu nähern, war der Tenor geworden, die Banken dazu zu bewegen, eine Weißgeldstrategie zu fahren – dies zwar nicht mit allen Mitteln, aber immerhin so, dass häufig keine neuen Gelder ohne Herkunftsnachweis angenommen wurden, man Herkunftsnachweise akribisch prüfte und Kunden mit Schwarzgeldkonten dahingehend beriet, sich selbst in ihrem Heimatland anzuzeigen, die sogenannte Selbstanzeigenberatung. Den Verweigerern wurde gedroht, sie mit ihrem Vermögen in bar vor die Tür zu setzen. Das hätte sicherlich niemand wirklich gemacht, aber die Drohung fruchtete bei vielen. Gerade deutsche Kunden hätten erstens so schnell keine Bank gefunden, die ihr Geld genommen hätte, und zweitens wäre das Bargeld, sofern sie erwischt worden wären, an der Grenze beschlagnahmt worden. Kunden aus Deutschland wurden also mehr und mehr zu einem roten Tuch für die mittleren bis großen Bankhäuser.

Auch wir sollten davon nicht verschont bleiben, und so ging diese düstere Vorahnung einiger Kollegen auch für uns in Erfüllung. Die neue Interim-Geschäftsleitung gab bekannt, dass sich auch unsere Bank von nun an an die Vorgabenpapiere des Bundes halten würde. Bis zur allgemeinen Bekanntgabe der neuen Strategie sollten wir keine neuen Kundengelder annehmen. Außerdem würden in den nächsten Tagen mit allen Front-Mitarbeitern „Orientierungsgespräche" geführt – alles in der Business-Welt trägt solche Namen, die nach Rosen duften.

Die Gespräche wurden kurzfristig angesetzt. Den Termin bekam ich an einem Donnerstag, das Gespräch war auf Dienstagmorgen neun Uhr angesetzt, und das auch noch zu einer Zeit, zu der ich normalerweise gerade erst unter der Dusche stand.

Ich hatte bereits im Gefühl, was mir bevorstand. Wahrscheinlich würde man meine Region, speziell Deutschland, zur No-Go-Area erklären, solange von dort politisch weiterhin eine steife Brise wehte. Moralische Flexibilität würde nicht mehr gefragt sein. Nach den Regeln zu spielen, käme somit in Mode, und dafür brauchten die mich sicher nicht.

In den nächsten Tagen nutzte ich meine Zeit, um alle möglichen wichtigen Dokumente mit meinem privaten Handy abzufotografieren. Unser Kopierer hatte die Funktion, die kopierten Seiten eine Zeit lang zu speichern, ebenso unser Drucker, deshalb musste ich vorsichtig sein. Hier zeigte sich der größte Pluspunkt meines Büros: Niemand schaute mir über die Schulter.

Am Dienstagmorgen war ich der Erste, der zum Gespräch gebeten wurde. Ich ging die große Marmortreppe hinauf in den letzten Stock und an meinem Büro vorbei, bei dem die Tür offen stand. Ich ging davon aus, dass man dort bereits einen Mann von der Security aufgestellt hatte, der mir den Zutritt verweigern würde, sollte ich vor dem Gespräch noch hinein wollen.

Als ich den Konferenzraum betrat, erblickte ich drei Personen am Ende des Tisches, zwei davon hatte ich noch nie gesehen. Man stellte sich mir vor. Ich nahm Platz, schüttete mir Wasser in ein Glas, nahm einen Schluck, lehnte mich zurück und lächelte in ihre müde dreinschauenden Gesichter. Wahrscheinlich habe ich dabei sehr dämlich oder naiv ausgesehen. Der Mann in der Mitte neben der Dame vom HR, die ich flüchtig vom Sehen kannte, und dem anderen Typ, der die ganze Zeit über gar nichts sagte, begann das Gespräch. Er erzählte mir von meiner außergewöhnlichen Entwicklung, von meinem Erfolg, wie sehr die Bank bis dahin von mir profitiert hätte – Blabla eben. Zugehört habe ich ihm nicht wirklich. Dann aber lenkte er ein, erzählte von politischem Druck, von Marktentwicklung, von Weißgeldstrategie, Umbau der internen Struktur, und dann – ich muss sagen endlich – sagte er die Worte, auf die ich gewartet hatte: *„Wir sind zu dem Entschluss gekommen, dass Sie in unser neues Konzept nicht passen.“* Danach kamen noch ein paar Floskeln wie *„Gute und erfolgreiche Banker finden auch in schwierigen Zeiten einen Job.“*, außerdem wäre ich ja noch jung und mir ständen sowieso alle Türen offen.

Sie legten mir meine Kündigung vor, mein Bonus sollte anteilig ausbezahlt werden, die Kündigungsfrist betrug drei Monate, voll bezahlt, ab sofort freigestellt… Es wurde mir verboten, die Geschäftsräume ohne Einladung zu betreten. Sollte ich schon in der Kündigungsfrist einen Job bekommen, stände es mir frei, einen Aufhebungsvertrag ausstellen zu lassen.

Ich weiß nicht mehr, ob ich irgendwas gesagt habe, gejubelt habe ich allerdings nicht. Per Telefon rief man einen Herrn von der Security. Dieser sollte mich in mein Büro begleiten, damit ich dort meine persönlichen Habseligkeiten zusammensuchen konnte. Handy, Laptop und

Keycard musste ich ebenfalls abgeben. In meinem Büro wartete schon, wie ich es mir anfangs gedacht hatte, ein zweiter Security-Typ. Dieser hatte den kleinen Umzugskarton bereits gefaltet, sodass ich meine Habseligkeiten nur noch hineinwerfen musste. Ich machte einen Witz und sagte so etwas wie: *„Ach, Sie können einen Karton falten und dann hat es nur zum Security gereicht?"* Er fand ihn nicht witzig, ich hingegen musste schmunzeln. Mit meinen Sachen unter dem Arm setzte ich mich in ein Taxi und ließ mich in meine Wohnung bringen.

An diesem Tag wurde fast die komplette alte Garde unseres Desks gefeuert. Auch von anderen Desks mussten einige gehen, aber uns hatte es am härtesten getroffen. Ich war traurig, und ich war zornig zugleich. Es war irgendwie ein Gefühl, als sei ich von einer Person verlassen worden, die ich wirklich geliebt hatte.

Die nächsten Abende verbrachte ich in diversen Kneipen, so richtig nüchtern bin ich bis zum Sonntag wahrscheinlich nicht mehr geworden, aber das war mir auch egal.

Robin Hood GmbH & Co. KG

Viel Zeit, um in Selbstmitleid zu versinken, blieb mir nicht. Ich wusste, man würde in den nächsten Tagen das Gespräch mit meinen ehemaligen Kunden suchen und ihnen, sofern nötig, vorschlagen, die Bank zu wechseln oder sich selbst anzuzeigen. Ich rief also erst einmal die Kunden an, zu denen ich einen besonders guten Draht hatte und bat sie, vorerst die Füße still zu halten und auf Zeit zu spielen, ich würde mich um eine Lösung des Problems so schnell, wie es mir möglich war, bemühen und würde dann wieder direkt auf sie zukommen. Die Angelegenheit war sehr heikel, da es mir, solange ich noch in der Kündigungsfrist war, eigentlich strikt verboten war, meine Kunden zu kontaktieren.

Es musste ein Plan her. Zu einer anderen Bank zu gehen, war mehr oder weniger sinnlos. Die meisten Privatbanken sprangen derzeit auf denselben Zug des Weißgeld-Blablas auf, oder sie waren anderweitig ausgerichtet bzw. aufgestellt. Was mir übrig blieb, war, mich selbstständig zu machen oder von einem Büro eines externen Vermögensverwalters (EVV) anstellen zu lassen.

Ich suchte also nach einem moralisch flexiblen Geschäftspartner mit einer „Arschloch"- oder „Bad Boy"-Manier, wie ich sie selbst aufwies, und es fiel mir eigentlich nur einer ein, der bei solch einem Spiel in Frage käme – ein Mann, den ich bei einer meiner Networking-Touren durch die Zürcher Kneipenwelt schon vor einiger Zeit kennengelernt hatte; ein Genießer, ein Typ, der Zigarren so sehr liebte wie ich und der selten einen Abend ohne eine selbige verbrachte. Mein alter Kumpel Francesco, meist nur kurz Franky genannt, sollte der Mann der Stunde werden. Er war einer dieser EVVs, ein zugelassener Treuhänder (ähnlich einem Steuerberater in Deutschland) und im wahrsten Sinne des Wortes ein solider Kerl von ca. 180 kg, geboren und aufgewachsen im italienischen Teil der Schweiz, dem Tessin. Schon sein Vater und sein Großvater waren Treuhänder und Vermögensverwalter gewesen, alle mit ein wenig Geschäfteleien nebenbei. So soll sein Großvater in den 1930ern für die italienischen Faschisten Gold zu Geld gemacht haben, aber so etwas erzählte er einem erst, wenn er dicht genug war. Sein Vater hingegen war ein gemachter Mann, verwaltete Gelder für ehemalige Bundesräte und beriet diese in geschäftlichen und steuerlichen Angelegenheiten. In kaum einer Familie waren sich die Männer so ähnlich, und alle waren sie fett, denn sie liebten das feine Essen, und dies in rauen Mengen.

So lag es nahe, Franky auf einen Snack in die City einzuladen. Wir trafen uns an einem Nachmittag in der Onyx-Bar, der Bar des Hyatt-Hotels in Zürich – damals einer der wenigen Orte in der Stadt, an denen man noch rauchen durfte –, bestellten uns einen dieser genialen hausgemachten Burger, tranken ein Gläschen und ließen uns als Krönung eine feine Montecristo No. 2 bringen, die Lieblingszigarre Che Guevaras. Über Franky kann man sagen, was man will. Sicherlich war er ein Typ, der kein Maß kannte, allerdings war er intelligent, hatte eine sichere und schnelle Auffassungsgabe und war voll vertrauenswürdig. Außerdem hatte er Ahnung vom Geschäft und ein sehr gutes Netzwerk in kleinere und mittelgroße Banken. Für ihn als Treuhänder war es kein Problem, beliebig viele Treuhandkonten, sogenannte „Anderkonten", bei diversen Banken einzurichten. Auf diese Anderkonten können Treuhänder das Vermögen der Kunden einzahlen, die sie betreuen, ohne der Bank angeben zu müssen, von welchen Kunden dies stammt oder woher diese ihr Geld haben. Letzteres hat auch den großen Vorteil, dass der Name des Kunden nicht auf irgendeiner dämlichen Steuer-CD auftauchen kann. Als einer von rund 2.000 eingetragenen externen Vermögensverwaltern in der Schweiz war Franky zwar auch den dort geltenden Gesetzen unterworfen, wurde aber nicht wie jede Bank beziehungsweise jedes Geldhaus mit Banklizenz von der *Schweizer Finanzmarktaufsicht* (FINMA) kontrolliert. Er unterlag als Mitglied einer Vereinigung für EVVs der Selbstregulierung. Er durfte sich also selbstständig auf die Finger schauen, was, wenn man korrupt ist, natürlich glänzend funktioniert.

Wir waren uns eigentlich sehr schnell einig. Auch über die Konditionen, die wir uns selbst geben wollten, herrschte bereits halbwegs Klarheit. Das Geschäft würde über die Firma seines Vaters abgewickelt, von dem er ein Zweigstellenbüro im Zürcher Kreis 4 leitete. Das war nicht unbedingt der Kreis, in dem man sich als Vermögensverwalter niederlassen sollte, da ein großer Teil davon das Rotlichtmilieu einschloss, aber das war ja nun vorerst egal.

Für die Gelder, die ich ihm zum Verwalten vermittelte, sollte ich einen dementsprechenden „Kickback" bekommen, jährlich berechnet. Da wir im Laufe der Zeit mit den meisten Banken zusammenarbeiteten – später sogar mit meinem ehemaligen Arbeitgeber, ohne dass dieser es wusste –, konnten wir unseren Kunden jedes erdenkliche Produkt anbieten. Wir nannten unser kleines Projekt *Robin Hood GmbH & Co. KG*, was eigentlich unsinnig war, da es die Co. KG in der Schweiz gar nicht als Rechtsform für eine Firma gab, als interne Projektbezeichnung hatte es jedoch etwas Humoristisches.

Am Tag darauf rief ich bei meinem Noch-Arbeitgeber an und ließ meine Kündigung in einen Aufhebungsvertrag mit sofortiger Wirkung umwandeln, verlangte die Auszahlung meines anteilig gerechneten Bonus, was immerhin noch knapp 50.000 Franken waren, und setzte mich an den Schreibtisch. An den nächsten fünf Tagen glühte mein Ohr wie selten zuvor. Eigentlich alle meiner ehemaligen Kunden hörten sich erst einmal meine neue Idee an, ein paar sicherten sogar schon zu, Teile ihres Anlagekapitals bei uns zu deponieren. Was uns noch fehlte, war ein Bank-Partner, der wenig Fragen in Bezug auf größere Mengen Bargeld stellte. Ich zerbrach mir den Kopf und hatte keine Idee, bis mir Red eines Abends an der Theke einen guten Tipp gab und mir erzählte, dass eine Privatbank mit deutschen Wurzeln derzeit Probleme hätte, in der Schweiz neue Kunden abzugreifen. Das war irgendwie verständlich. Selbst wenn dieser Ableger der Bank einen unabhängigen Sitz in der Schweiz und somit eigentlich nichts mit seinem deutschen Mutterhaus zu tun hatte, war dort doch dieses „Geschmäckle", wie der Schwabe zu sagen pflegt. Red gab mir den Kontakt von einem dortigen Senior im Wealth Management, den ich, wie sich ein paar Gläser später herausstellen sollte, sogar flüchtig kannte.

Um nicht mit der Tür ins Haus zu fallen beziehungsweise nicht mit einem gegebenenfalls als unmoralisch aufgefassten Angebot in seinem Büro zu sitzen, lud ich ihn auf eine Tour mit dem Zigarrenschiff von

Davidoff auf dem Zürichsee ein – eine klasse Sache. Mehrere Gänge, von der Jakobsmuschel im Speckmantel, dem Wagyu-Rind bis hin zum Balik-Lachs, werden dort zu feinsten gebrannten oder gegorenen Tröpfchen kredenzt, und nebenbei darf die eine oder andere Zigarre gepafft werden.

Der Senior, ein echter Schweizer Mitte 50, ergraut und gut gekleidet, freute sich, mich wiederzusehen. Das Gespräch verlief sehr sehr locker. Wir mampften, rauchten, soffen, er fragte mich über meinen ehemaligen Arbeitgeber aus, über die Kündigung, wir redeten über Kunden und so weiter. Als der Pegel stimmte und das Essen verputzt war, ging ich mit ihm zum Bug des Schiffes, das sich noch mitten auf dem See befand. Wir waren dort allein und somit unbelauscht. Vorsichtig tastete ich mich an das Thema ran, erzählte ihm vom Projekt *Robin Hood GmbH & Co. KG*, und je mehr ich ihm erzählte, umso spitzer wurden seine Ohren. Ich schweifte etwas ab und erzählte ihm von einem meiner Kunden, den ich die Tage am Telefon hatte. Es war ein wohlhabender Industrieller aus Deutschland, Rentner und ein Verschwörungstheoretiker, der permanent nur davon sprach, was passieren würde, wenn der Euro die Grätsche macht; dass sein Vermögen futsch wäre und dass er nicht 47 Jahre gebuckelt hätte, um nachher als Stallknecht in der Lüneburger Heide Pferdemist wegzuschaufeln. Der gute Mann hatte sich einen kleinen Notgroschen zur Seite gelegt, aber es wurde ihm langsam zu heiß, das Geld zuhause zu haben – wir sprachen immerhin von 980.000 € und ein paar Unzen Gold.

Als ich fertigpalavert hatte, grinste mich der Senior an und fragte, ob das mein einziger Kunde sei, bei dem ich solche Problemchen hätte. Ich verneinte das. Dann zog er sein Smartphone aus der Innentasche seines grauen Strellson-Sakkos, und wir vereinbarten einen Termin für die kommenden Tage. Danach lud er mich noch auf eine Flasche Wein ein, wir qualmten, diskutierten über den Markt, die Instabilität des Euro, lästerten über die Deutschen, die Franzosen, die Spanier – eigentlich über alle, die mehr Steuern zahlten als die Schweizer –, spachtelten gegen Mitternacht noch ein Stück Kuchen und gingen dann unserer Wege. Der Schaden, den wir an diesem Abend in der Küche, dem Weinregal und dem Humidor verursacht hatten, belief sich auf zusammen 500 Franken.

Ein paar Tage später erschien ich pünktlich mit Franky zum Termin am Sitz der Bank des Seniors. Ich klingelte, man ließ uns hinein, und ich gebe zu, dass ich von jeher diese kleinen Privatbanken mochte, in die man nicht einfach reinspazieren konnte wie in eine Bahnhofshalle. Das Procedere in diesen „Boutiquen“, wie diese edleren Banken auch gern genannt werden, ist sich immer sehr ähnlich: Eine junge Dame bittet Sie lächelnd herein, fragt Sie nach Ihrem Namen und setzt Sie auf einen Stuhl in einem auf Hochglanz polierten Wartebereich. Sie geht hinter ihren Tresen, brabbelt etwas in ein Telefon, kommt wieder auf Sie zu, bittet Sie mit einem noch freundlicheren Lächeln zum Fahrstuhl oder die Treppe hinauf in ein üppig ausgestattetes Konferenzzimmer. Dort wartet die nächste Dame, um Ihnen den Mantel abzunehmen und Ihnen dann die Getränkekarte eines besseren Cafés zu rezitieren. Sie bekommen Ihren Kaffee, Cappuccino, Wasser mit oder ohne Kohlensäure, und in dem Moment, wenn Sie den ersten Schluck nehmen, öffnet sich die Tür und ihr Meetingpartner kommt hinein. Ich habe das immer sehr genossen, es hat so etwas Rituelles, und gleichzeitig fühlt man sich extrem wertgeschätzt, auch wenn alles nur übertrieben aufgesetzt ist.

Der Senior brachte seinen damaligen Chef mit in das Meeting, ein hochgewachsener Mann um die 60, Leiter des „Wealth Managements“ und Mitglied der Geschäftsleitung. Wir sprachen gut eine Stunde über die Steuerproblematik in Deutschland, potentielle Kunden, Gesetze etc. Es war ein Werbegespräch. Am Ende legte man uns eine saftige Kickback- und Provisionsvereinbarung vor, ohne besondere Rechte oder Pflichten. Das einzige, was wir tun mussten, war, Geld bei ihnen anzulegen. Das Wichtigste für uns war allerdings die Zusage, große Geldmengen in bar und in den gängigen Währungen anzunehmen, ohne diese zu überprüfen oder zu melden, solange sie auf ein von Franky geführtes Anderkonto eingezahlt würden. Die Bank würde sich dann darum kümmern, dass man das Geld in unauffälligen Tranchen verbuchte.

Das Spiel konnte also weitergehen. Wir hatten in den ersten Wochen bereits über 50 Mio. € von meinen ehemaligen Kunden überwiesen bekommen, dazu kamen 500.000 € von Neukunden, die mir von bestehenden vermittelt wurden.

Ich rief sodann den bereits erwähnten, an Verfolgungswahn leidenden Kunden aus Deutschland an und bat ihn, sich mit mir in Kreuzlingen, einer Stadt an der Grenze zu Deutschland, für ein Gespräch zu treffen. Kreuzlingen ist nicht sonderlich schön, aber es ist sowohl mit dem Auto als auch für mich mit dem Zug gut erreichbar gewesen. Dort angekommen, setzten wir uns in seinen Wagen, und ich erklärte ihm die Möglichkeiten und die Kosten: Produkte mit einer Rendite von möglichen 4-20% je nach Risikostufe, Festanlagegelder etc., die Gebühren für ein Konto von ca. 400 Franken plus ein Verwaltungsentgelt für den Treuhänder usw.

Er war begeistert und fragte mich, wo er unterschreiben könne und wie wir das Geld in die Schweiz bekommen würden. Nun standen wir vor einem Problem. Ich war in keinster Weise bereit, mich strafbar zu machen, was auch bedeutete, dass ich den Teufel tun würde, mit einer knappen Million Euro ohne Herkunftsnachweis in den Taschen über die Grenze zu spazieren – gerade ich, der immer an jeder Grenze und an jedem Flughafen gefilzt wurde, weil meine Nase für jeden Zollbeamten wie die eines Schmugglers auszusehen schien.

Er willigte dann irgendwann doch ein, sich mit mir und Franky zwei Tage später, einem Freitagnachmittag, hier am selben Ort zu treffen. Franky und ich fuhren mit dem Zug zum Termin und stellten uns am vereinbarten Treffpunkt auf. Wir warteten rund 15 Minuten, bis uns ein älterer Herr, in Radlerhosen und FC Bayern Trikotshirt und Nordic-Walking-Stöcke schwingend entgegenkam. Eine sportliche Sonnenbrille und ein kleiner Rucksack ließen den alten Haudegen wohl gegenüber jedem Grenzbeamten aussehen, wie einen dieser rüstigen Rentner, über die man sich so gern lustig macht.

In seinem Rucksack, unter einer alten braunen Banane und einer kleinen Flasche Mineralwasser, hatte er eine kleine Tüte mit knapp 20 recht frischen Bündeln 500-Euro-Scheinen und Krügerrand deponiert. Franky zählte vor Ort auf einer Parkbank nur grob das angebrochene Bündel nach, denn man vertraute sich gegenseitig.

Ein paar Unterschriften und zwei Stempel später war der Beutel in meiner Aktentasche verstaut, man gab sich die Hand und machte noch einen Witz. Danach setzten wir uns in die Bahn in Richtung heimwärts. Noch während der Fahrt rief ich bei unseren neuen Freunden in der Bank an, um die Übergabe vorzubereiten. Was wir beide allerdings außer Acht gelassen hatten: Es war Freitagnachmittag…

Na ja, man lernt mit jeder Aktion, und so schnappte ich mir das Geld und lagerte es in meiner Stadtwohnung im Tresor ein. So etwas sollte mir später noch öfters passieren, da die Leute gern nach Feierabend oder am Wochenende vorbeikamen. Ich fühlte mich anfangs nicht wirklich wohl mit so viel Geld zuhause, was sich aber irgendwann legte. Durch das liberale Waffengesetz der Schweiz konnte ich mir zum Selbstschutz neben einem Schwert, einem Revolver, zwei Pistolen und einer halbautomatischen Schrotflinte auch ein altes Sturmgewehr der Schweizer Armee zulegen. Das sorgte zumindest für ein gutes Gefühl. Irgendwann werden wahrscheinlich viele Menschen doch etwas paranoid mit so viel Geld im Haus. Sicherlich hätte kein Gelegenheitsdieb den schweren Safe einfach so hinaustragen, geschweige denn ihn vor Ort aufschweißen können. Aber man weiß ja nie, was der eine oder andere Kunde so im Schilde führt.

Franky und ich gingen an dem Abend noch zusammen in die *Onyx Bar*, bestellten einen Whisky und plauderten über die Entwicklung unseres Geschäfts. Von meinen ehemaligen Arbeitskollegen hatten zwei angeklopft, die über den Banken-Buschfunk Wind von unserem Projekt bekommen hatten, und wir mussten planen, wie wir die Kickback-Verträge für die Gelder, die sie an uns vermittelten, mit ihnen so gestalten konnten, dass für uns noch genug abfiel. Zudem hatte uns der Fall vom heutigen Tag gezeigt, dass wahrscheinlich nicht jeder potentielle Kunde bereit ist, mit den Taschen voller Geld über die Grenze zu fahren. Die Kunden mussten zwar so oder so in die Schweiz kommen, um vor Ort die Verträge zu unterschreiben, das geschah aber meist vorab und war auch nicht mit der Gefahr verbunden, an der Grenze bei etwas Illegalem erwischt zu werden. Außerdem wusste jeder von denen, dass wir sie aufgrund der rechtlichen Lage nicht in Deutschland beraten durften, weshalb ein Besuch in unseren Räumlichkeiten unabdingbar gewesen war. Franky hatte deshalb extra einen zusätzlichen Büroraum in der Nähe des Zürcher Flughafens organisiert.

Es gab in der Vergangenheit genug Fälle von Bankern und Beratern, bei denen nach einem ausführlichen Gespräch mit einem „potentiellen Kunden“ die Handschellen geklickt hatten. Deutschlands Ermittler machten einen guten Job, was das anging, und so lange wir unsere Bude von der Schweiz aus durchführten, konnte uns niemand etwas anhaben. Na ja, zumindest mir nicht.

Für das Problem des Transports musste also eine Lösung her. Wir hatten Glück, dass die *Onyx Bar* neben ihrer äußerst aufmerksamen Bedienung auch über eine so angenehme Beschallung und Tische in idealem Abstand verfügt, dass das Publikum um einen herum wenig bis gar nichts von dem mitbekommt, was gesprochen wird. Aber nicht nur wir machten uns das regelmäßig zu Nutze. Abendliche Meetings im Onyx haben bei vielen Tradition, bietet sich doch später die Chance auf eine gelungene Afterwork-Party in einem der Clubs in der Gegend.

Auch für uns sollte es an diesem Abend noch weitergehen. Vorher schmiedeten wir noch folgenden Plan: Für Kunden, die ihr Geld nicht zu uns bringen wollten, würden wir einen speziellen Abholservice anbieten. Franky war, trotz seiner „Rundungen“, ein begeisterter Motorradfahrer. Er besaß eine gut gefederte Sportmaschine, auf der er so auffiel, dass es schon wieder unauffällig wurde, und so sollte er den Kurier spielen. Es gibt ca. 30 Möglichkeiten für den Grenzübertritt zwischen Deutschland und der Schweiz, einige davon sind bewacht, andere zeitweise bewacht oder gänzlich unbewacht. Dazu kommt, dass an sonnigen Wochenenden tausende Schweizer Biker über die Grenze nach Deutschland fahren, um dort richtig Gas zu geben, da in der Schweiz selbst auf Autobahnen bei 120 km/h Schluss ist und Geschwindigkeitsübertretungen schnell in apokalyptischen Bußgeldern ausarten können. Ein übergewichtiger Wochenend-Easy-Rider mehr oder weniger würde dort also nie auffallen und ist es auch nie. Wir haben auf diese und andere Art und Weise in der ganzen Zeit sicherlich 10 Mio. € über die Grenze geholt, dazu einige Kilo Gold und ein Gemälde eines großen Meisters.

Es hat mich ab und an wirklich gewundert, was die Leute so als Wertanlage zuhause bunkerten, aber da ich mir für nichts zu schade war und ein Händchen fürs Handeln hatte, nahm ich beinahe jeden Auftrag entgegen. So saß irgendwann ein Kunde vor mir, der einen großen, 12,44 kg schweren Goldbarren in seinem Reisegepäck mitbrachte. Der Barren war wohl schon ein paar Jahrzehnte im Familienbesitz, und niemand wollte ihm das gute Stück abkaufen – keine Bank, kein Goldhändler, niemand. Denn, und das war wohl der Punkt, der Barren stammte vermutlich aus dem Reichsbankschatz der Nazis und war dementsprechend mit einem Hakenkreuzgeier gemarkt. Es ist schon blöde, wenn niemand Dein Gold will und Du auch noch so viel davon hast. Aber versuchen kann man es ja trotzdem – vor allem, wenn man beim erfolgreichen Verkauf eine Provision von 8% versprochen bekommt, was bei einem damaligen Preis von 28 € pro Gramm rund 17.500 € waren. Ich nahm das Ding mit zu mir nach Hause und spielte ein wenig Gewichtheben damit, bis es mir aus der Hand glitt und eine ordentliche Delle ins Parkett schlug. Ich war froh, dass mir das Ding nicht auf den Fuß gefallen war, aber wahrscheinlich sind „Verletzungen durch Goldbarren“ in der Schweiz gar nicht so selten… Ich fand dann nach langem Recherchieren und durch die Hilfe eines Freundes von Red einen Juwelier, der von meiner Provision die Hälfte abhaben wollte, sonst aber sehr umgänglich war. Gold ist am Ende doch nur Gold.

Unsere Unternehmung wuchs in kurzer Zeit so sehr, dass ich wieder mehr als gut von meinen Provisionen leben konnte. Viele Kunden empfahlen uns weiter, und wir konnten, was in der Bank aufgrund des Aufwands nur schwer möglich war, auch Kunden mit Geldern unter

100.000 € beraten und für uns gewinnen. So war es dann aber auch notwendig, in repräsentablere Büroräume umzuziehen und ein paar neue Mitarbeiter einzustellen. Wir waren ein angesehener Betrieb geworden mit 12 Mitarbeitern und einem Büro in einer Gründerzeitvilla unweit des Sees, ein wirklich schönes Haus mit großen Zimmern und elegantem Stuck unter den Decken. Ich bezog dort ein Büro, doppelt so groß wie mein letztes, mit Balkon auf der Sonnenseite und richtete mich mit einem massiven antiken Schreibtisch und einem Urwald an Pflanzen ein. Mein ganzer Lebensmittelpunkt spielte sich von da an in und um mein Büro ab. Ich zog nur eine Straße weiter in eine schöne, geräumige Wohnung im dritten Stock mit einem riesigen Wohnzimmer, in das ich auch gern Kunden einlud. Im Büro und in den Clubs im näheren Umkreis organisierten wir beinahe wöchentlich Partys, gaben Empfänge oder ließen Künstler in unseren Räumen zur Vernissage laden, immer lecker mit „Apéro riche“ und einem guten Tröpfchen. Auf der anderen Seite lud man uns zu allen großen Events ein, dem Summer-End im *Baur au Lac-Hotel* beispielsweise oder der Louis-Roederer-Champagner-Party im Club Diagonal, ins Tao's, wo die schwarzen Fliesen in den Toiletten regelmäßig von oben bis unten gepudert waren. Alles das brachte neue Kontakte und sehr viel Spaß für meist sehr viel Geld – Dekadenz in Reinkultur, die man sich gönnte, weil man es konnte.

Auch unsere Produktpalette hatten wir dementsprechend angepasst. Neben zahlreichen Anlageprodukten der Banken boten wir auch eigene, meist konservative Geldanlagen an. Dazu kamen Versicherungen, jenen ähnlich, wie ich sie für meinen ehemaligen Arbeitgeber gebaut hatte. Dann kamen die kleinen Sachen dazu: Prepaid-Kreditkarten, die wir je nach Bedarf für unsere Kunden aufluden; Schließfächer in jeder erdenklichen Größe und zu Preisen von jährlich 250 Franken für ein kleines Fach, bis hin zu 8.000 Franken für einen Schrank; oder Verkauf und Lagerung von Edelmetallen, Barren, Anlagemünzen, Sammlermünzen; Lagerung von Wertgegenständen wie Gemälden oder Schmuck sowie deren Vermittlung/Verkauf oder Begutachtung. Für jede Dienstleistung stellten wir unsere Unkosten in Rechnung. Auch boten wir unseren Kunden Komplettpakete für jährlichen Service an: von 1.000 € für das

Standardpaket bis hin zu 15.000 € für das Super-Sonder-Service-Paket. Dazu kamen Provisionen aus den Kickback-Verträgen mit den Banken, für Versicherungen und so weiter.

Trotz „schlechter Presse“ für die Schweiz aufgrund der schon mehrfach erwähnten Steuer-CDs, dem aktiven Gepolter von Peer Steinbrück oder anderen Hitzköpfen, nahm der Geldfluss zu uns kein Ende. Ganz im Gegenteil: Die Angst vor einem Niedergang des Euros durch die Krisen in Europa, ja sogar die Angst vor kriegerischen Auseinandersetzungen spielte uns in die Hände – waren doch derzeit einige Länder in eine massive Schräglage geraten und drohten ihren Bürgern mit Enteignungen oder horrenden Steuererhöhungen.

Bei uns fühlten sich die Kunden sicher, und das waren sie auch. Auf ihren Namen existierten nur dann Konten, wenn sie es ausdrücklich wünschten. Aber wenn wir die ganze Arbeit machten, dann hatte niemand etwas zu befürchten, solange es bei uns kein Datenleck gab – was aufgrund unserer sensitiven Behandlung der Kundendaten, auch intern in unserem Büro, beinahe unmöglich war. Trotzdem händigten wir jedem Kunden Verhaltensregeln für den Fall aus, dass es zu einem Ermittlungsverfahren beziehungsweise einer Hausdurchsuchung kommen sollte. Diesen „Vordruck“ hatten Kollegen und ich noch bei meinem ehemaligen Arbeitgeber geschrieben. Natürlich hatten wir ihn nicht auf Firmenpapier gedruckt und dazu gesagt, dass der Kunde ihn sich einprägen und vernichten und auf keinen Fall als Checkliste im Falle des Falls mit sich herumtragen solle. Ich möchte Ihnen diesen Vordruck nicht vorenthalten:

1. Bewahren Sie Ruhe!
2. Öffnen Sie den Beamten die Türe. (Die Beamten werden die Tür nicht „eintreten“, aber einen Schlüsseldienst rufen, sollten Sie nicht öffnen.)
3. Lassen Sie sich den Durchsuchungsbeschluss noch vor dem Eintreten der Beamten in die Wohnung zeigen, und (besonders wichtig) lehnen Sie die Durchsuchung ab und unterschreiben Sie nichts! (Das wird Ihnen vorerst nicht viel bringen, sollten

Sie aber zu einem späteren Zeitpunkt die Durchsuchung durch einen Anwalt anfechten lassen, ist dies sehr hilfreich.) Liegt kein Beschluss vor, bekommen die Beamten keinen Zutritt zu Ihrer Wohnung. Sollten die Beamten keinen Durchsuchungsbefehl/beschluss vorlegen können und sich auf „Gefahr im Verzug" berufen (was sehr, sehr selten vorkommt), verlangen Sie eine Rücksprache der Beamten mit einem Richter/Staatsanwalt.

4. Leisten Sie auf keinen Fall körperlichen Widerstand gegen die Staatsgewalt!

5. Lesen Sie den Durchsuchungsbeschluss/-befehl aufmerksam durch und lassen Sie sich von den Beamten erklären, was gesucht wird. Unterschreiben Sie nichts!

6. Kontaktieren Sie Ihren Anwalt, und bitten Sie die Beamten darum, mit dem Beginn der Durchsuchung so lange zu warten, bis Sie wissen, ob Ihr Anwalt zu Ihnen kommen kann oder nicht. Rufen Sie auf keinen Fall Ihren Bankberater oder die Bank an!

7. Lassen Sie sich Namen, Dienststelle und Telefonnummern der Beamten geben.

8. Machen Sie keine Angaben zur Sache, und vermeiden Sie informelle Gespräche mit der Polizei oder dem Staatsanwalt. Sie können sich hier auf Ihr Zeugnisverweigerungsrecht als Beschuldigter berufen. Sollten weitere Anwesende vor Ort sein, so sorgen Sie auch dafür, dass diese keine Angaben machen.

9. Lehnen Sie sogenannte „Gemeindezeugen" ab. Dies ist Ihr gutes Recht. Andersherum versuchen Sie, einen Zeugen für Ihre Seite hinzuzuziehen (z.B. einen Rechtsanwalt, Nachbarn etc.).

10. Im Regelfall sagen Ihnen die Beamten genau, was sie suchen. Sollten die Beamten nach Unterlagen fragen, so zeigen Sie ihnen, wo diese zu finden sind. Widersprechen Sie aber der Mitnahme. Ganz wichtig: Es ist Polizeibeamten ohne ausdrücklichen Befehl nicht gestattet, Ihre Unterlagen einzusehen. Dies

darf nur der Staatsanwalt oder ein Richter. Verlangen Sie deshalb eine Versiegelung aller Dokumente in Briefumschlägen oder Kartons, und lassen Sie dies detailliert im Protokoll vermerken. Unterschreiben Sie das Protokoll nicht, aber lassen Sie sich eine Kopie aushändigen.

11. Wenn möglich, machen Sie Fotos mit dem Handy oder einer Digitalkamera.
12. Durch das Aushändigen der gesuchten Unterlagen/Gegenstände können Zufallsfunde (z.B. größere Mengen Bargeld, Raubkopien von Datenträgern, nicht registrierte oder unvorschriftsmäßig gelagerte Schusswaffen etc.) verhindert werden.
13. Lassen Sie einen Rechtsanwalt die Durchsuchung sofort anfechten. Verfahrensfehler oder eine übereifrig angeordnete Durchsuchung machen jedes Verfahren zunichte.

In den ganzen Jahren wurde nur ein einziger unserer Kunden erwischt, und das nur, weil er es sich nicht hat ausreden lassen, mit über 100.000 € Bargeld im Koffer in seinem Auto die Heimreise anzutreten. Selbst schuld…

Je größer wir wurden, desto mehr Banken kamen von selbst auf uns zu. Kundenberater von bekannten „Boutiquen“ wollten uns überreden, Anderkonten bei Ihnen einzurichten oder ihre Produkte gegen fette Provisionen an unsere Kunden zu verkaufen. Das Gleiche galt für Versicherungen. Dazu boten uns andere EVVs eine Zusammenarbeit an und so weiter. Es verging kein Tag, an dem nicht irgendjemand um einen Termin bettelte, um sich mit uns zu vernetzen, uns etwas zu verkaufen oder uns dazu zu bringen, etwas zu verkaufen.

Für Franky und mich kamen die vielen Angebote sehr gelegen, da zwischenzeitlich unsere erste Partner-Bank von einer anderen, aus Deutschland kommenden Bank übernommen wurde, was sie nicht nur aufgrund des Personalwechsels in der Chefetage uninteressant machte. Zusammen mit Franky konnten wir durch die vielen Angebote Ausweichstrategien erarbeiten. Es dauerte keine Woche und die Gelder waren durch das ganze Land bei kleineren und größeren Instituten auf Anderkonten gut verteilt, und später dann, durch den natürlichen Personalwechsel von Bank zu Bank, fädelte sich das Netz bis hin ins kleine Fürstentum Liechtenstein.

Ich hatte bis dahin immer das Gefühl, die Bankenwelt wäre ein Universum, in dem jeder nur sein eigenes Süppchen kocht. Doch nun wurde mir immer mehr bewusst, wie sehr es sich dabei um eine Art Superorganismus handelte, der ineinander verkettet funktioniert, hier und da totes Gewebe abstößt und an anderer Stelle frisches bildet – schwer übersichtlich, unzerstörbar und nicht zu bezwingen.

Auch meldeten sich jetzt nach und nach einige „Prominente" bei uns, die wohl von ihren Bankberatern den Tipp bekommen hatten, dass wir nicht allzu viele Fragen stellen. Hier muss ich allerdings zugeben, dass selbst mir die Angelegenheit zu heiß wurde, da es sich bei dem einen oder anderen um eine sogenannte PEP handelte, „politically exposed person" oder auf Deutsch „politisch exponierte Person". Diese Herrschaften sind für reguläre Banken ein sehr aufwendiges Klientel, da sie einer wesentlich strengeren Überprüfung bedürfen. Da diese Leute in der Öffentlichkeit standen oder – zumindest in einigen Fällen – sicherlich durch irgendwelche Geheimdienste überwacht wurden, war mir die ganze Sache zu heiß. Wenn wir Geld von einem dieser komischen afrikanischen „Staatsmänner" angenommen hätten und irgendwie auch nur eine kleine Spur zu uns geführt hätte, dann wäre die ganze Bude hochgegangen, und das galt es tunlichst zu vermeiden. Mal ganz davon abgesehen, weiß man nie, welche „Abneigung" gewisser Personengruppen beim Auffliegen oder bei, meist absehbaren, Machtwechseln da auf einen zukam. Nein, lieber nicht, auch wenn uns teilweise Summen geboten wurden, bei denen einem die Kinnlade auf den Boden geklatscht ist.

Um wirklich alles abdecken zu können, fehlte uns nur noch ein Bereich: die Unternehmensberatung; also weniger im klassischen Sinne, sondern eher die Form der Unternehmensberatung, die man als „Steuervermeidungsstrategie" versteht beziehungsweise die „steueroptimierte Firmenkonstrukte“ erstellt – sprich in Ländern rund um die Welt Firmen gründet, Gelder hin- und herschiebt, örtliche Steuerschlupflöcher nutzt usw. Es ist das, was die „Big 4“ der Branche tagtäglich machen. Aber zu denen kommen wir später im Kapitel „Vier glorreiche Halunken“.

Red hatte mir zu dieser Thematik einen Herrn empfohlen, der wohl ein kleines Persönlichkeitsproblem hatte und deshalb seine letzte Stelle verlor. Hinten herum munkelte man, er habe sich eine Prostituierte ins Büro bestellt und dann nicht genug Geld dabei gehabt, um sie zu bezahlen – was schließlich zu Tumulten und dann zu etwas zu viel Aufmerksamkeit unbeteiligter Personen geführt haben soll. Aber das war mir ziemlich egal. Laut Red war der Kerl, den sie Louis nannten, vertrauenswürdig und leistete hervorragende Arbeit. Außerdem suchte er gerade eine Stelle und war nicht abgeneigt, für einen niedrigen Einstiegslohn, dafür jedoch mit guten Provisionen zu arbeiten.

Louis stellte mir einen Bekannten vor, einen Briten vom Land, der sich in London mit einer Anwaltskanzlei selbstständig gemacht hatte. Es war einer dieser Klischee-Briten im Schurwollanzug mit Hahnentritt-Muster und Ellenbogenflicken, polierten Schuhen, geölten Haaren und schlechten Zähnen – leider ohne den bekannten britischen Humor, wie sich später herausstellte.

Als ich ihn das erste Mal traf, hatte Louis uns einen Tisch im *Lady Hamilton’s Pub* an der Beatengasse in Zürich reserviert, eigentlich eine Touristenbude, aber einfach zu finden. Aus irgendeinem Grund liebte Louis Pubs, die einen leicht (ich möchte nicht persönlich werden) „gammligen“ Touch versprühten. In den Toiletten brannte damals noch blaues Licht – eine Vorrichtung, die man wohl in den 1990ern gegen die vielen Fixer installiert hatte, die damals noch unweit von dort auf dem Zürcher Platzspitz ihr Unwesen trieben, bevor sie von dort vertrieben wurden.

Als wir dort ankamen, wartete der Brite schon im Eingangsbereich auf uns. Dann stellte sich heraus, dass die Reservierung verloren gegangen war, dass wir aber den Tisch im Eingangsbereich bekommen könnten, anstatt den in der Ecke.

Die Bedienung deutete mit dem Finger auf den Tisch und meinte: *„Der da, unter dem Bild von Winston Churchill."* Als ich mit *„Junge Dame, als Deutscher setzt man sich nicht unter Churchill, man setzt sich wenn, dann auf ihn drauf!"* konterte, bekam ich einen abfälligen Blick von Lord Hochnäsig zugeworfen, der diese Anspielung wohl irgendwie persönlich zu nehmen schien. Ich entschuldigte mich zwar und beteuerte, dass ich froh sei, dass die Alliierten den Krieg gewonnen hätten, dennoch nannte er mich von dort an nur noch „Rotzenfuhrer", im Gegenzug bekam er von mir den Spitznamen „Miss Sophie".

Direkt wichtig war er für mich – Gott hab' Dank – nicht, machte doch Louis alle Geschäfte mit ihm. Die beiden hatten etwas ausgeheckt, an dem ich nicht wirklich beteiligt war, was aber ganz lustig klang. „Miss Sophie" gründete im Auftrag von Kunden nicht-börsennotierte Kapitalgesellschaften in England, Irland, auf den Bahamas oder sonst wo, sogenannte „Limited Companies", kurz „Ltd.". Diese Art Firma, eine Mischung aus GmbH und AG, lässt sich innerhalb kürzester Zeit mit der Einlage von minimal einem Pfund gründen und hat die gleichen Rechte wie die meisten anderen gängigen Unternehmensformen. Sie ist unter anderem, und das war interessant, auch berechtigt, Niederlassungen im Ausland zu gründen, z.B. in Deutschland oder in der Schweiz, um so firmenintern Gelder von A nach B zu verschieben.

Die meisten Länder Europas waren von Anfang an mit der Ltd. überfordert. In Deutschland gab es jahrelange Rechtsstreits darüber, wie die Ltd. zu behandeln sei. Am Ende entschied man sich, die Ltd. im Recht genauso zu behandeln, wie eine deutsche Kapitalgesellschaft. Wichtig für uns war zu diesem Zeitpunkt die Möglichkeit, damit Geld aus Deutschland zu schleusen und Konten zu eröffnen, Gelder zwischen Firmen so lange hin und her zu verschieben, bis sie „verschwunden" waren, oder eben für unser neues Konzept „Steuervermeidungsstrategien" zu entwickeln.

Einige Kunden wollten wohl überschüssiges Kapital aus ihren Unternehmen saugen und brauchten dafür Scheinfirmen, die Rechnungen für irgendwelche Beratungstätigkeiten stellen würden. Geld konnte so außerhalb des Euroraums bearbeitet oder als Kredite gut verzinst wieder ausbezahlt werden – ganz davon abgesehen, dass die Beratungs- und/oder Kreditkosten vom Unternehmer steuerlich abgesetzt werden konnten. „Miss Sophie“ kannte sich da blendend aus. Er hatte wohl vorher bei irgendeiner der unzähligen Trust-Gesellschaften in London gearbeitet, war aber gegangen, weil *„zu sehr nach den Regeln gespielt wurde“* – wer eine Ahnung davon hat, wie ein Trust im Königreich funktioniert, der liegt bei solchen Aussagen vor Lachen unter dem Tisch.

Für uns öffnete diese Angelegenheit jedenfalls Tür und Tor, um noch tiefer ins Geschäft einzusteigen und den größtmöglichen Gewinn herauszuschlagen. Die Dienstleistungen von „Miss Sophie“ waren verhältnismäßig günstig, sodass wir noch einen ordentlichen Gewinn draufschlagen konnten. Louis und er verstanden sich hervorragend, tranken den ganzen Abend und machten sich über die EU lustig.

Später stellte sich dann heraus, wie überfordert einige Schweizer Banken mit diesen ganzen Konstrukten sind. Die meisten haben nichts von dem verstanden, was wir ihnen vorlegten und haben trotzdem Konten eröffnet. Die *PostFinance* Schweiz z.B. hat mir am Schalter einfach ein Konto auf eine Firma eröffnet, die es eigentlich noch gar nicht gab und die keine Adresse in der Schweiz hatte. Auf der anderen Seite hat mir eine Kantonalbank einen Antrag abgelehnt, weil es sich ihrer Meinung nach *„um ein Konstrukt“* handelte, mit dem sie nichts zu tun haben wollten. Dort wurde ich sogar namentlich auf eine schwarze Liste gesetzt.

Die meisten dieser Arbeiten übernahm von da an allerdings Louis für uns. Red hatte mir nicht zu viel versprochen, der Mann war wirklich gut in dem, was er tat. Auch wenn mir seine Marotten manchmal wirklich auf den Geist gingen, konnte er sich zusammenreißen, wenn er musste, und war unersetzlich geworden – und der Mann hat wirklich einiges gebracht! Vom regelmäßigen Pennen im Büro, von einer Orgie mit einem Kunden und diversen Prostituierten, bis hin zur nur knapp verhinderten Versenkung unseres Bootes war alles dabei. Er kannte nun mal, wie viele in dieser Branche, kein Maß mehr und verlor regelmäßig total die Kontrolle über sich. Doch solange das Geld floss, war mir alles herzlich egal.

Die beschriebene Kombination aus verschiedenen Geschäftsfeldern und ihre moralisch flexible Umsetzung spülte uns einen unglaublichen Haufen Geld in die Taschen. Ich möchte nicht verraten, wie viel Geld wir genau verwalteten – so richtig weiß ich es auch gar nicht –, aber es war gigantisch viel. Wir sind nie aufgeflogen, und wir waren bei weitem nicht die Einzigen, die so arbeiteten. Wo Geld ist, da ist auch ein Weg...

Peitschen-Peer Steinbrück

„Für die Menschen ist nicht die Oase das Problem, sondern die Wüste drum herum.“

Guido Westerwelle (ehem. Außenminister)

Warum ich diesem Herrn Steinbrück ein ganzes Kapitel widme? Okay, ich gebe zu, ich möchte die Gelegenheit nutzen, etwas nachzutreten, was ganz einfach persönliche Gründe hat, denn „Peitschen-Peer“, wie man ihn weniger liebevoll in der Schweiz nennt, hat es tatsächlich ein paar Wochen lang geschafft, mich und mein ganzes Konzept ins Straucheln zu bringen. Ja, eine Zeit lang habe ich sogar geglaubt, dass die alte Tante SPD es geschafft hätte, aus ihrem Schröder-Loch hinauszuklettern und zu alter, sozialdemokratischer Stärke zurückzukommen. Irgendwie schien der alte Kampfgeist aus Brand'schen Tagen geweckt, als sich Peer Steinbrück als damaliger Finanzminister aufmachte, das Kanzleramt zu erobern.

Aber nun noch etwas zur Vorgeschichte. Was macht ein halbschlauer sozialdemokratischer Politiker, der wenig Konzept, dafür aber ein großes Mundwerk hat, wenn er Wähler für sich gewinnen will? Richtig, er sucht sich ein kapitalistisches Feindbild und hämmert verbal darauf herum! In diesem Fall war es die böse Schweiz, die das Geld böser, reicher Deutscher versteckt, wodurch dann der arme Zechenkumpel tausende Euronen im Jahr mehr Steuer zahlen muss. Ungerecht! Das geht nicht!

Anstatt nun seines Amtes zu walten und eines der vielen Löcher im deutschen Steuergesetz zu stopfen – denn da gibt es so viele, wie ein Schweizer Käse Löcher hat –, machte Herr Steinbrück lieber sehr medienwirksam Druck auf die Schweiz. Bereits 2009 drängte Steinbrück bei einem Vortrag bei der OECD in Paris darauf, die Schweiz aufgrund ihres bösen Bankgeheimnisses auf die „schwarze Liste“ der kooperationsunwilligen Staaten zu setzen. Steinbrück unterstrich dies mit den Worten: *„Wir müssen nicht nur das Zuckerbrot benutzen, sondern auch die Peitsche.“*, also weg mit dem diplomatischen Mist und her mit den

Druckmitteln! Das Wort „Peitsche“ irritierte die schweizerische Regierung dabei so sehr, dass prompt der deutsche Botschafter in Bern einbestellt wurde. Das gab es so noch nie. Die Schweizer, die sonst dafür bekannt sind, diplomatische Töne anzuschlagen, wenn man sie kritisierte, reagierten etwas lauter als sonst, was wohl auch daran lag, dass man hier im freiheitlichen System des Landes einen Nerv getroffen hatte. Die schweizerische Regierung in Bern gab bekannt, sie *„verbitte sich diesen Tonfall“*. Ein Sprecher der Schweizerischen Volkspartei (SVP) meinte sogar: *„...typisch für einen überforderten Finanzminister, der sein eigenes System nicht unter Kontrolle hat.“* Von der Christlichdemokratischen Volkspartei (CVP) hieß es dazu ergänzend, dass die Schweiz alle üblichen internationalen Transparenzvorschriften einhält, *„die Schweiz aber, im Gegensatz zu Deutschland, über ein attraktives Steuersystem verfüge“*. Nur die Schweizer Sozis und die Grünen gaben dem deutschen Finanzminister recht, sie forderten mit ihren Minderheiten schon länger die Abschaffung des Bankgeheimnisses und sowieso die Eingliederung der Schweiz in die EUdSSR.

Nun wäre ein Peer Steinbrück nicht Peer Steinbrück, wenn er kurze Zeit später noch einmal einen drauflegen müsste. In einem, selbst für ihn, arroganten Tonfall schob er wenige Tage später folgenden Satz hinterher: Die Drohung mit der schwarzen Liste sei die *„siebte Kavallerie im Fort Yuma, die man ausreiten lassen kann, aber die muss nicht unbedingt ausreiten. Die Indianer müssen nur wissen, dass es sie gibt“*. Die Schweiz ein Indianervolk, das der auf dem hohem Ross sitzende deutsche Finanzminister mit der Kavallerie überfallen will, wenn es nicht nach seinen Regeln spielt? Mir ist bis heute schleierhaft, was Sie damit erreichen wollten, Herr Steinbrück. Vielleicht eine Kurzschlussreaktion der Schweiz à la *„Uhhh, wir haben so Angst vor Peer Steinbrück, wir sollten ganz schnell unser Bankgeheimnis abschaffen!“*. Dachten Sie wirklich, dass das funktioniert? Haben Sie geglaubt, dass Sie auf diese Weise internationalen Druck aufbauen können, um dann damit einen Staat zur Aufgabe seiner Souveränität zu zwingen?

Wissen Sie, was der austroamerikanische Wirtschaftswissenschaftler und Vordenker, der von mir persönlich sehr geschätzten *Österreichischen Schule*, Ludwig von Mises, in seinem Buch „Liberalismus" (Teil 1, Kapitel 11) schrieb? „*Ein freier Mensch muss es ertragen können, dass seine Mitmenschen anders handeln und anders leben, als er es für richtig hält, und muss sich abgewöhnen, sobald ihm etwas nicht gefällt, nach der Polizei zu rufen.*" Es lohnt sich nicht, über diese Worte hier und jetzt ewig zu schwadronieren, ich möchte sie einfach in den Raum stellen und es jedem selbst überlassen, darüber nachzudenken.

Nun, wie ging es weiter? Die Kavallerie kam nicht. Ganz im Gegenteil: Von der Schweiz aus hatte man das Gefühl, der Cowboy Steinbrück hatte sich zu einem abgehalfterten, tollpatschigen Clown auf einem Maultier entwickelt, der, mit einem Flitzebogen bewaffnet, von einem Fettnäpfchen in das nächste schlappte – ein Politiker, der in den eigenen Reihen verzweifelt um Beinfreiheit kämpfte und dabei immer kraft- und einfallsloser wurde.

Ende 2011 wussten wir, dass es noch einmal ernst wurde zwischen Deutschland und der Schweiz. Beide Länder hatten sich nach den Verbalattacken von Peer Steinbrück zusammengesetzt und versucht, auf diplomatischem Wege eine Einigung zu finden. Die Gespräche zwischen beiden Ländern hatten lange im Geheimen stattgefunden, doch am 21. September 2011 wurde das Abkommen schließlich unterzeichnet und sollte 2013 in Kraft treten. Es musste nur noch durch den Bundesrat geschickt werden.

Ein wichtiger Eckpunkt des Abkommens war damals vor allem die mehr oder weniger steuerliche Gleichstellung für in der Schweiz angelegtes Geld durch Personen mit Steuerdomizil in Deutschland, sprich: Sie müssten für ihre in der Schweiz angelegten Gelder in Deutschland eine Abgeltungssteuer von 25% plus Solidaritätszuschlag (zusammen 26,375%) bezahlen, welche in einer Form der Quellensteuer direkt durch die Schweizer Bank nach Deutschland abzuführen wäre. Dazu kam eine Nachversteuerung für alle „Altfälle", also schon in der Vergangenheit getätigten Geldanlagen bei Schweizer Banken, von 19-24%.

Ferner sollten für deutsche Steuerbehörden mehr Rechte eingeräumt werden, um direkte Anfragen zu Daten von Anlegern zu stellen. Damit verbunden war – der für uns schlimmste Punkt – eine Aufweichung des Bankgeheimnisses in der Schweiz.

Für Anleger, die bereits unversteuertes Vermögen in der Schweiz gebunkert hatten, wäre die Möglichkeit zu einer „Ablasszahlung“ geboten – dieser Betrag wäre im Normalfall sogar höher gewesen, als wenn der Anleger den Betrag vorab regulär versteuert hätte. Ohne einen Nachweis über die Versteuerung oder eine „Ablasszahlung“ hätte jede Schweizer Bank die Geschäftsbeziehung mit dem deutschen Kunden sofort beenden müssen.

Eine solide Rechtsgrundlage für die Zukunft war das Letzte, was wir in meiner Firma damals gebrauchen konnten. Die Banken, die es noch nicht getan hatten, hätten sich recht schnell eine „Weißgeld“-Strategie zulegen müssen, und wir wussten aus erster Hand, dass die externen Vermögensverwalter, Treuhandkonten etc. auf dem Überprüfungsplan standen, sobald die Überprüfung der bankeninternen Kunden abgeschlossen gewesen wäre.

Um nicht schlagartig große Summen aus den Anlagekonten zu verlieren – was nebenbei erwähnt unseren geschäftlichen Tod bedeutet hätte – und weil bereits Kunden nach einer Lösung fragten, zogen Franky und ich uns damals zu einem Wellness-Wochenende nach St. Moritz zurück. Die innere Anspannung war so groß, dass wir beide bereits unter Kopfschmerzen litten. Außerdem brauchten wir einen Ort jenseits der Alltagshektik, um zumindest ein paar solide Lösungsansätze ersinnen zu können. Wir sponnen dabei etliche Ideen durch, wie wir aus „deutschem Geld“ „Schweizer Geld“ machen konnten. Dies beinhaltete auch die Gründung von Firmen, um Gelder zu „drehen“, sodass sie in der Schweiz „weiß“ waren – was dann sicherlich die Grauzone zur Geldwäsche schon überschritten hätte –, oder die Verlagerung unseres gesamten Geschäfts auf die Bahamas, die Cayman-Islands oder nach Singapur beziehungsweise dies, soweit es ging, auf dem Papier. Sogar die Überlegung, mit etwas Hilfe oder einem Zusammenschluss mehrerer „leidgeplagter" EVVs irgendwo eine eigene Bank zu gründen, ging uns durch den Kopf.

Wir hatten dann an einem Sonntagmittag am Pool entschieden, die Füße erst einmal still zu halten und unsere Kunden insoweit zu informieren, dass es im Falle des Inkrafttretens des Abkommens genug Ausweichmöglichkeiten gäbe. Wir wussten, dass das Abkommen auf die Zukunft abzielte. Ob es sich bei den Geldern um „deutsches" Vermögen handelt, wird weiter vom Vermögensverwalter oder der Bank deklariert, also von Franky und mir sowie unseren Geschäftspartnern, den Banken, und nicht von irgendeiner extra eingerichteten „Behörde" oder irgendeiner anderen „unabhängigen Stelle". Bis zu diesem Zeitpunkt war alles immer gut gegangen, und wenn es diesmal nicht so sein sollte, dann wusste ich, dass ich wohl für ein paar Tage nach Asien reisen müsste. Ein wenig Berufs- und Ausfallrisiko muss hinzunehmen sein, wenn man sein Geld dadurch verdient, dass andere Menschen in einem anderen Land das dort geltende Gesetz brechen.

Auch wenn es am Anfang so ausgesehen hatte, ist das erwähnte Abkommen nie zustande gekommen. Ich möchte mich an dieser Stelle ausdrücklich bei den Parteien SPD, B90/Die Grünen und Die Linke bedanken. Das *„Abkommen zwischen der Schweizerischen Eidgenossenschaft und der Bundesrepublik Deutschland über Zusammenarbeit in den Bereichen Steuern und Finanzmarkt"* hatte uns damals echt Angst gemacht. Danke, dass Sie es mit Ihrer Mehrheit im Bundesrat am 23. November 2012 abgelehnt haben.

Allen voran ritt hier unser alter Bekannter, Peer Steinbrück. In mehreren Interviews rief er dazu auf, das Abkommen nicht anzunehmen. Steinbrück gingen dabei die Strafen für Bürger, die bis zum Inkrafttreten des Abkommens unversteuertes Kapital in der Schweiz bunkerten, nicht weit genug. Er forderte, dass Schweizer Banken ihre Geschäftsbeziehungen mit deutschen Kunden rückwirkend offenlegen müssten. Dass die Schweiz dabei einen massiven Verfassungsbruch begehen müsste, indem sie die Rechtssicherheit im eigenen Land außer Kraft setzt, um rückwirkend das Bankgeheimnis zu kippen, schien ihm dabei egal zu sein.

Herr Steinbrück, unter uns, ich gebe Ihnen in vielerlei Hinsicht recht. Sie zitieren als Negativbeispiel gerne den Schweizer Privatbankier Konrad Hummler, der da einst sagte: „*Steuerhinterziehung ist Notwehr.*“ Herr Steinbrück, ich bin ein Deutscher, ich habe in Deutschland gelebt und dort fast die Hälfte meines Einkommens an den Fiskus abtreten müssen, und das bei einem nicht sehr hohen Verdienst. Und ich habe in der Schweiz gelebt, mit einem exorbitanten Verdienst, und habe knapp ein Drittel davon an Steuern und Abgaben abgeführt. Warum hören Sie nicht auf, die Schweiz zu verteufeln und besuchen diese stattdessen öfters? Gegebenenfalls können Sie noch etwas lernen von diesem Land, welches regelmäßig an erster oder zweiter Stelle der lebenswertesten Länder der Welt steht – ein Land, das es jedes Jahr aufs Neue schafft, einen ordentlichen Haushalt aufzustellen, das seine Ausgaben im Griff hat und in dem die Abgabenlast für Alleinstehende bei 17% beziehungsweise bei einer Familie mit zwei Kindern sogar nur bei knapp 4% liegt (im Vergleich Deutschland: 39% bzw. 21%).

Aus meiner heutigen Sichtweise betrachtet hätte das Abkommen Chancen für beide Seiten beinhaltet. Die Bundesrepublik hätte durch die Abgaben in Form von „Quellensteuern“, welche direkt von den Banken an Deutschland abgeführt worden wären, ohne große Arbeit profitiert. Auf der anderen Seite hätten Schweizer Banken ihre Produkte in Deutschland vertreiben dürfen, ohne dem gesetzlichen Zwang zu unterliegen, auch eine Niederlassung vor Ort zu haben. Kurzum: Für zukünftige Geschäfte hätten beide Staaten eine solide Gesetzesgrundlage geschaffen, die die Anlage unversteuerter Vermögenswerte sehr schwer gestaltet und Ganoven wie mich arbeitslos gemacht hätte. Der Streit zwischen beiden Ländern wäre für die Zukunft vom Tisch gewesen, Deutschland hätte sich nicht mehr des Ankaufs von „Hehlerware“ – gemeint sind die illegal erstellten Steuersünder-CDs – schuldig gemacht, und man hätte sich der nächsten, vielleicht sogar schlimmeren Steueroase, wie z.B. Singapur, widmen können… – oder, mal ganz weit gedacht: Man hätte die Steuerflucht in Deutschland sicherlich dadurch massiv verringern können, endlich ein faires Steuersystem in der Bundesrepublik Deutschland einzuführen.

Aber das hat man nicht, denn wie so oft in der Politik gilt: Nicht das Erreichte zählt, sondern das Erzählte reicht. Und wir wissen ja, was daraus geworden ist. Peer Steinbrück ist über die fehlende Beinfreiheit in seiner Partei gestolpert und hat sich dadurch, dass er sich für seine Auftritte als Redner fette Asche zahlen ließ, als Sozi unglaubwürdig gemacht. Heute ist er sogar hauptberuflich Berater einer Bank, der *ING-DiBa*. Die SPD hat die Wahl verloren, ist nun der immer weiter schrumpfende Juniorpartner von Mutti Merkels CDU, und der neue Finanzminister heißt Wolfgang Schäuble – ein Mann, der von früher noch so richtig Ahnung hat von schwarzen Kassen.

Herr Steinbrück, irgendwie ist da eine Hassliebe geblieben – nichts Sexuelles, keine Angst! Aber wenn Sie mal in der Stadt sind, melden Sie sich doch mal. Ich lade Sie gern auf ein Bier ein oder zwei oder fünf, und wir beiden Nordlichter schnacken n'bisschen über alte Zeiten, die Schweiz, die Banken und so.

Erich Honeckers letzte West-Mark

Jeder Künstler fragt sich in der Retrospektive wohl, was sein größtes Werk gewesen ist. Und bevor ich nun in den nächsten Kapiteln etwas sachlicher auf ein paar Themen eingehe, möchte ich Ihnen eine kleine Geschichte nicht vorenthalten. Ich bitte zu entschuldigen, wenn meine nächsten Zeilen die jahrelangen Ermittlungen der deutschen *Bundesanstalt für vereinigungsbedingte Sonderaufgaben* (BvS) durcheinanderwerfen oder in laufende Verfahren neuen Wind bringen, der vielleicht aus einer anderen Richtung als gewünscht weht, oder sogar – was eigentlich zu wünschen wäre – den Grundstein für neue Ermittlungen in eine andere Richtung legen.

Ich kam gerade aus Wien nach Zürich zurück. Dort hatte ich einen wirklich schwierigen Kunden getroffen, der unglaublich viel reden konnte und noch viel mehr wissen wollte. Das letzte Mal hatte ich ihn kurz nach dem Ausbruch des Vulkans Eyjafjallajökull auf Island gesehen. Das weiß ich noch so genau, weil ich damals mitten in der Nacht von Zürich aus mit dem Taxi nach Wien fahren musste, um den Termin mit ihm nicht zu verpassen. Die Aschewolke, die damals über Europa hing, verhinderte das Fliegen, und es war nicht möglich, den Termin zu verlegen.

Dieser Termin war zu allem Überfluss auch noch vergebens gewesen, der jetzige Besuch endete allerdings mit einem sehr lukrativen Vertragsabschluss. Ich war unglaublich müde von dem vielen Gelabere und Gefresse und wollte eigentlich nur noch ins Bett beziehungsweise in irgendeiner Kneipe ein Schlaftrünkchen zu mir nehmen, als mein Handy einen speziell nur für eine Person eingestellten Klingelton spielte. Mr. Red war am Telefon und bat mich, für ein kurzes Gespräch in sein Büro zu kommen. Ich war es nicht gewohnt, von ihm in sein Büro zitiert zu werden. Wenn wir etwas zu besprechen hatten, dann gingen wir meist in ein Lokal. Außerdem war es Donnerstagabend, und er hörte sich am Telefon ziemlich nüchtern an, was ja, wie ich eingangs schon erwähnte, für seine Verhältnisse eher ungewöhnlich war.

Da seine Nüchternheit die Wichtigkeit der Sache unterstrich, setzte ich mich, ohne mich umzuziehen, in das nächste Taxi und fuhr den Quai hinauf zu seinem Büro. Als ich es betrat, kam ein unruhiger Red auf mich zu: „*Scheiße siehst Du aus, strenges Meeting gehabt? Ist ja auch egal, Du bist noch jung, setz Dich hin. Sag mal, wenn es um Geld geht, wie sehr hängst Du da an Deinen Prinzipien?*“, floss es extrem schnell aus seinem Mund. Ich war etwas irritiert und schaute ihn dementsprechend an. Er saß mit einer Pobacke auf seiner Schreibtischkante, rutschte aufgeregt hin und her und guckte fragend zu mir runter, wie ich dort müde auf seinem Schreibtischstuhl saß. „*Die Sache ist huuuugh, huuuugh, sage ich Dir, und ich brauche dringend Deine Hilfe.*“, schob er nach. Irgendwie wusste ich nicht, was ich sagen sollte und beantwortete deshalb erstmal seine erste Frage: „*Gar nicht hänge ich an irgendwelchen Prinzipien, aber worum geht es denn eigentlich?*“

Er brach in wildes Gebrabbel aus, erzählte etwas von einer Kundin von früher, die ihm viel Geld anvertraut hätte, der er noch einen Gefallen schulden würde, aber die ganze Geschichte wäre etwas „*heiß, heiß, heiß*“, wie er sich ausdrückte. Es gäbe da ein Problem mit einer größeren Menge Bargeld, die zu allem Überfluss zum Teil in D-Mark wäre, aber keinen Herkunftsnachweis hätte, sodass man sie nicht einfach nach Deutschland bringen und dort umtauschen könnte. Außerdem wäre da Gold, das nicht jeder ankaufen würde, und natürlich drängte dazu noch die Zeit. In acht Tagen käme ein Herr, der das Geld abholen würde, ein Diplomat.

Red war ein Freund, außerdem hatte er mir in den letzten Jahren so viele Gefallen getan, dass ich ihm meine Hilfe unmöglich verwehren konnte. Zudem schien es ihm sehr wichtig zu sein. Ich hatte ihn selten so aufgebracht gesehen, wenn er sich nicht gerade über irgendeinen Politikmist aufregte. Er wollte beziehungsweise konnte die Angelegenheit wohl auch nicht alleine regeln. Hätte sein Arbeitgeber davon Wind bekommen – was, wenn man mit ein paar Mio. D-Mark durch die Gegend wedelt, um diese in eine gängige Währung zu tauschen, definitiv passiert wäre –, hätte er wohl seinen Job eingebüßt oder zumindest mächtig Ärger bekommen. Außerdem wollte er partout nicht mit dem Geld in Verbindung gebracht werden. Ich sollte nirgendwo seinen Namen erwähnen oder ihn sonst irgendwie involvieren – keine SMS, keine Anrufe, keine Emails. Erst wenn ich „fertig“ wäre, sollte ich vorbeikommen und Bescheid sagen.

Ich muss zugeben, ich hasste solche „Hauruck-Aktionen“ und hasse sie heute noch. Zu allem Überfluss befand sich das Geld nämlich auch nicht in Zürich, sondern in Genf, der Stadt, die ich so unglaublich hasste, weil dort dieses merkwürdige, nur französisch sprechende Volk der Genfer wohnte. Ich hatte noch versucht, zumindest die Abholung von Franky übernehmen zu lassen, aber der hatte eine Woche zuvor irgendeine Italienerin kennengelernt und demzufolge Hirn und Handy ausgeschaltet. So fuhr ich am nächsten Tag persönlich, mit einem meiner Stammfahrer vom Limousinenservice, in einem bequemen Mercedes von Zürich nach Genf. Viel geschlafen hatte ich die Nacht nicht, was meine Laune nicht gerade hob. Ich sollte um zehn Uhr einen Herrn in einem Hotel an der Rue de Stand treffen, dieser würde mir einen Koffer geben, dessen Inhalt ich nicht kontrollieren bräuchte, und das war’s. Mir war etwas mulmig zumute. Zwar hatte ich solche Geldübergaben schon etliche Male praktiziert, aber dann mit Leuten, die ich kannte und nicht mit Wildfremden. Zudem ärgerte ich mich darüber, dass ich mir keine Knarre eingesteckt hatte.

Ich traf den Mann bereits vor dem Hotel beziehungsweise er traf mich. Es war ein eher schmächtiger, dünner Typ mit dunklen Haaren und einem dunklen Teint, und er machte auf mich den Eindruck, ein Araber oder irgendwas aus der Wüste zu sein. Er schien zu wissen, wer ich bin, kam auf mich zu und fragte mich auf Französisch, ob ich zu Herrn/Frau Soundso wolle, was ich auf Deutsch bestätigte. Dann ging ich mit ihm in ein Zimmer, dort übergab er mir einen sicherlich 30 kg schweren, alten, aber nahezu ungebrauchten Koffer aus braunem Leder, reichte mir die Hand, wobei er sich ein wenig verneigte, und verabschiedete sich wieder auf französisch.

Ich verließ das Hotel zusammen mit dem Araber-Typ, der schnellen Schrittes die Straße hinabging und sich dabei nicht einmal umdrehte.

Ich warf den Koffer in den Kofferraum des Autos und ging erst mal einen starken Kaffee trinken und ein paar Croissants essen. Ich war immer noch unglaublich fertig vom Wochenende. Außerdem war mir der Typ irgendwie nicht geheuer, was aber auch an meinen generellen Vorurteilen gegenüber Arabern gelegen haben könnte. Ich dachte mir, wenn die Bombe hochgeht, dann hoffentlich noch, solange ich nicht im Auto sitze, obwohl ich dann mit dem Zug hätte zurückfahren müssen…

Wieder zurück im Büro angekommen, öffnete ich den Koffer vorsichtig. Ich muss ganz ehrlich zugeben, so viel Geld in D-Mark hatte ich noch nie auf einem Haufen gesehen: insgesamt 7,1 Mio. D-Mark, aufgeteilt zu 4 Millionen in 1.000-; 1 Million in 500-; 500.000 in 200- und 1,6 Millionen in 100-D-Mark-Scheinen. Insgesamt 24.500 Banknoten ratterten durch den Zählautomaten, was selbst zu zweit einiges an Zeit in Anspruch nahm. Alle Scheine waren bankfrisch, und was mich stutzig machte: Die Hunderter und Zweihunderter der vierten und letzten DM-Banknotenserie waren alle ohne das im Jahr 1997 eingeführte Kinegramm. Das ist dieses glänzende Emblem mit „Wippeffekt". Es waren also alte Scheine. Das sollte zwar kein Problem darstellen, aber es ging noch weiter. Weiter unten im Rucksack lag eine kleine, aber sehr schwere Kartonage, zugeklebt mit Paketband. Beim Öffnen wurde das Teil leicht instabil, und der Inhalt purzelte mir beinahe entgegen. Es waren Goldbarren von 10, 20, 50 und 100 Gramm, zusammen 3.020 Gramm. Alle waren mit einem Scheideanstaltstempel versehen, den ich so noch nie gesehen hatte – ein rundes Symbol, oben CCCP, unten Hammer und Sichel, in der Mitte 999,9 stehend. Das waren Goldbarren aus der ehemaligen Sowjetunion. Das irritierte mich sehr, denn in der Sowjetunion war Privatleuten der Besitz von Goldbarren verboten, und wie das Gepäck eines „Goldbarren-Sammlers" sah die Tasche nicht aus. Es musste also jemand dort hineingetan haben, der die Barren wahrscheinlich offiziell oder halboffiziell bekommen hatte. Irgendwas stank hier bis zum Himmel. Alte D-Mark-Noten, alte Schweizerfranken-Noten, Gold aus der Sowjetunion: Das sah mir aus wie die Notreserve eines russischen Oligarchen oder die Rentenkasse eines Waffenhändlers. Aber es ziemte sich nicht, Fragen zu stellen, und es machte schon gar keinen Sinn, sich den Kopf zu zerbrechen.

Ganz unten im Koffer befanden sich 5 Mio. Schweizer Franken in 1.000er-Noten, alle von der Serie, die bis zum Jahr 2000 im Umlauf war. Sie zu tauschen, sollte kein Problem darstellen. Auf dem Boden des Koffers lagen einige Belege über Auszahlungen aus den 1990er-Jahren, die meisten davon von Banken, die es inzwischen nicht mehr gab beziehungsweise irgendwann in ihrer Geschichte geschluckt wurden. Die Belege waren nummeriert, es fehlte keiner, nur bei einigen war der Bereich, in dem eigentlich der Kontoinhaber und/oder Kontonummer standen, sauber ausgeschnitten. Ich kontrollierte den Bestand anhand der vorhandenen Belege, es fehlte nichts.

Da saß ich nun vor meinem Haufen alter Geldscheine und Gold aus der Sowjetunion und schaute darauf. Wie sollte ich den Mist nur loswerden, dachte ich mir. Red hatte mir einen Anhaltspunkt gegeben, bis zu welchem Ankaufskurs ich gehen konnte. Der normale Wechselkurs war 1 Euro = 1,95583 D-Mark, und ich sollte nicht unter 1,98 D-Mark je Euro bezahlen. Das würde eine logistische Meisterleistung werden, für die ich viele, sehr viele Gefallen würde einfordern müssen.

Ich klemmte mich also ans Telefon. Erstmal wollte ich den Mist aus dem Büro schaffen, denn übers Wochenende sollte das ganze Zeug nicht dort herumliegen. Eine von unseren Partnerbanken war so freundlich, meinen Koffer bis Montag im Tresor einzuschließen.

Bereits am Wochenende telefonierte ich meine Kontakte durch. Ich brauchte Banken, die mir die Noten abnahmen. Wenn diese größere Mengen zur *Deutschen Bundeszentralbank* senden, fragt niemand nach, und falls doch, konnten sie das Geld selbst sauber deklarieren und dann umtauschen. Aber niemand war wirklich begeistert von meinem Angebot, wenn ich sagte: *„Hey, ich habe ein paar Millionen D-Mark, die ich loswerden will.“* Es kamen meist nur Sprüche wie: *„Schön für Dich, auf dem Wertstoffhof kannst Du sie sicher gratis abgeben.“*, *„Wir heizen mit Gas.“* oder *„Du weißt schon, dass es jetzt ein Währung namens Euro gibt?“* Es war Überredungsarbeit gefragt, also rechnete ich ihnen vor, wie viel sie verdienen könnten, wenn Sie mir zum Kurs von 1,965 Mark je Euro eine oder zwei Millionen abnehmen würden. Wenn das nicht half, dann halt 1,97 beziehungsweise 1,975 oder hier und da auch 1,98. Ich bettelte, ich scherzte, ich versprach Mittagessen, Abendessen, Saufabende auf meine Kosten, wenn man mir nur diesen Mist abnehmen würde. Das ging auch am Montag noch so weiter. Die meisten mussten sich intern besprechen und wollten dann zurückrufen. Am Dienstag rief ich dann diejenigen zurück, die sich noch nicht wieder gemeldet hatten, und ich kassierte eine Absage nach der anderen. Langsam aber sicher geriet ich in Bedrängnis. Es war Dienstagabend, und ich hatte immer noch über 6 Mio. D-Mark vor mir liegen. Mittwochmorgen, zu einer Uhrzeit, zu der ich im Normalfall erst aufstand, saß ich wieder an meinem Schreibtisch und las ein paar vielversprechende Emails, und auch der Rest des Tages lief gut. Es brauchte bei den Banken intern wohl eine gewisse Zeit, bis man sich darüber einig war, ob und wie viel man an Altwährungen kaufen konnte. Ganz gewiss hatte der eine oder andere auch nicht so viele Euro im Haus, um einen direkten Bargeldtausch vornehmen zu können. Doch am Ende hätte ich sogar mehr verkaufen können, als ich eigentlich hatte, und bekam zudem einen hervorragenden Durchschnittskurs. Gut, ich war auch einige Abendessen und Saufabende schuldig, aber die würde ich dann auf Spesen setzen und ja auch selbst etwas davon haben.

Ich war von mir selbst mehr als begeistert. Dieses Meisterwerk logistischer Art war mal etwas anderes als meine Arbeit sonst und es hatte sich wieder einmal gezeigt, wie wertvoll ein gutes Netzwerk sein konnte.

Die alten Schweizer-Franken-Scheine hatte Franky für mich über einen seiner Bekannten bei der Nationalbank tauschen lassen. Für mich stand nun nur noch der Verkauf des kleinen Goldberges auf dem Plan. Ich war in dieser Angelegenheit etwas vorsichtig. Zum einen hatte ich Angst vor Goldfälschungen, zum anderen wusste ich nicht, ob man mit alten sowjetischen Goldbeständen öffentlich handeln durfte oder ob diese gegebenenfalls beschlagnahmt würden. In den letzten Jahren tauchten vermehrt Goldbarren und Anlagemünzen wie Krügerrand,

Maple Leaf etc. mit Wolframkernen auf. Wolfram hat nahezu dieselbe Dichte wie Gold und ist deshalb mit der Waage kaum zu unterscheiden. Für die Überprüfung brauchte man ein Gerät, das die elektrische Leitfähigkeit des Materials misst, und so etwas hatten wir nicht. Ich rief deshalb den alten Kontakt an, dem ich auch schon das Nazigold verkauft hatte, und bat ihn darum, mich im Büro zu besuchen. Wir hatten in der Zwischenzeit immer wieder gute Geschäfte miteinander gemacht. Ab und an kamen Kunden zu uns, die säckeweise alten Goldschmuck loswerden wollten, aber Angst hatten, dass ein Goldankäufer in Deutschland ihren Namen weitergeben könnte. Der Juwelier unseres Vertrauens regelte die Angelegenheit diskret, kam mit Prüfwerkzeug und Waage bewaffnet in unser Büro und zahlte dann bar oder per Scheck aus.

Meine Goldbarren fand er genial, und weil es ein Ankauf von mir direkt war, gab er mir den aktuellen Kurs ohne Abzüge, woraufhin ich ihm eine Flasche 1997 *Château Rayas Châteauneuf-du-Pape* schenkte – die letzte, die ich damals noch aus einem Kundengeschenk hatte. Das ist ein hervorragender Wein, der heute sicherlich so viel wert sein sollte, wie einer der 10g-Barren. Der Goldpreis war in der Zeit des Deals so hoch, dass ich knapp 125.000 € cash für das Edelmetall abstauben konnte.

Es war vollbracht! Durch die guten Wechselkurse und den hervorragenden Goldverkauf hatte ich einige Scheine mehr zusammen bekommen, als ich am Anfang dachte und was noch wichtiger war: mehr als Red als ein gutes Ergebnis ansah. Ich setzte mich ins Taxi und machte mich auf den Weg zu ihm, um Bericht zu erstatten und mir mein wohlverdientes Lob abzuholen. Er bat mich noch um einen letzten Gefallen: Ich solle ihm bitte bei der Übergabe des Geldes helfen. Davon war ich zwar ganz und gar nicht begeistert, jetzt jedoch einen Rückzieher zu machen, hätte irgendwie auch komisch ausgesehen, zumal ich doch auch sehr gern wissen wollte, wer die Scheine holt und wohin sie schlussendlich gehen. Kein normaler Mensch spaziert mit so viel Bargeld nach Hause beziehungsweise kein normaler Mensch braucht so viel Bargeld. Aber was war in unserem Business schon normal…

Die Übergabe sollte Freitags am späten Nachmittag im Hotel *Baur au Lac* stattfinden, einem 5-Sterne-Hotel am Ende der Bahnhofstraße zwischen dem Bürkliplatz und dem See. Es ist ein wunderschönes Hotel, in dem z.B. 2016 auch einige Fifa-Funktionäre festgenommen wurden. Hier kosten die Zimmer zwischen 800 und mehreren tausend Franken die Nacht, hervorragender Service und Diskretion natürlich inklusive. Ich ließ mich mit dem Taxi direkt vor das Hotel fahren. Das *Baur au Lac* hat eine eigene Einfahrt, so wird man von der Straße aus nicht zu sehr beobachtet. Als ich vorfuhr, sah ich Red gerade aus einem anderen Taxi aussteigen, er winkte mir zu. Der Concierge versuchte gerade, ihm einen Koffer abzunehmen, was er ablehnte. Red meinte, er würde ihn lieber selbst tragen. Auch ich nahm mein Gepäck selbstständig aus dem Kofferraum – nicht weil ich mich nicht gern bedienen lasse, es erschien mir irgendwie sicherer so.

Wir gingen zusammen hinein, wobei er mich anmeckerte, warum ich einen Koffer mit Rollen hätte und er nicht. Ich sagte ihm, dass ich am heutigen Morgen meinen Assistenten losgeschickt hätte, um einen schwarzen Hartschalenkoffer mit Rollen zu kaufen, damit ich mich nicht abschleppen müsse. Außerdem hielt ich den 1990er-Jahre-Lederkoffer nicht für „Baur-au-Lac-tauglich". Red schaute auf den schwarzen, mit Leinen bespannten Koffer, den er trug, guckte wieder hoch, grinste etwas doof und sagte: *„Deshalb liebe ich dich."* Ich fragte ihn, warum er überhaupt einen Koffer mitbrachte, ob er vorhabe zu verreisen. Leise murmelte er: *„Da sind weitere 15 Koffer US drin."*, was so viel bedeutete wie: In dem Koffer sind weitere 15 Millionen US-Dollar enthalten. Wobei „Koffer" in diesem Zusammenhang eine in der Branche gängige Bezeichnung für Millionen war. Mr. Red ging vor, und damit er nicht unnötig schleppen musste, nahm ich ihm seinen Koffer ab. Kaum waren wir in die Lobby gelaufen, wurden wir auch schon freundlich von einem großgewachsenen Herrn in einem gut sitzenden, beigefarbenen Anzug begrüßt und hinauf zu den Zimmern gebeten. Red schien ihn zu kennen, die beiden hielten Smalltalk über den Flug, über das Hotel etc. Der Mann sprach dabei ein Deutsch mit starkem Akzent, den ich nicht ganz einordnen konnte.

Ich mochte das *Baur au Lac*, es hatte den Charme vergangener Zeiten bewahrt und roch nicht wie andere Hotels. Die meisten Hotels riechen irgendwie nach altem Teppich, aber hier hatte man immer das Gefühl, man geht über eine Wiese. Alles war sauber und sah so aus, als wenn es noch nie benutzt worden wäre, das Personal war selbst für Zürcher Verhältnisse überfreundlich, und die Zimmer waren einfach nur edel. In einem dieser edlen Zimmer befanden sich Red und ich nun auch – ein Doppelzimmer. Die Vorhänge waren geschlossen, die Deckenbeleuchtung und eine Stehlampe waren eingeschaltet. Auf dem kleinen Tisch lag ein Buch, und daneben stand ein halbes Glas Wasser. Ich wusste immer noch nicht genau, was ich hier machte. Am Morgen hatte ich noch hin- und herüberlegt, was ich von dieser Aktion halten sollte und mich dann dazu entschlossen, zumindest eine Pistole einzustecken. Ich hatte im Büro immer meine *cal. 45 GAP Glock 38*, eine solide, mehr oder weniger kleine Pistole mit hoher Mannstoppwirkung. Nur für den Fall der Fälle trug ich sie im Innenholster am Gürtel, durchgeladen und gesichert.

In der Ecke des Zimmers stand ein weiterer Herr, er stand einfach da, sagte nichts, und er nickte auch nicht, als wir ihn begrüßten. Der Mann, mit dem wir in das Zimmer gekommen waren und der sich mir als Levi vorstellte, meinte, wir sollten den Herrn in der Ecke gar nicht beachten, er wäre nur zur „Zierde“ dort und nicht sehr gesprächig. Wir legten beide Koffer aufs Bett und öffneten sie. Da ich nicht gewusst hatte, dass Red noch einen weiteren Koffer mitbringen würde und schon gar nichts von seinem Inhalt, hatte ich wahrscheinlich einen etwas erstaunten Gesichtsausdruck, als ich den Hollywood-reifen Haufen Dollars neben den von mir getauschten Euros sah. Red und Levi unterhielten sich, Red scherzte etwas, schlug Levi dabei auf den Rücken und auf die Schultern, wie man es von ihm gewohnt war, und schien sich in dieser Situation nicht unwohl zu fühlen. *„Schau her, es ist alles so, wie Du es bestellt hast, sogar einen neuen Koffer hat Dir der junge Mann spendiert. Bist Du glücklich? Komm sag mir, dass Du glücklich bist.“*, war einer der Sätze von Red, an die ich mich heute noch erinnern kann. Levi und der Mann in der Ecke sagten zumindest nichts Negatives.

Sie schienen beide nicht so emotional zu sein. Red lud Levi ein, mit uns Essen zu gehen, aber Levi lehnte dies ab und meinte, sein Flug zurück nach Tel Aviv würde am nächsten Tag schon früh am Morgen gehen und dass sie noch einiges zu tun hätten bezüglich des Gepäcks und der Reise.

Mir war das ehrlich gesagt ganz recht, mir waren diese Leute nicht ganz geheuer. Ich musste sie nicht unbedingt näher kennenlernen, und sie mussten auch mich nicht näher kennenlernen.

Wir verabschiedeten uns schließlich freundlich, wobei Red zu Levi einen Satz sagte, der mir komisch erschien und mir vielleicht deshalb im Gedächtnis geblieben war. Er fragte ihn: *„Wie geht es ihr?"* Da keine Frau vor Ort und auch im ganzen Gespräch vorher kein weiblicher Name gefallen war, mussten die beiden eine gemeinsame Bekannte haben. Levi antwortete leise und mit etwas angestrengter Miene: *„Sie lässt Dich grüßen, aber es geht ihr nicht mehr so gut wie früher, sie wird älter."*

Red und ich verließen das Hotel zu Fuß und gingen über den Bürkliplatz in Richtung Stadthausquai. Er bedankte sich etliche Male bei mir für meine Hilfe, meinte, ich hätte einen Stein im Brett und all diese Floskeln. Dann sagte er, er hätte extra einen Tisch für drei Personen zum Abendessen reserviert und den könnten wir jetzt nicht verfallen lassen. Mein Magen war zwar immer noch flau und ich hatte wenig Lust auf Essen, aber – warum nicht?

Auf dem Weg in Richtung Innenstadt brannte mir eine Frage unter den Nägeln, die ich nicht zurückhalten konnte. Ich fragte Red: *„Sag mir, mein Lieber, wie bekommt man so einen Haufen Geld von Zürich nach Tel Aviv?"* Er drehte seinen hochroten Kopf zu mir, grinste und sagte nur: *„Diplomatengepäck"*. Na klar, Diplomatengepäck durfte weder geöffnet noch untersucht werden, außerdem konnte man diplomatische Kuriere ad hoc ernennen, man musste ihnen nur die dementsprechenden Papiere mitgeben. Die Schweizer waren dazu den regen Flugverkehr der Diplomaten gewohnt. Trotzdem war das eine heikle Angelegenheit, obwohl die beiden Herrschaften aus dem Hotel so aussahen, als seien sie heikle Angelegenheiten gewöhnt. Sie sahen sogar so aus, als würden sie heikle Angelegenheiten geradezu provozieren. Aber warum sollten anscheinend offizielle israelische Kuriere so einen riesigen Haufen Geld in bar aus der Schweiz holen? Das war mir schleierhaft.

Red lud mich ins Restaurant *Veltliner Keller* ein, wo er eine lauschige Ecke gebucht hatte. Ich liebte dieses Restaurant. Es war schweineteuer, aber das Essen war mit das Beste, was man in Zürich bekommen konnte – ein Restaurant alter Schule, in dem man sich als ein etwas ungehobelter Parvenü doch ab und an etwas fehl am Platz fühlen konnte. Aber wie sang schon Falco in seinem Lied „Titanic“: *„Besser neureich sein, als nie reich sein.“*, und so genossen wir beide die herrlichen Speisen und Getränke, die man uns vorsetzte, auf unsere Art der ausgedehnten Lebensfreude, und je später der Abend wurde und je leerer die Gläser, umso redseliger wurde Red.

Während er so vor sich hinschwallte, flossen viele Namen wie Erich Honecker oder Alexander Schalck-Golodkowski, ein Agent der Stasi und Leiter der geheimen Organisation „Kommerzielle Koordinierung“, die für die DDR im Ausland harte Devisen beschaffen sollte. Schalck war u.a. Verhandlungspartner von Franz Josef Strauß, als es 1983 um die Vergabe des Kredits von 1 Mrd. D-Mark ging, die die DDR vor dem Staatsbankrott bewahren sollte, wobei das alles nur nebensächlich in Reds Erzählungen vorkam. Ein Name hingegen tauchte immer wieder auf, Rudolfine Steindling, die auch als „Rote Fini“ bekannt war. Steindling war eine österreichische Kommunistin, die als Gesellschafterin einiger Auslandsfirmen der DDR eingesetzt wurde. Dabei ging es konkret um die Firmen *Novum* und *Transcarbon*, die das DDR-Regime in Österreich für Waren- und Devisengeschäfte mit dem Westen gründete. Die beiden Firmen kassierten dafür dicke Provisionen, rund eine halbe Milliarde D-Mark soll sich zur Zeit der Wende auf ihren Konten befunden haben. Nach dem Zusammenbruch der DDR verschwanden von Firmenkonten dieser Unternehmen hunderte Millionen auf Nimmerwiedersehen. Seitdem sucht die bereits eingangs erwähnte *Bundesanstalt für vereinigungsbedingte Sonderaufgaben* (BvS) nach Rudolfines Geld, allerdings eher vergeblich, und man verklagt deshalb in den letzten Jahren mehr und mehr die ehemaligen an diesem Spiel beteiligten Banken wegen Beihilfe in diesen Spielchen. So musste die *Bank Austria*

2014 einen Betrag von 254 Millionen Euro an Deutschland zurückbezahlen. Ihre Tochterbank, die schweizerische *AKB Privatbank* – die im Übrigen 2013 von der *IHAG* übernommen wurde –, gehörte zu den Banken, bei denen Steindling die Gelder zuerst deponierte. Auch die *Julius Bär Bank Schweiz* wird derzeit vom *BvS* auf 135 Millionen Euro verklagt, da diese im Jahr 2005 die *Bank Cantrade* von der Bank *UBS Schweiz* übernahm. Die *Bank Cantrade* wiederum soll die zweite der Banken sein, bei der Steindling ihre Konten hatte. Generell galt die *Bank Cantrade* als eines der bevorzugten Geldhäuser der DDR-Oberen, mit deren Hilfe die Genossen auch einige heiße Waffengeschäfte abgewickelt haben sollen, teilweise in Verbindung mit dem amerikanischen Geheimdienst CIA – durch den eisernen Vorhang in die Krisengebiete der Welt, alles für eine Hand voll Dollar und alles sehr verschachtelt und kompliziert, denn von dort hatte Steindling die Gelder eigentlich abgezogen. Von da an verliert sich jede Spur.

Steindling selbst war irgendwann von Österreich nach Israel gezogen. Sie war Jüdin, ihr verstorbener Mann war 1938 aus Österreich nach Frankreich geflohen und kämpfte später mit den Truppen der Résistance gegen die Nazis. Rudolfine Steindling hatte sich in Israel als Wohltäterin einen Namen gemacht, so unterstützte sie z.B. die Holocaustgedenkstätte *Yad Vashem*, die Spendenorganisation *Keren Hayesod*, das *Sheba Medical Center at Tel Hashomer* oder das *Weizmann-Institut für Wissenschaft* in Rechovot, unweit von Tel Aviv, was ihr viele Ehrungen und Auszeichnungen einbrachte.

Red schwärmte geradezu von ihr. Er hatte sie in den Wirren der 1990er-Jahre kennengelernt, als ich – wie er sich ausdrückte – „*noch so jung wie Du war*" und „*noch Schwung in der Hüfte*" hatte. Sie war zwar einige Jahre älter als er gewesen, doch schien sie ihn trotzdem um den Finger gewickelt zu haben. Red sagte, die ganze Angelegenheit ginge langsam aber sicher dem Ende zu. Er und andere hätten über die Jahre die letzten Reste des Geldes, das noch in der Schweiz verweilte, abtransportiert. Immer Stück für Stück, auch weil es mit den meisten „alten Hasen" und Mitwissern so langsam zu Ende ging. Die Gelder seien mal hierhin, mal dahin geflossen. Viel Zweifelhaftes und viel Gegensätzliches wurde wohl damit finanziert: auf der einen Seite die Wohltäterei, mit der sich Rudolfine gern brüstete, auf der anderen Seite illegaler Siedlungsbau der Israelis oder die Unterstützung der palästinensischen politischen Partei *Fatah*. Gemeint ist die *Fatah*, die sich auch gern mal terroristischer Mittel bedient, um gegen die von ihr so verhasste *„zionistische Invasion mit kolonialer Expansionsbasis"*, sprich gegen Israel vorzugehen. Red sagte dazu nur: *„Das ist halt alte kommunistische Manier, da spielt man den einen gegen den anderen aus, um den Klassenkampf immer wieder anzufachen."* Die *Fatah* gilt nun mal auch als sozialistisch und ist Mitglied der „Sozialistischen Internationalen". Die deutsche SPD ließ Andrea Nahles im Jahr 2012 sogar erklären, man hätte *„gemeinsame Werte"* und *„gemeinsame Ziele"*, doch das war nach unserer Aktion. Über Nahost-Politik sprachen Red und ich meist nicht viel.

Der Abend verlief lauschig und fröhlich, auch wenn er immer wieder von nachdenklichen Worten unterbrochen wurde. Irgendwas stimmte mit Red nicht, er war sonst anders drauf. Er trank und rauchte auch nicht in dem Maße, wie ich es sonst von ihm gewohnt war.

Ein knappes halbes Jahr später verstarb er. Der Krebs hatte ihn zerfressen. Er wusste wohl schon seit einem Jahr, dass es so weit kommen würde. Ich habe in ihm immer den guten Onkel gesehen, und auch wenn ich sicherlich oft nur eine Spielfigur auf seinem Schachbrett war, so hat er mir doch sehr viel beigebracht und immer geholfen, wenn er konnte.

> *„Sozialismus nennt man einen ungeheuren Aufwand zum Wohle der Menschheit, welcher sich selbst so restlos konsumiert, dass am Ende tatsächlich Jeder Alles, nämlich das übrig gebliebene Nichts hat."*
>
> Heimito von Doderer (österr. Schriftsteller, 1896-1966)

Vier glorreiche Halunken

In meiner ganzen Zeit in Zürich sind mir viele komische Vögel über den Weg gelaufen, die sonderbarsten waren aber definitiv Berater von Wirtschaftsprüfungsgesellschaften, solche Menschen wie Louis, von dem ich Ihnen schon berichten durfte. Das dürfte wahrscheinlich daran liegen, welchen „Typ" Mitarbeiter diese Wirtschaftsprüfungsgesellschaften bevorzugen und wie häufig diese Menschengruppe unter Persönlichkeitsstörungen leidet, gegebenenfalls sollte dies von renommierten Psychoanalytikern untersucht werden. Aber Spaß beiseite, beinahe alle Erfolgreichen in der Branche sind entweder blau-grün oder rot-gelb.

Gut, damit können Sie jetzt wahrscheinlich nicht viel anfangen. Wenn Sie sich bei solch einem Unternehmen bewerben, müssen Sie im Normalfall eine Art „Wesenstest" absolvieren. Das klingt etwas esoterisch, ist aber erschreckend genau, wenn man sich nicht verstellt. So ein Test besteht meist aus 40-70 Ankreuz-Fragen, die vorwiegend darauf ausgelegt sind, Ihre Reaktion in den verschiedensten Arbeits- und Kundensituationen zu erfragen und aus den Antworten ein Netzdiagramm mit vier Richtungen zu erstellen, was sich dann wie folgt zusammensetzt:

- oben rot: Macher/Umsetzer/Führungstyp
- rechts gelb: Kommunikator/Vermittler/Verkäufer
- unten grün: Bewahrer/Kontrolle/Absicherung
- rechts blau: Analysator/Planer

und alle je mit einer Spanne von 1 bis 100 Punkten.

Als ich diesen Test das letzte Mal machte, sah mein Profil wie folgt aus: 86 rot, 92 gelb, 82 blau, 3 grün. Im Allgemeinen war das zwar ein sehr seltenes Profil, da es drei ausgeprägte Ausschläge hatte, in meinem damaligen Beruf war es aber auch in keinster Weise einmalig. Bricht man blau-grün oder rot-gelb nun runter, kommt man auf die Vereinfachung „Zahlenjunkie" oder „Draufgänger".

Viele dieser komischen Vögel wurden über die Zeit hinweg meine Kumpels, und alle hatten mehrere Sachen gemeinsam beziehungsweise unterschieden sich je nach Farbkombination:

1. Für beide gilt: Sie hatten so gut wie nie Zeit. Wenn ich sie am Freitagabend angesimst habe, um die übliche Wochenendsprittour durch die hiesige Welt der Zürcher Kneipen und Discos zu planen, waren die meisten von ihnen entweder gar nicht erreichbar, bis Mitternacht im Büro oder irgendwo außerhalb der Schweiz – oder sie hatten keine Zeit, weil sie erst um Mitternacht aus Paris kämen und dann sofort ins Bett müssten, da am Samstag ein wichtiges Meeting anstand und sie dann Sonntag schon wieder für die kommende Woche vorarbeiten mussten, um dann wiederum Montag um halb sechs in den nächsten Flieger in Richtung Berlin zu steigen.

2. Speziell für blau-grün galt: Wenn ich diese Leute endlich irgendwo an der Theke hatte, ging es grundsätzlich nur darum, was auf der Arbeit oder in der Wirtschaft so läuft. Kein Wort über Hobbys; wenn Politik, dann nur Gemecker über Regulierungen etc., und Frauen kannten die meisten anscheinend nur von diesen schmutzigen Emails, die einem die Arbeitskollegen ab und zu schicken. Ganz lustig wurde es dann, wenn man mit mehr als einem dieser Leute am Tisch saß. Da viele von ihnen nicht sonderlich trinkfest waren, fielen sie oft um wie die Fliegen. Vorher lästerten viele von ihnen aber noch ordentlich über Kunden, vergeigte Geschäfte oder plauderten ein paar nette Details über geplante Fusionen von Unternehmen, Aufgabe bzw. Erweiterung von Geschäftsfeldern, Schräglagen oder andere Firmeninternas aus – sehr interessant, wenn man im Anlagegeschäft tätig ist.

3. Der letzte Punkt ist für rot-gelb sehr ähnlich, allerdings plapperten diese Leute aus reiner Wichtigtuerei so gut wie alles aus, was sie wussten, und auch hier wurde es umso spannender, wenn zwei Gockel derselben Firma aufeinandertrafen und sich

so etwas wie einen Berater-Hahnenkampf lieferten. So etwas konnte dann bis in die Nacht dauern, da der rot-gelbe Typ durch seinen regen Kundenkontakt eine eher abgehärtete Leber mitbrachte. Generell war dieser Typ aufgeschlossener und draufgängerischer als der blau-grüne.

4. Und der Punkt, der auf alle zutraf: Alle diese Kerle waren bei einem der „Big 4"-Wirtschaftsprüfungsgesellschaften beschäftigt.

Ich bin mit beiden Typen gern auf die Piste, am liebsten aber mit zwei von unterschiedlicher Farbkombination. Wenn die sich erst einmal nach zwei oder drei Bier über die Arbeit in Rage geredet hatten, schmiss der eine mit Zahlen und der andere mit Namen um sich – die perfekte Insiderinformation!

Wenn Sie jetzt denken, dass ich zusammenhangloses Zeug labere, sagt Ihnen wahrscheinlich der Begriff „Big 4" nichts. Manche sagen auch „Die fantastischen 4" oder wie ich sie eben gerne nenne: „Die vier glorreichen Halunken". Außerhalb von Teppichetagen großer und mittlerer Unternehmen, ein paar Bundesministerien, Wirtschaftszeitungen und wirtschafts- beziehungsweise rechtswissenschaftlichen Fakultäten sind die Namen dieser Unternehmen meist gänzlich unbekannt. Dabei gehören gerade die „Big 4" zu den einflussreichsten Unternehmen weltweit. Sie werden von Experten sogar als absolut „systemrelevant" eingestuft, und wenn Sie wüssten, wo diese Leute überall ihre Finger im Spiel haben, dann wünschten Sie sich sicherlich, Sie hätten schon früher von ihnen gehört.

Ich darf sie Ihnen nun kurz vorstellen:

Deloitte Touche Tohmatsu Limited (DTTL), meist kurz *Deloitte* genannt. Das Unternehmen beschäftigt weltweit ca. 225.000 Mitarbeiter. 2014 belief sich der Umsatz nach eigenen Angaben auf $ 35,2 Mrd. Der Firmensitz ist in New York. Einige große Kunden des Unternehmens sind Apple, Boeing, Microsoft, PepsiCo, Star Bucks und Vodafone. Das erste Büro des Unternehmens wurde 1845 in

London von William Welch Deloitte gegründet. *Deloitte* fusionierte 1990 mit dem 1899 in London gegründeten Unternehmen von George Touche, das bereits 1975 *Tohmatsu* geschluckt hatte, zum jetzigen Unternehmen.

PricewaterhouseCoopers International Limited (PwCIL) ist ein global agierendes Netzwerk an eigentlich rechtlich selbstständigen und unabhängigen Unternehmen. Der PwC-Verbund hat Mitgliedsfirmen in fast 160 Staaten mit insgesamt ca. 210.000 Mitarbeitern, bei einem Umsatz im Gesamtkonzern von $ 35,4 Mrd. im Jahr 2015. Das Unternehmen entstand in seiner jetzigen Form 1998 durch den Zusammenschluss von *Price Waterhouse* und *Coopers & Lybrand*. Die Ur-Unternehmungen liegen im London der 1850/60er-Jahre, wo sich auch noch der heutige Firmensitz befindet.

Ernst & Young Global Limited (EYG) (heute nur noch kurz *EY*) ist ebenfalls ein global agierendes Netzwerk an eigentlich rechtlich selbstständigen und unabhängigen Unternehmen. Die Gruppe hat über 700 Standorte in 150 Ländern und beschäftigt rund 210.000 Mitarbeiter bei einem Umsatz im Gesamtkonzern von $ 28,7 Mrd. im Jahr 2015. Die älteste Vorgängerunternehmung war die 1849 in London gegründete *Harding & Pullein*. Heute ist *EY* ein Resultat aus diversen Zusammenschlüssen. Der Firmensitz ist in London.

KPMG International Cooperative (KPMG) ist ebenfalls ein global agierendes Netzwerk an eigentlich rechtlich selbstständigen und unabhängigen Unternehmen. Die Gruppe beschäftigt rund 175.000 Mitarbeiter in 155 Ländern mit einem Gesamtumsatz von $ 24,4 Mrd. im Jahr 2014. Der Name geht zurück auf die Unternehmensgründer Klynveld von *Klynveld Kraayenhof & Co.* in Amsterdam, gegründet 1917, Peat von *William Barclay Peat & Co.* in London, gegründet 1870, Marwick von *Marwick, Mitchell & Co.* in New York, gegründet 1897 und Goerdeler nach Reinhard Goerdeler, dem Vorsitzenden der *Deutschen Treuhand-Gesellschaft* (DTG), gegründet 1890. Im Jahr 1979 schlossen sich Klynveld mit der *Deutschen Treuhand-Gesellschaft* und *McLintock Main Lafrentz* zur Prüfungsgesellschaft *Klynveld Main Goerdeler* (KMG) zusammen, die 1986 *KMG* mit *PMI* fusionierten und sich 1987 den Namen *KPMG* gaben. Der Sitz der Firma befindet sich in Zug (Schweiz).

Auch wenn die Namen dieser Firmen Ihnen vielleicht unbekannt sind, Sie haben von ihren Werken sicherlich schon gehört, nicht zuletzt wenn Sie die vorherigen Kapitel dieses Buches gelesen haben. Doch bevor ich auf Details zu den einzelnen Firmen eingehe, möchte ich Ihnen kurz das Geschäftsfeld dieser Wirtschaftsprüfungsgesellschaften erklären. Nach §316 HGB müssen Kapitalgesellschaften, die nicht kleiner als im Sinne §267 Abs. 1 sind, also eine Bilanzsumme von 4.840.000 € nach Abzug eines auf der Aktivseite ausgewiesenen Fehlbetrags nach §268 Abs. 3 aufweisen, ihren Jahresabschluss durch einen Prüfer prüfen lassen. (Das bedeutet: Ist das Eigenkapital durch Verluste aufgebraucht und ergibt sich ein Überschuss der Passivposten über die Aktivposten, so ist dieser Betrag am Schluss der Bilanz auf der Aktivseite gesondert unter der Bezeichnung „Nicht durch Eigenkapital gedeckter Fehlbetrag“ auszuweisen.)

Ich bitte um Verzeihung für meine Paragraphen-Ausflüge, aber ich finde es unglaublich amüsant, andere Menschen mit deutschen Gesetzen zu penetrieren. Das bedeutet also, dass eigentlich jede an der Börse notierte Aktiengesellschaft ihren Jahresabschluss überprüft vorlegen muss. Diese Überprüfung wird nicht von einer staatlichen Stelle vorgenommen, sondern von einem privaten, unabhängigen Institut, das sich das Unternehmen frei aussuchen darf. Im Umfeld der Unternehmen im *Deutschen Aktienindex* (DAX) sind dies zu rund 85% die „Big 4“ – weltweit gesehen dürften es 90% sein.

Die „Big 4“ überprüfen also einen Großteil der Abschlüsse von DAX-Unternehmen auf ihre Richtigkeit und erteilen, sofern sie mit dem Bericht einverstanden sind, einen Bestätigungsvermerk, das sogenannte Testat. Dafür berechnen sie den Unternehmen schnell mal 15 Mio. € und mehr für eine Standardüberprüfung oder über 87 Mio. € für eine Buchprüfung, wie z.B. im „Siemens-Bestechungsskandal“ vor ein paar Jahren. Das ist viel Geld! Aber ist es auch gerechtfertigt? Die langweilige Arbeit mit Zahlen, Zahlen und noch mehr Zahlen, staubigem Papier und schweren Aktenordnern; das will doch keiner machen, könnte man sich denken, führt so eine Arbeit doch zwangsläufig zu schmerzhaften Nackenverspannungen, grauer Haut und Hämorrhoiden.

Es ist aber nicht so, dass den Job keiner machen will. Jedes Jahr stürmen tausende Studenten von den Unis zu den „Big 4". Sie werden meist schon vor ihrem Abschluss direkt von den Unternehmen angeworben und mit Versprechungen und Aufstiegschancen gelockt. „Campus Recruitment" nennt sich das. Die „Big 4" wachsen jedes Jahr und brauchen immer neue junge Seelen, die Wirtschaftsprüfungsassistenten oder Ähnliches werden wollen. Das ist aber nicht der einzige Grund, warum scharenweise rekrutiert wird. Lockt viele Neulinge am Anfang noch die Chance aufzusteigen und dann ein Einkommen von 90.000 € aufwärts im Jahr plus Bonus zu generieren (gerechnet für Deutschland – in der Schweiz kann das gut dreimal so viel sein), kommen die meisten doch schnell auf den Boden der Tatsachen zurück. Der Job beginnt nämlich meist sehr tief dotiert, die Arbeitsflut ist gewaltig, und die Beförderungen bleiben in den ersten Jahren eher aus, was viele dazu bewegt, ihr Glück woanders zu suchen. Die Fluktuation liegt bei rund 20% im Jahr. Nach oben dünnen sich die Strukturen immer weiter aus. Wer Senior-, Manager- oder am Ende sogar eine der begehrten Partner-Positionen erreichen will, hat nicht nur die harte offizielle Zulassungsprüfung mit einer 50%igen Durchfallquote vor sich, er muss auch seinen persönlichen Durchhaltewillen unter Beweis stellen und nicht zuletzt zeigen, wie hart er in 80-Stunden-Wochen die Peitsche gegenüber Untergebenen knallen lassen kann. Nicht selten endet dieses Spielchen im Burn-Out-Syndrom.

Ein damaliger Bekannter von mir ist, mit dem Ziel, Partner zu werden, so weit über seine Grenzen hinausgegangen, dass er während eines Vortrags vor Kunden in London umgekippt ist und tagelang nicht mehr ansprechbar war. Es war die absolute Erschöpfung, und irgendwann schaltet der Körper ab. Zwei Jahre Krankschreibung, verschiedenste

Therapien, stationäre Behandlungen und krasse Psycho-Medikamente waren die Folge.

Die Firma hat ihn übrigens nach der Kündigungsschutzphase rausgeworfen, und sein Ruf in der Branche war ruiniert. Nach zwei Jahren Tortur und diversen Versuchen, wieder irgendwo Fuß zu fassen, hat er sich dann auf offener Strecke vor einen Schnellzug geworfen.

Solche „Personenunfälle", wie es die *Schweizerische Bundesbahn* nennt, kommen in der Schweiz im Durchschnitt jeden zweiten Tag vor. Die Typen, die nicht auf der Strecke bleiben und es bis nach ganz oben geschafft haben, verdienen zwar einen richtig saftigen Batzen, arbeiten aber immer und überall, werden unmenschlich, abgehoben, realitätsfern und brennen irgendwann komplett aus. Wohin das schlussendlich führt, habe ich in Frankys und meiner Unternehmung mit unserem Mitarbeiter Louis gesehen, von dem ich Ihnen schon berichtet hatte. Auch er war ein ganz typischer „Big 4"-Manager.

Wie Sie sich vielleicht denken können, sind Buchprüfungen eine wahre Wiege der Insiderinformationen, was logischerweise zu den beiden nächsten Geschäftsfeldern führt: Beratung bei Fusionen und Firmenübernahmen – Fachbegriff: *Mergers & Acquisitions*, kurz *M&A* – sowie dic sogenannte „gestaltende Steuerberatung".

Von der Art und Weise der hier durchgeführten „gestaltenden Steuerberatung" dürfen Sie im nächsten Kapitel noch lesen. Dort finden Sie auch eine lange Liste der Unternehmen, welche in bzw. über Luxemburg saftig Steuern gespart haben – größtenteils Kunden von *PricewaterhouseCoopers* (PwC).

Gestaltende Steuerberatung bedeutet:

- Konzeption steueroptimaler Unternehmensgestaltung
- Wahl der Rechtsform
- Beratung bei Gründung oder Umwandlung von Gesellschaften sowie Gestaltung der Gesellschaftsverträge
- Beratung bei Steuerstrafsachen und Selbstanzeigen

Es ist also ein Wunderwerk der „Optimierung und Gestaltung" – so oder so zwei meiner Lieblingsworte! Was bedeuten diese Punkte im Klartext? Aufspalten von Gesellschaften in Töchter, damit verbunden das Umwandeln der Rechtsformen, Verlagerung der Umsätze und Gewinne, Unkenntlichmachen der Strukturen und das Senken der Steuerlast auf ein Minimum.

Dieses Geschäftsfeld wird einzig und allein durch den Einblick in die Bücher des Unternehmens bei der jährlichen Prüfung ermöglicht. Was die „Big 4" so mächtig macht, ist dieser Vorteil des Einblicks in die Bücher und über direkte Ansprechpartner in den Teppichetagen zu verfügen, ergänzt durch viele, viele fleißige Büro-Drohnen, die den ganzen Tag nichts anderes machen, als Szenarien und Grafiken für eine gestaltende Steuerberatung zu erstellen, gepaart mit einer Heerschar gewiefter Rechtsanwälte rund um den Globus, welche akribisch auf der Suche nach Gesetzeslücken oder Gummiparagraphen sind, und zu guter Letzt: eine rhetorisch absolut top geschulte Verkaufs-Crew.

Sind die Bücher erst einmal ausgewertet, klingelt schnell das Telefon bei den zuständigen Abteilungen im Unternehmen, wenn nicht sogar gleich beim Chef der Finanzabteilung. Hier weiß man, was die Stunde geschlagen hat, wenn von Seiten der „Optimierungsabteilung" nach einem Besprechungstermin gefragt wird. Es muss Geld gespart werden, und Skrupel kann sich niemand erlauben, denn die Konkurrenz schläft nicht und optimiert genauso, wahrscheinlich sogar beraten durch dasselbe Unternehmen.

Einer der speziell geschulten Verkäufer der Wirtschaftsprüfungsgesellschaften übernimmt nun das Ruder, oft sind es auch zwei: ein Verkäufer und einer, der mit Zahlen um sich wirft. Es ist egal, wie viele es sind. Diese Meetings laufen immer ungefähr gleich ab. Man trifft sich, und als Erstes wird eine Geheimhaltungserklärung unterschrieben, ein sogenanntes *Non-Disclosure-Agreement* (NDA), eine Absicherung, dass nichts Besprochenes den Raum verlässt. Das ist auch der einzige Zettel, der ausgeteilt wird. Danach folgt eine Präsentation, meist ein paar Powerpoint-Folien, die an die Wand projiziert werden. Dazu gibt es ein paar Grafiken und Schlagwörter, gekritzelt auf einem Flipchart – also nichts, was man nachher nicht löschen oder wegwischen könnte.

Diese Verschwiegenheit und Geheimnistuerei hat einen simplen Grund: Sehr viele der vorgeschlagenen Steuersparmodelle halten vor Gericht nicht stand, und das wissen die Wirtschaftsprüfer auch. Vor einem Rechnungsausschuss des britischen Parlaments gaben 2014, während einer Anhörung, auf Nachfrage der Vorsitzenden Margaret Hodge einige Vertreter der „Big 4" zu, dass manche Steuersparmodelle nur zu 50% „wasserdicht" seien, also nur zur Hälfte vor Gericht standhalten würden. Hodge formulierte ihre Frage so, dass sie von Insidern der Branche gehört hätte, es werde in einigen Fällen mit einer Wahrscheinlichkeit von 25% gearbeitet – was durchaus realistisch ist.

Wenn Sie diese Form der Zusammenarbeit für fragwürdig halten, sind Sie nicht allein. Ich persönlich halte langjährige Partnerschaften unter Unternehmen zwar für eine solide Sache, denn eingespielt zu sein, gewisse interne Vorgänge zu kennen etc., erleichtert die Tagespolitik ungemein. Wie sich aber jeder denken kann, geht oftmals bei zu engen Partnerschaften schließlich eine gewisse Objektivität verloren – und wir reden hier immerhin nicht von einer Partnerschaft, die eine Zulieferung von Schrauben für Regale beinhaltet, sondern von einer Dienstleistung zur kritischen Prüfung und Bewertung von Jahresabschlüssen, welche wiederum entscheidend sein könnte für z.B. Investitionen durch Dritte, Fördergelder, den Aktienwert oder sogar das Fortbestehen ganzer Unternehmen.

Diese Auftraggeber-Auftragnehmer-Abhängigkeit, die hier entsteht, ist beiden Seiten bewusst. Eine Prüfung wird so auf einmal zur „Verhandlungsbasis". Ist der Wirtschaftsprüfer nicht bereit, den Jahresbericht so abzusegnen, wie er ihn vom Unternehmen vorgekaut vorgelegt bekommt, wird für das nächste Jahr eben ein anderer Prüfer angeheuert. Bei der Höhe der Honorare für Prüfungsdienstleistungen, von denen wir hier sprechen, will das keines der Wirtschaftsprüfungsunternehmen riskieren. Auf der anderen Seite ist vielen Prüfern natürlich bekannt, welchen Blödsinn sie dort teilweise abstempeln, dementsprechend sind die ausgestellten Testate voll von juristischen Floskeln, die die Haftung der Prüfer explizit ausschließen. Offizielle Prüfungen mit Brief und Siegel ohne Haftung – das muss man erstmal schaffen. Diese gegenseitige Treue hat erst dann ein Ende, wenn einer von beiden seinen Kopf aus der Schlinge ziehen muss.

PwC zum Beispiel war von 1995 bis 2004 für den mittlerweile zerschlagenen russischen Großkonzern *Yukos* als Wirtschaftsprüfer tätig. Einige von Ihnen erinnern sich sicher an den *Yukos*-Fall, der auch hierzulande durch die Presse ging. Nach der Festnahme des Unternehmensgründers Michail Chodorkowskij im Jahr 2003 geriet das Unternehmen in die Schieflage. Die Zerschlagung erfolgte wegen – von russischen Gerichten „nachgewiesenem" – Betrugs und Steuerhinterziehung. Der von *Amnesty International* als „politischer Gefangener" eingestufte Chodorkowskij war dem Kreml wohl etwas zu politisch aktiv in die falsche Richtung. *Yukos* wurde am 1. August 2006 für bankrott erklärt. *PwC*, die dem Unternehmen über Jahre hinweg saubere Bücher bescheinigten, zogen 2007 all ihre Berichte mit einer wohl eher fadenscheinigen Begründung zurück und unterstützten ihren zu diesem Zeitpunkt schon in Haft sitzenden ehemaligen Kunden nicht. Über die Gründe kann man spekulieren. Meiner Meinung nach spielte sicher eine drohende Anklage wegen Beihilfe zur Steuerhinterziehung eine Rolle. Später erhielt *PwC* dann weitere Aufträge zur Prüfung von russischen Staatsunternehmen, wie *Gazprom* oder der *Sberbank*, der größten Finanzinstitution Russlands.

Anders erging es *KPMG International Cooperative* (KPMG). Im größten Korruptionsskandal der deutschen Nachkriegsgeschichte um die Firma *Siemens* wird *KPMG* vorgeworfen, jahrelang weggeschaut zu haben. Allein von 1999 bis 2006 sollen bei *Siemens* rund 1,3 Mrd. € an dubiosen Zahlungen geflossen sein. Der Wirtschaftsprüfer weist alle Schuld von sich, ein Mitarbeiter behauptete vor Gericht, man sei von *Siemens* getäuscht worden, wenn man auf eine heiße Spur gekommen wäre. Auf der anderen Seite behauptet ein ehemaliger *Siemens*-Manager: „*KPMG kannte das Thema.*" *KPMG* beziehungsweise seine Vorgänger, die *Deutsche Treuhand-Gesellschaft*, prüften *Siemens* seit 1931. 2008 kündigte *Siemens* die Zusammenarbeit und beauftragte für die Zukunft *PwC*.

Das war ein herber Imageschaden für *KPMG*, die ein Jahr vorher unter Medienaufsehen schon die *IKB Deutsche Industriebank* als Kunden verlor. *KPMG* winkte der *IKB* noch wenige Monate vor deren Pleite 2007 die Bilanz durch, obwohl darin milliardenschwere Kreditzusagen vermerkt waren, die die Bank später in den Ruin treiben sollten. Die Bundesregierung musste schließlich einschreiten und ein Rettungspaket schnüren, welches den Steuerzahler 8 Mrd. € kosten sollte. Per Gericht wurde daraufhin eine Sonderprüfung durch *PwC* angeordnet.

Eine ähnliche Geschichte ist die der *Schieder Möbel GmbH*. KPMG hatte auch hier über Jahre hinweg astreine Bücher attestiert. Die Sanierer des 2007 insolvent gegangenen, größten europäischen Möbelherstellers stießen kurz nach ihrer Arbeitsaufnahme auf erhebliche Ungereimtheiten in den Bilanzen der vergangenen Jahre. 2010 reichte die Staatsanwaltschaft Anklage beim Landgericht Detmold gegen vier ehemalige Manager der *Schieder Möbel GmbH* ein, und selbige wurden im April 2011 verurteilt. Über 10.000 Mitarbeiter verloren ihre Arbeit. *KPMG* blieb ungestraft. Und auch wenn gebüßt wird, die Devise heißt wohl nur zu oft: Strafe zahlen, weitermachen.

Im Wirtschaftskrimi um die *FlowTex-Gruppe* aus Ettlingen einigten sich *KPMG* und die *FlowTex*-Gläubiger (76 Leasinggesellschaften und Banken) im Mai 2001 auf eine Entschädigungszahlung von 100 Mio. D-Mark. Die Gläubiger warfen *KPMG* eine fehlerhafte Prüfung der Bilanzen vor. *FlowTex* hatte über Jahre hinweg über dreitausend nur auf dem Papier existierende Bohrsysteme an Banken und Leasinggesellschaften verkauft und diese dann zurückgeleast – ein klassischer Betrugsfall also, der spätestens beim genauen Prüfen der Bücher hätte auffallen müssen. *KPMG* gab damals bekannt, man habe sich zu dem Schritt einer Vergleichszahlung entschlossen, um eine jahrelange juristische Auseinandersetzung zu vermeiden. Außerdem seien unter den *FlowTex*-Gläubigern einige Kunden der *KPMG*, zu denen man die vielfältigen Geschäftsbeziehungen nicht belasten wolle. O-Ton *KPMG*: *„Für KPMG gilt nach wie vor: Unsere Prüfungstätigkeit bei FlowTex war korrekt.“*

Sicherlich muss in diesem Fall beachtet werden, dass hier eine außergewöhnliche kriminelle Energie vorlag und auch KPMG von *FlowTex* getäuscht worden ist. Aber trotzdem, und das kann ich Ihnen aus Erfahrung sagen, denn ich habe viele frisierte Bücher gesehen oder selbst produziert: Irgendwo findet sich immer ein Fehler oder eine kleine Ungereimtheit, die einen aufmerksamen Prüfer stutzig werden lassen sollte. Blindes Vertrauen dürfte hier in keinem Fall existieren.

Über etwas hinwegzuschauen, scheint in dieser Branche Tradition zu haben. Es scheint, als ob die „Big 4“ ein ganz großes Mahnmal in der Geschichte der Wirtschaftsprüfungsgesellschaften verdrängt hätten. Damit meine ich einen Fall, der in den USA zu Versorgungsengpässen in der Energiewirtschaft führte und das Vertrauen in die Regierung Bush sowie die großen Börsenunternehmen nachhaltig störte. Die Rede ist vom US-Amerikanischen Energieversorger *Enron,* durch dessen jahrelange Bilanzfälschungen die USA im Jahr 2001 den wohl größten Unternehmensskandal in ihrer Geschichte erlebten.

Der *Enron*-Skandal, oder besser: der *Enron-Andersen*-Skandal, gilt in den USA als die „Mutter aller Skandale“. Der Zusammenbruch der *Enron Corp.*, dem bis dahin weltweit größten Energiehändler und, gemessen am Umsatz (2001 rund $ 101 Mrd.), auch siebtgrößten Unternehmen der USA im Jahr 2001, ist das beste Beispiel dafür, wie aus Kontrolleuren mit einem überparteilichen Auftrag einfache abhängige Prüfknechte geworden sind.

Im Juli 1985 fusionierten die beiden US-Unternehmen *Houston Natural Gas* und die *Internorth* zum Konzern *Enron*. Die ersten Jahre als Betreiber von Gaspipelines tätig, stieg das Unternehmen 1989 in den Erdgashandel ein und wurde binnen kürzester Zeit der größte Gashändler der USA und Großbritanniens. Bis 1992 galten in den USA Gesetze aus der Zeit Franklin D. Roosevelts zur Regulierung des Strommarktes.

Diese stellten unter anderem einen niedrigen Strompreis und eine gut gewartete Strominfrastruktur sicher. Bilanzen unterlagen staatlichen Kontrollen, und Parteispenden der Stromkonzerne waren verboten. 1992 deregulierte die Regierung Bush Senior den Strommarkt. In Bundesstaaten wie Kalifornien, die als erstes neue Gesetze zur Strommarktderegulierung durchsetzten, eröffneten sich für *Enron* neue, hochprofitable Geschäftsbereiche. Neben vermehrten Stromausfällen kam es zu einer Preissteigerung von über 300% in wenigen Jahren.

Enron, die sich selbst als „The World's Greatest Company" bezeichneten, wurden über Jahre hinweg von den verschiedensten Medien in höchsten Tönen gelobt. *Enron* stand auf der Liste der „Most Admired American Companies" des Magazins *Fortune*, von dem es auch fünf Jahre hintereinander zum innovativsten Unternehmen der USA gekürt wurde. Im Jahr 2000 beschäftigte *Enron* 22.000 Mitarbeiter.

Schon im Jahr 2000, als der weltweite Abwärtstrend die „New Economy" erfasste, erwies sich der Einstieg *Enrons* in den Telekommunikationsbereich als Fehler, auch fielen die Energiepreise weiter. Am 16. Oktober 2001 musste *Enron*-CEO Kenneth Lay für das dritte Quartal 2001 überraschend einen Verlust von $ 618 Mio. bekannt geben. Kurz darauf musste *Enron* seine Betriebsergebnisse der letzten vier Jahre um insgesamt $ 586 Mio. nach unten korrigieren. Das Unternehmen stimmte dem Übernahmeangebot durch *Dynegy Inc.*, einem wesentlich kleineren Konkurrenten, zu.

Ende Oktober 2001 bestätigte *Enron*, dass die US-Börsenaufsicht (SEC) eine Voruntersuchung im Unternehmen begonnen hatte, um mögliche Konflikte zu Beteiligungsverträgen zu klären. Die Börsen reagierten massiv, der Kurs der *Enron*-Aktie fiel binnen weniger Wochen von $ 85 auf 68 Cent. Die Banken kündigten dem Unternehmen die eingeräumten Kreditlinien. Am 28. November 2001 zog *Dynegy Inc.* ihr Übernahmeangebot zurück, und *Enron* musste am 2. Dezember 2001 Gläubigerschutz anmelden.

Das Konstrukt begann zusammenzubrechen. Zwischen dem ersten Bekanntwerden von Unregelmäßigkeiten in den Bilanzen des Milliardenunternehmens und der Insolvenz lagen nur sechs Wochen. *Enron* gab zu, Gewinne in den Jahren zuvor mit rund $ 1,2 Mrd. zu hoch ausgewiesen zu haben, zusätzlich wurden rund $ 30 Mrd. an Schulden offenbart. Zum Vergleich: 1999 endete das Geschäftsjahr für *Enron* auf dem Papier mit einem Umsatz von $ 40,11 Mrd. *Enron* hatte Bilanzfälschung im großen Stil begangen.

So wurden Termingeschäfte – also ein für die Zukunft abgeschlossenes Geschäft – von z.B. Erdgas von Anfang an als Erträge gebucht, auf der anderen Seite beim Einkauf hingegen keine Aufwände. Zusätzlich wurden diese Geschäfte über eigene Gesellschaften in Offshore-Finanzplätzen verbucht, und somit wurde mit sich selbst Handel getrieben und die dadurch entstandene Einnahme positiv in den Bilanzen aufgenommen.

Die Einkäufe der erwähnten Tochtergesellschaften in den Offshore-Finanzplätzen ließ sich das Unternehmen von Banken durch Kredite vorfinanzieren. So verschuldeten sich nur die Tochtergesellschaften, und in den Bilanzen der *Enron* tauchten keine derartigen Schulden auf. Zuletzt wurden Warenwerte, wie die von Gas etc., in den Bilanzen schlichtweg falsch wiedergegeben. Rohstoffe und Energie werden allesamt an Märkten gehandelt, unterliegen also in ihrem Wert ständigen Schwankungen.

Am eindrucksvollsten zeigt dieses Beispiel allerdings, welchen Schaden eine Wirtschaftsprüfungsgesellschaft dabei nehmen kann. Im Zentrum der Aufmerksamkeit und der Ermittlungen stand nun die *Arthur Andersen LLP*, eine in Chicago ansässige Wirtschaftsprüfungsgesellschaft, die damals, zusammen mit den heutigen „Big 4“ Wirtschaftsprüfern, zu den „Big 5“ gehörte. Unter allen *Enron*-Buchprüfungen der letzten Jahre waren die Testate der *Arthur Andersen* zu finden. Und nicht nur das: Juristen der *Arthur Andersen* ließen diverse Unterlagen, die im Zusammenhang mit der offiziellen Prüfung bzw. Ermittlung gegen *Enron* standen, vernichten, obwohl die Überprüfung durch die SEC dort bereits bekannt war. Das Wirtschaftsunternehmen wurde schließlich Anfang 2002 vom Justizministerium der Vereinigten Staaten wegen

Justizbehinderung angeklagt. Anfangs noch guter Dinge, schaltete die *Arthur Andersen* ganzseitige Zeitungsanzeigen, in denen die Anklage als *„tragischer Fehler"* bezeichnet wurde. *„Die Anklage ist eine politische Breitseite und bezieht sich nicht auf Fakten."* Und weiter hieß es: *„Wir freuen uns auf den Prozess."*

Zu diesem Zeitpunkt hatten bereits über sechzig Großkunden in den USA der *Arthur Andersen* die Aufträge entzogen. Schließlich stellte das Unternehmen die Arbeit für die Zeitspanne des Verfahrens freiwillig ein. Das fast neunzig Jahre alte Wirtschaftsprüfungsunternehmen wurde von einer Jury der Justizbehinderung für schuldig gesprochen. Damit wäre eigentlich der Entzug der sogenannten CPA-Lizenz (Certified Public Accountant, der Berufstitel der US-Wirtschaftsprüfer) verbunden gewesen, das Urteil wurde allerdings 2005 vom Obersten Gerichtshof der Vereinigten Staaten aufgehoben. *Arthur Andersen* zerfiel. Die weltweiten *Andersen*-Organisationen fusionierten mit anderen Wirtschaftsprüfungsgesellschaften, größtenteils mit den heutigen „Big 4", in der Schweiz und in Deutschland beispielsweise mit *Ernst & Young*.

Die krasse Abhängigkeit der *Arthur Andersen* von seinem Mandanten *Enron* wird diesen Skandal erst möglich gemacht haben. Über die letzten Jahrzehnte hat sich eine merkwürdige Symbiose zwischen den großen Wirtschaftsprüfern und ihren Auftraggebern entwickelt – eine Art „Geben und Geben"-Kultur in ungesündester Weise.

Die großen Wirtschaftsprüfer versuchen, sich gegenseitig mit möglichst geringen Preisen für ihre Prüftätigkeiten zu unterbieten und brauchen deshalb lukrative Beratungsmandate, um zu überleben. Jedes Jahr wird mit den Mandanten neu verhandelt. Allein die Drohung, dass ein anderes Unternehmen für etwas weniger stempelt, reicht aus, die Preise der Wirtschaftsprüfer noch mehr zu drücken. Genau so ist der *Enron-Andersen*-Skandal zustandegekommen. Es drängt sich fast die Frage auf, wer von beiden nun schlimmer war: die Betrüger bei *Enron* oder der Wirtschaftsprüfer, der Mitwisser, der dem Betrug mit Brief und Siegel nach außen hin die Legalität verlieh.

Der *Enron-Andersen*-Skandal hat Milliarden US-Dollar vernichtet, Arbeitsplätze gekostet, Pensionen verbrannt und viele einfache Leute in große Schwierigkeiten getrieben. Aber eine Sache ist meiner Meinung nach noch viel schlimmer: Er hat das Vertrauen in große börsennotierte Unternehmen nachhaltig gestört.

Um das Vertrauen von Anlegern und Investoren in die veröffentlichten Finanzdaten und die generelle Glaubwürdigkeit von Unternehmen wiederherzustellen, verabschiedeten die USA bereits 2002 ein Bundesgesetz mit dem Namen *Sarbanes-Oxley Act of 2002* – benannt nach dem Demokraten Paul Sarbanes und dem Republikaner Michael Oxley, den Verfassern des Gesetzentwurfes. Es handelt sich nicht direkt (beziehungsweise in den wenigsten Teilen) um eigenständige Gesetze, viel mehr ist es eine Verschärfung und Erneuerung der „Börsengesetze" aus den 1930er-Jahren (*Security Exchange Act*).

Selten wurde in den USA ein für die Wirtschaft so einschneidendes Gesetz so schnell und ohne große Verhandlung mit der Wirtschaftslobby durchgedrückt. So gut wie alle Vorschriften im Gesetz gelten sowohl für inländische als auch für ausländische Unternehmen sowie deren Tochtergesellschaften, wenn deren Aktien an US-Börsen gehandelt werden und/oder deren Wertpapiere mit Eigenkapitalcharakter in den USA außerhalb der Börse oder anderweitig öffentlich gehandelt werden.

Grob sehen die Inhalte wie folgt aus:

- Der *Chief Executive Officer* (CEO) und der *Chief Financial Officer* (CFO) haben gemeinsam die Ordnungsmäßigkeit der Abschlüsse zu bestätigen.
- Im Falle falscher oder nicht korrekter Abschlüsse, die nachträglich zu Korrekturen führen, haben sowohl CEO als auch CFO sämtliche erfolgsabhängigen Vergütungen zurückzuzahlen.
- Darlehensgewährung an das Management ist verboten.

- Die Vorschriften zur Unabhängigkeit/Zusammensetzung des Audit Committee (Prüfungsausschuss) und des Verwaltungs- bzw. Aufsichtsrats wurden verschärft.
- Das Audit Committee muss *Nicht-Prüfungsleistungen* des Abschlussprüfers genehmigen (vorher durfte dies ein Geschäftsleitungsmitglied mit Einzelunterschrift).
- Die Erbringung von *Prüfungsnahen Dienstleistungen* beziehungsweise *Nicht-Prüfungsleistungen* neben der Abschlussprüfung durch den gewählten Abschlussprüfer sind verboten.
- Der Abschlussprüfer wird verpflichtet, das gesamte Audit Committee über kritische Vorgänge im Unternehmen bzw. während der Prüfung und in den Ergebnissen der Prüfung sowie über alternative Rechnungslegung zu unterrichten.
- Schaffung des *Public Company Accounting Oversight Board* (kurz PCAOB) als neue und unabhängige Aufsichtsbehörde über die Wirtschaftsprüfer mit weitreichenden Kontrollrechten
- Regelungen zur Verschärfung der Haftung und Unabhängigkeitsregeln für Wirtschaftsprüfer (interne Rotation des leitenden Partners nach fünf Jahren oder externe Rotation des Wirtschaftsprüfungsunternehmens nach sieben Jahren, Verhalten bei Interessenkonflikten etc.)
- Schaffung eines Schutzes für „Whistleblower“
- Mehrere neue Regelungen über die Verantwortlichkeiten von Managern in börsennotierten Unternehmen
- Erweiterte finanzielle Offenlegungspflicht (Stärkere Gewichtung auf ein funktionierendes internes Kontrollsystem (IKS) auch oder gerade im Interesse des CEO und CFO, um schneller auf Ungereimtheiten in einzelnen Abteilungen bzw. Tochtergesellschaften etc. hingewiesen werden zu können)

- Verschärfung der Strafvorschriften durch Anweisung an die *US Sentencing Commission* (eine unabhängige Behörde der Vereinigten Staaten zur Festlegung von Grundsätzen für die Strafbemessung) zur Überarbeitung und Anpassung des Bundesstrafgesetzbuches beziehungsweise des Strafausmaßes und der Verjährungsfristen

Insgesamt handelt es sich hier um eine 66 Seiten starke Bombe, mit der wahrscheinlich niemand gerechnet hatte. Der Aufschrei war dementsprechend groß – aber zu spät. Am 25. Juli 2002 im Kongress verabschiedet, trat das Gesetz am 30. Juli 2002 mit der Unterzeichnung des damaligen Präsidenten Bush Junior in Kraft.

Mit der Rotationspflicht hatte die Wirtschaftsprüfungsbranche schon lang gerechnet. Aber eine Kontrollbehörde für Wirtschaftsprüfer, also einen offiziellen Prüfer für den Prüfer, hatte es vorher noch nirgendwo gegeben. Viele Wirtschaftsprüfer fühlten sich „degradiert" und reagierten dementsprechend sauer auf die neue Gesetzgebung. Außerdem waren gewisse Punkte, wie Sie sich sicher denken können, mit massiven finanziellen Einschnitten verbunden – gerade der Punkt, den Geprüften keine Zusatzberatungen mehr anbieten zu können.

Und auch die Unternehmen fühlten sich vor den Kopf gestoßen. Gerade der berüchtigte §404 führte zu massiven Veränderungen in der Corporate Governance, also der Grundsätze der Unternehmensführung. Hier wird die Einrichtung des vorher erwähnten, internen Kontrollsystems gefordert und die Dokumentation von dessen Tätigkeit. Sämtliche Kontrollen, die in Zusammenhang mit der Rechnungslegung stehen, sind Teil dieser Regelung. So etwas ist mit massiven Kosten für das Unternehmen verbunden, da es je nach Unternehmensgröße zwischen 25.000 und 50.000 Arbeitsstunden in Anspruch nimmt, allen neuen Regeln gerecht zu werden. Aber nun, was hilft alles Jammern, wenn ein Gesetz beschlossene Sache ist…

Wenn Sie sich nun fragen, ob diese ganze Angelegenheit an Europa einfach so spurlos vorbeigegangen ist, dann muss ich Ihnen leider sagen: Ja, fast. 2010 kündigte der damalige EU-Kommissar für Binnenmarkt und Dienstleistung, Michael Barnier, in seinem „Grünbuch" weitreichende Änderungen im Bereich der Wirtschaftsprüfung an. Es dauerte jedoch bis zum 17.6.2014, bis eine Reform in Kraft trat, und ihr wurden vorab die meisten Zähne gezogen. Außerdem wurde den Unternehmen eine Überbrückungsfrist von zwei Jahren eingeräumt.

Um Sie nicht mit Vergleichen zu langweilen – und auch, weil diese den Rahmen eines lesbaren Kapitels sprengen würden –, hier nur die wesentlichen Punkte, wie sie auch in Kraft getreten sind oder nicht umgesetzt wurden:

- Pflicht wird eine obligatorische Ausschreibung bei Unternehmen öffentlichen Interesses (wozu insgesamt 1.350 statt bislang 850 kapitalmarktorientierte Unternehmen, Banken und Versicherungen zählen).

- Der Firmen-Prüfungsausschuss wird gestärkt. Er soll einen generellen Prüfungsbericht erhalten, was in Deutschland z.B. ohnehin schon üblich ist. Bei der Auftragsvergabe muss dieser auf die Unabhängigkeit des Wirtschaftsprüfers achten, und bis zu 10 Jahre hintereinander ist eine erneute Bestellung zum Prüfer möglich.

- Eine verpflichtende Rotation der externen Prüfer nach 10 Jahren wird eingeführt. Eine Verlängerung um weitere 10 Jahre bei einer erneuten Ausschreibung ist möglich, und sogar eine Verlängerung um 14 Jahre bei Joint Audit, also bei einer parallelen Prüfung durch zwei Wirtschaftsprüfungsgesellschaften. Es wird also ein Prüferwechsel nach 24 Jahren eingeführt.

- Um sich wieder als Prüfer bewerben zu können, muss eine „Abkühlungsphase" von 4 Jahren vergehen. Eine Untersuchung zeigt, dass von den 30 DAX-Unternehmen 24 seit mindestens

20 Jahren immer die gleichen Wirtschaftsprüfungsgesellschaften beauftragen – was nach Ablauf der Übergangszeit 2020 nicht mehr möglich sein wird, denn von dort an sind die Fristen der Rotation der externen Prüfer einzuhalten. Es ist allen EU-Staaten freigegeben, per Gesetz kürzere Fristen zu bestimmen.

- Ein generelles Beratungsverbot für „Prüfungsfremde Leistungen", also Steuerberatung, Bewertung etc. für geprüfte Unternehmen wird nicht eingeführt, dafür aber eine Umsatzbegrenzung. Die jeweils in den vorangegangenen drei Jahren erbrachten prüfungsfremden Leistungen dürfen nun nicht mehr als 70% der durchschnittlichen Gesamthonorare überschreiten. Dies gilt auch für Mutter- und Tochterunternehmen, womit eine Quersubventionierung verhindert wird.
- Die Berichtspflichten im Bestätigungsvermerk sollen ausgeweitet werden, was bedeutet, dass die Wirtschaftsprüfungsgesellschaften detailliert auflisten müssen, was sie wann und wo geprüft haben. Dies soll mehr Transparenz schaffen.

Richtig scharf ist das nicht. Auch die sehr sinnvolle Vergabe der Prüfungsaufträge im Losverfahren oder die Idee, ein generelles Joint Audit durch einen kleineren und einen großen Prüfer einzuführen, wurde schnell verworfen. Wenn man ein wenig reguliert, dann kann man wenigstens sagen, man hat etwas reguliert.

Warum das so lasch ausgefallen ist? Nun ja, raten Sie mal, wer die EU und die einzelnen Regierungen in Europa z.B. in Steuergesetzfragen oder Wirtschaftsfragen berät? Das ist nicht nur auf höchster Ebene so, selbst kleine Gemeinden lassen sich gern von den „Big 4" beraten, wenn z.B. Entscheidungen über öffentliche Besitztümer anstehen. Auf höchster Ebene sind dann einfach nur die Zahlen größer – und sicherlich auch die Rechnungen. „Sale and Lease Back" ist ein Begriff, der hier genannt werden sollte. In Zeiten leerer Kassen verkaufen Gemeinden ihre Grundstücke, Fuhrparks im Nahverkehr etc. und mieten diese dann wieder an. So etwas begutachtet vorher ein Wirtschaftsprüfungsunternehmen.

In Deutschland ist der größte mir bekannte Fall die komplette Abgabe der Verantwortung für die Verteilung der Mittel aus dem Bankenrettungsfonds *Sonderfonds Finanzmarktstabilisierung* (SoFFin) mit einem Gesamtvolumen von fast 500 Mrd. Euro im Alleinauftrag an *PwC*. Das eigentlich zuständige Gremium aus Staatssekretären wurde kurzerhand entmachtet beziehungsweise saß nur noch zu Dekorationszwecken herum.

Ganz lustig ist dabei zu erwähnen, dass *PwC* diesen Auftrag ohne eine öffentliche Ausschreibung bekommen hat. Wie kommt so was nur? Die Regierung begründete ihr Vorgehen damit, dass man *PwC* seit den 1970ern mit der Begutachtung der Gewährung von Staatsmitteln betrauen würde und dabei stets gute Erfahrungen gemacht hätte. *PwC* entscheidet also allein und ohne Kontrolle über Garantien aus der öffentlichen Hand. Nicht einmal der Form halber muss ein offizieller Weg eingehalten werden. Auf den durch die Bundesregierung ausgegebenen Merkblättern für Überbrückungskredite steht: „*...kann bei PwC Deutsche Revision, New-York-Ring 13, 22297 Hamburg beantragt werden*". Von so einem krassen Bürokratieabbau wagt nicht einmal die FDP zu träumen.

Und so macht die Bundesregierung den Bock zum Gärtner. Die „Big 4" saßen über Jahrzehnte genau an den entscheidenden Hebeln, die zur massiven Schieflage der Wirtschaft und zur Banken-Krise geführt haben, und nun sollen sie sie hinter den Kulissen korrigieren? Okay, das wird sicherlich noch spannend.

Nun ist es aber nicht nur das reine Unvermögen oder die plumpe Dummheit, die die Politik immer wieder in die Arme dieser vier glorreichen Halunken treibt. Ab und an ist es auch einfach nur der Eigennutz, den man für sich beziehungsweise sein Land aus der Umtriebigkeit der Wirtschaft und ihrer Berater ziehen kann.

Womit wir nun in Luxemburg wären, einem Land, dessen sechstgrößter Arbeitgeber die Firma *PwC* ist und das sich in den letzten Jahren zu einer kleinen Spielwiese für die Steueroptimierungsindustrie gemausert hat.

Wenn Sie sich für weitere Fälle der „Big 4" interessieren, geben Sie folgende Begriffe in eine Internet-Suchmaschine ein:

Deloitte + Baukonzern Alpin

KPMG zahlt 456 Millionen Dollar wegen Steuerbetrugs

Steuerhinterziehung + KPMG-Chef + Rücktritt

KPMG + Flowtex + 100 Mio Strafe

PwC + falsche Testate + JP Morgan

PwC zahlt 40 Mio an Land Sachsen

Steuervermeidungsstrategien – Teil 1 Jean-Claude Juncker und die 340 Räuber

Ich persönlich mag Politiker (Pause für Gelächter), ja wirklich! Die meisten dieser Damen und Herren geben mir das Gefühl, doch nicht ganz so dumm zu sein, wie ich manchmal glaube. Nicht, dass ich mit ihnen einer Meinung wäre und deshalb denke, ich müsse ja ein schlauer Typ sein. Nein, eher umgekehrt: Ich spüre oft ein gefährliches Nichtwissen oder ein noch viel gefährlicheres Halbwissen bei Entscheidungsträgern, die ohne jegliche Form von Kompetenzen oder Vorerfahrungen in ihr Amt gestolpert zu sein scheinen. Das unterstreicht ja z.B. auch das vorangegangene Kapitel über Peer Steinbrück oder auch, wie leichtfertig die Bundesregierung ihre Entscheidungsgewalt in die Hände von *PwC* gibt etc. Das ist auch einer der Gründe, warum ich mir im Fernsehen keine politischen Debatten oder Talkshows mehr angucken kann, die stören nur meine meditative Grundhaltung und machen mich aggressiv.

Ich kann hier natürlich alles nur für die Bereiche erläutern, in denen ich mich selbst einigermaßen fit fühle. Ich wünschte es mir zwar, aber auch ich habe die Weisheit nicht mit Löffeln gefressen. Anfangs haben mir diese Gestalten – egal ob in Berlin, Brüssel oder sonst irgendwo – Angst gemacht, bis ich gemerkt habe, dass je nachdem, mit welcher Absicht sie handeln, diejenigen, die nicht verstehen, was sie tun, oft weniger kaputt machen als diejenigen, die genau wissen, was sie tun.

Aber zurück zum eigentlichen Thema. Einen Politiker mag ich ganz besonders: Jean-Claude Juncker. Meiner Meinung nach ist er der einzig ehrliche und gleichzeitig seiner Linie treu gebliebene Mann Europas und seiner Steueroase Luxemburg. Juncker sagte 2011 mitten in der Euro-Krise: *„Wenn es ernst wird, muss man lügen."*

Man wisse dazu, dass dieser Mann von 1989 bis 2009 Finanzminister und von 1995 bis 2013 Premierminister im Großherzogtum Luxemburg war, einem Mitglied der Europäischen Union, einem Land mitten im

Zentrum von Europa zwischen Frankreich und Deutschland mit 550.000 Einwohnern (davon ca. 45% Ausländer).

Juncker wurde vor einiger Zeit gefragt, was er davon hält, dass sein Land in den letzten Jahrzehnten weit über 350 multinationalen Unternehmen „spezielle" und im höchsten Maß ausgeklügelte Steuer-Deals angeboten hat, damit jene Unternehmen in anderen Ländern weltweit, gerade in Mitgliedsstaaten der EU, Milliarden über Milliarden an Steuerzahlungen umgehen können. Er antwortete darauf, dass es in seiner Vergangenheit nichts gäbe, was vermuten ließe, dass er in Europa zur Organisation von Steuervermeidungspraktiken beigetragen hätte, und er beantworte *„so ekelhafte Fragen"* nicht.

Worum es in Junckers Fall geht, sind sogenannte „verbindliche Vorbescheide". Hier geben Unternehmen beziehungsweise die durch sie beauftragten Beratungsfirmen vorab bekannt, wie viel sie im kommenden Jahr umzusetzen gedenken. Staaten, in diesem Fall Luxemburg, antworten daraufhin mit einer „verbindlichen Schätzung", wie viel Steuern sie dafür haben wollen. Es kommt dabei, wie Sie sich sicher denken können, nicht unbedingt darauf an, hier von Unternehmensseite mit „realen" Zahlen zu rechnen, es reicht meist, den angefeuchteten Zeigefinger in den Wind zu halten und eine grobe Fahrtrichtung anzugeben. Und in den meisten Fällen ist es sogar ziemlich egal. Steuern sind für die Großen reine Verhandlungssache. Man nennt das eine „Steueroase" beziehungsweise einen „Tax-Heaven", etwas, was es lange Zeit nur in den sog. „Offshore-Finanzplätzen" auf fernen Inseln, z.B. in der Karibik, gegeben hat.

Das *International Consortium of Investigative Journalists* (ICIJ) veröffentlichte mit „Luxemburg-Leaks" dazu Namen von beteiligten Unternehmen wie *Amazon*, *Apple*, *FedEx*, *Ikea*, *PepsiCo*, *Procter & Gamble*, *Heinz*, aber auch deutsche Konzerne wie *E.ON*, *Fresenius Medical Care*, die *Deutsche Bank* etc., ein Auszug dazu folgt in diesem Kapitel etwas später. (Nähere Informationen zum ICIJ gebe ich Ihnen im Kapitel „Panama-Papers – oder: ein alter Hut mit neuer Schleife". Zum jetzigen Zeitpunkt lohnt es sich noch nicht, ausführlicher über das ICIJ zu berichten.)

Jean-Claude Juncker ist seit dem 1. November 2014 Präsident der Europäischen Kommission und legt so nach Art. 17 Abs. 6 EU-Vertrag *„die Leitlinien fest, nach denen die Kommission ihre Aufgaben ausübt"*. Unterstützt wurde Junckers Kandidatur trotz anfänglichem Zögern auch von Bundeskanzlerin Angela Merkel und Frankreichs Präsident François Hollande, der zwar anfänglich lieber einen Franzosen in diesem Amt gesehen hätte, am Ende aber wohl doch ein Einsehen hatte, dass man nicht auf jeden Posten einen Franzosen setzen kann.

Nun, lassen Sie uns über „offshore" reden: Bekannt ist der Begriff wohl eher aus der Energiegewinnung: Windparks vor der Küste, dort, wo man sie nicht unbedingt sieht, wo sie aber doch profitabel Energie erwirtschaften sollen. Ähnlich ist es mit Offshore-Finanzplätzen auch.

Das englische Wort „offshore" bedeutet auf Deutsch so viel wie „fern der Küste". Dazu eine kleine Geschichte: Alles begann um 1904 in England. Die *Egyptian Delta Land & Investment Co Ltd.* mit Sitz in London zog vor das königliche Gericht. Die Firma kaufte und verkaufte äußerst gewinnbringend Land in Ägypten, wollte aber im Königreich keine Steuern dafür zahlen. Warum sollte man auch im Inland Steuern für Gewinne zahlen, die man im Ausland erwirtschaftet hat? Die Klage scheiterte. Der vorsitzende Richter, Lord Loreburn, begründete sein Urteil damit, dass Firmen dort besteuert werden, wo sich diejenigen befinden, die ihre Geschäfte führen. Was daraufhin passierte, kann man sich denken.

In Kairo wurde ein Büro eröffnet, und die Entscheidungsträger befanden sich von nun an dort, zumindest auf dem Papier. Schnell warben auch andere Orte im Königreich Großbritannien mit diesen Vorzügen, darunter das damals noch zum Königreich gehörende Hong Kong sowie die immer noch beliebten und berüchtigten Cayman Islands. Das war die Geburt der „Steueroasen" oder auf englisch „Tax-Heavens".

Doch was macht diese Steueroasen für Großunternehmen und kriminelle Schwarzgeldverstecker oder Geldwäscher so reizvoll? Diese Orte ignorieren internationale Abkommen und Reglementierungen und setzen diese auch trotz Druck von außen nicht um. Sie kontrollieren z.B. die Herkunft der Personen nicht, die in ihrem Land Konten eröffnen und schon gar nicht die Herkunft der Gelder, die auf Konten eingezahlt werden. Institutionen anderer Länder, z.B. die Polizei oder die Steuerfahndung, werden ignoriert. Es wird keine Auskunft über Konten erteilt und Vermögen von zur Fahndung ausgeschriebener oder verurteilter Verbrecher nicht eingefroren. Kurzum: Es wird keine Amtshilfe geleistet, und ein Informationsaustausch findet in keinster Weise statt.

Zu diesen Annehmlichkeiten für Kriminelle kommt ein meist extrem tiefer Steuersatz, soweit überhaupt eine Vermögens- oder Umsatzsteuer fällig wird. Oft ist auch das Gesellschafts- und Unternehmensrecht sehr übersichtlich gehalten, was u.a. eine einfache Gründung einer GmbH oder AG mit sich bringt, und somit dort niedergelassenen Firmen den Anschein einer seriösen juristischen Unternehmung gibt.

Zu guter Letzt fehlt nur noch eine geeignete Infrastruktur, sprich Rechtsanwälte, Treuhänder und Bankfilialen, für die perfekte Steueroase. Auf den Cayman Islands sind beispielsweise ungefähr 230 Banken mit einem Sitz verzeichnet. Die Cayman Islands sind der Inbegriff dafür, dass Steuerflucht und -optimierung kein Geschäft ist, das in trostlosen Ecken der Welt, versteckt von jeglicher Zivilisation stattfindet. Die Inselgruppe in der Karibik mit ihren knapp 50.000 Einwohnern gehört wohl mit zu den schönsten Flecken der Welt, auf die ich je einen Fuß setzen durfte. Früher handelte man hier mit Schildkröten und Muscheln, heute sind die Caymans Sitz von rund 200.000 Unternehmen. Neben wundervollen Stränden, luxuriösen Hotels, teuren Restaurants und Casinos gibt man sich nicht unbedingt diskret – ein Steuerparadies im wahrsten Sinne des Wortes also.

Wenn Sie kein Geld waschen wollen und es Ihnen rein um Steuerersparnisse geht, sind diese Inseln allerdings nicht mehr ganz so spannend – zumindest für uns Europäer nicht. Da liegen zur reinen Steueroptimierung doch Länder wie die Schweiz und Liechtenstein oder Luxemburg nur ein paar Autostunden entfernt.

Ist man früher auch gern für die eine oder andere Sitzung in die Karibik geflogen, verlieren die Caymans, Panama, die Bermudas oder die

Jungferninseln heute immer mehr an Bedeutung, nicht zuletzt auch dank Europas engagierten Politikern, die sich dafür einsetzten, dass Sie die eine oder andere Flugstunde sparen können. Ich komme in einem späteren Kapitel noch auf die Tricks der Geldwäscher zu sprechen. Bleiben wir erst einmal in den Grauzonen.

Warum überhaupt der ganze Steueroptimierungs-Aufwand, fragen Sie sich? Nun, stellen Sie sich vor, Sie besitzen ein Unternehmen, welches Güter wie Solar-Panels, Autoreifen oder Spülmittel produziert. Ihr Standort ist irgendwo in Deutschland. Sie zahlen Steuern in Deutschland und Ihre Angestellten bekommen eine von der Gewerkschaft ausgehandelte Gewinnbeteiligung am Unternehmensgewinn, sprich: Sie sind der Meinung, Sie zahlen sich dumm und dämlich. Mit der kompletten Produktion umzuziehen, kommt für Sie allerdings nicht in Frage, profitieren Sie in Deutschland doch vom stetigen Nachschub an gut ausgebildeten Mitarbeitern von der exzellenten Infrastruktur und der Rechtssicherheit durch eine stabile Regierung. Außerdem hört sich „Made in Germany“ immer noch besser an als „China“ oder „Bangladesh“ und ist zudem ein Garant für stabilen Absatz.

Wie wäre es da mit einer nicht ganz sauberen beziehungsweise ethisch etwas verwerflichen, aber immerhin in den weitesten Teilen legalen Lösung, die Ihnen dazu verhilft, deutlich weniger Steuern zu bezahlen? Sagen wir so 50-90%? Interessiert? Während Ihr produzierender Standort in Deutschland bestehen bleibt, verlegen wir als Erstes den Hauptsitz Ihrer Firma samt der Geschäftsleitung in den Ort Sarnen in der Schweiz. Wir könnten auch einen Ort auf den Bermudas oder in Panama nehmen, aber bleiben wir geographisch vorerst einmal in der Nähe. Warum gerade Sarnen? Nun, der Ort ist sehr schön, in vielerlei Hinsicht. Hier eine Erklärung dazu: Da in der Schweiz unter den einzelnen Bundesländern, dort „Kantone“ genannt, ein aktiver Steuerwettbewerb herrscht, entscheiden Sie sich für den Kanton Obwalden mit seinem Hauptort Sarnen, denn hier beträgt die kantonale Gewinnsteuer 6% (plus die Bundessteuer, diese maximal 8,5%). Sollte Ihr Unternehmen weniger/gleich 100.000 Franken Umsatz generieren, wählen Sie als Standort den Kanton Zug mit seinem gleichnamigen Hauptort, denn dort berechnet man Ihnen bis 100.000 Franken gar nichts, darüber 6,5%. Geeignete Mitarbeiter finden Sie in beiden Kantonen, in Zug ist die geschäftige Nachbarschaft allerdings größer.

Es ändert sich nun Folgendes: Von nun an beauftragt Ihr Hauptsitz die Lieferanten der Materialien für Ihre Produktion direkt aus der Schweiz. Ihr Hauptsitz bezahlt zudem die Lieferanten und überlässt die Lieferungen in Kommission Ihrem produzierenden Sitz. Hierfür werden Zinsen fällig. Ergänzend eröffnen wir in Luxemburg eine Holding-Gesellschaft, also eine Art „Übergesellschaft". Dieser Gesellschaft gehören Anteile Ihrer Firma und die Rechte an Ihren Patenten und Ihrem Firmennamen, außerdem ist diese Holding Eigentümerin einer Firma, die für Sie von nun an Personalbeschaffung und alle weiteren sog. „Human Resources" übernimmt. Hier werden steuerlich absetzbare Kosten produziert. So werden durch das Personalbeschaffungsunternehmen Temporär-Arbeitskräfte bzw. Leiharbeiter in der Produktion eingesetzt, für die dann Gebühren für die Rekrutierung, Lohnbuchhaltung etc. berechnet werden.

Oft wird die Lohnbuchhaltung der ganzen Firmenstruktur durch einen Dienstleister abgerechnet, und die Kosten dafür werden steuerlich geltend gemacht. Sie zahlen so oder so für alle Dienstleistungen, welche die Holding für Sie übernimmt, selbstverständlich auch für den Gebrauch der Patente und Ihres Firmennamens. Diese Gelder nimmt Ihr neu gegründetes Buchhaltungsunternehmen in der Schweiz entgegen (hier auch „Treuhänder" genannt). Selbstverständlich ist auch dieses ein Teil der Holding-Struktur, wenn es keine externe Firma ist. Die Gelder werden von hier aus gewinnbringend für Sie angelegt. Die Zinsen sind zwar überall niedrig, aber wofür gibt es denn gut sortierte Bankprodukte? Für die Bearbeitung bekommen Sie natürlich wieder eine Rechnung, denn auch solche Dienstleistungen sind (teilweise) steuerlich absetzbar.

Nun kaufen Sie die produzierten Waren von Ihrem produzierenden Betrieb zu dem Preis, den Sie mit sich selbst ausgehandelt haben. Transportiert wird natürlich nichts, es wechselt nicht mal das Lager. Sie verkaufen dann also wie gewohnt zu Ihrem Preis an Ihren Kunden. Dieser holt schlussendlich die Waren wie gewohnt an der Laderampe Ihrer Produktionsstätte ab. Augenscheinlich ändert sich also gar nichts.

Diese Gebilde werden irgendwann so kompliziert, dass ein Organisationsschema unausweichlich wird. Wir haben in unserer Firma früher einige dieser Konstrukte gebaut, und ohne permanente Dokumentation mit Diagrammen hätte ich nach einem Wochenende selbst nicht mehr durchgefunden. Aber glauben Sie mir, die anfängliche Bürokratie und Umstrukturierung nehmen Sie gern in Kauf, denn von den Krediten, die Sie sich selbst geben, den Rechnungen, die Sie sich selbst stellen und den Preisen, die Sie mit sich selbst verhandeln, wandert das meiste Geld – x-mal durch Steuerschlupflöcher gepresst – wieder zurück auf Ihr Konto, und am Ende vom Tag haben Sie so gut wie nirgendwo Steuern bezahlt, konnten kostenlos die Infrastruktur mehrerer Länder nutzen und haben sich zu guter Letzt sogar die Gewinnbeteiligung für Ihre Mitarbeiter in Deutschland gespart, denn es ist ja offiziell gar kein Gewinn mehr da – zumindest nicht in Deutschland...

Das alles ist, wie ich schon schrieb, in den meisten Fällen absolut legal. Menschen wie Jean-Claude Juncker unterstützen es sogar. Was rede ich – Sie haben es erfunden oder zumindest dem Erfinder die passende Infrastruktur zurechtgelegt, und das wissentlich! Während seiner Amtszeit ist das kleine Großherzogtum zu einem der wichtigsten Finanzplätze der Welt aufgestiegen. Herzlichen Glückwunsch! Die über 140 Banken in Luxemburg erwirtschaften gut 36% des Bruttoinlandsproduktes, und in keinem anderen Land – mit Ausnahme der USA – haben so viele Investmentfonds ihren Sitz. So etwas erreicht man nur mit einer aggressiven beziehungsweise „unternehmensfreundlichen“ Steuerpraxis.

Und warum sollte man als Unternehmen auch moralische Bedenken entwickeln, solch eine Infrastruktur zu nutzen, wenn sie schon vorhanden ist und durch fleißige Bürokraten gehegt und gepflegt wird? Vor allem, wenn man sich damit in so großartiger Gesellschaft befindet, wie sie hier aufgelistet ist:

AIG Inc. (American International Group Inc.)
AIG gehört zu den größten Erstversicherern der Welt. Sitz: New York, USA; Mitarbeiter: ca. 61.000; Jahresumsatz: $ 65,66 Mrd.
Während der Finanzkrise 2008 verbuchte *AIG* einen Verlust von $ 99,3 Mrd., wovon allein 61,7 Mrd. in das 4. Quartal fielen, was den höchsten Verlust der Weltgeschichte in nur einem Quartal für ein Unternehmen darstellte. *AIG* ist Anbieter von Hypotheken-„Ausfall-Rückversicherungen" für Banken, was für das Unternehmen allein Ende 2007 im Zuge der US-Immobilienkrise (Subprime-Krise) zu Abschreibungen in Höhe von $ 11 Mrd. führte und in massive Bedrängnis brachte. Der *AIG* gehört die ehemalige *Württembergische und Badische Versicherungs-AG*.
Im September 2008 gewährte die US-Notenbank (Fed) dem Unternehmen einen Notkredit von $ 85 Mrd. und übernahm dafür 79,9% der Anteile – eine sog. „Notverstaatlichung", in den USA „lemon socialism" genannt. Bis Ende 2008 unterstützte die US-Regierung die *AIG* mit der Rekordsumme von $ 150 Mrd., der höchsten je geleisteten staatlichen Finanzhilfe. Weitere Finanzspritzen über mehr als $ 50 Mrd. folgten. Das Unternehmen musste Teile seiner Geschäftsbereiche verkaufen. Im Endeffekt hat diese Rettung komplett der Steuerzahler bezahlt. Zum Höhepunkt der Krise besaßen die USA 92,1% der Firmenanteile, heute sind es gegen null. Alles in allem hat die US-Regierung mit dieser Rettungsaktion rund $ 23 Mrd. erwirtschaftet. Als Dank für die Hilfe hat die *AIG* in den letzten Jahren mit ausgeklügelten Finanzkonstrukten über Luxemburg Steuern in Milliardenhöhe am US-Fiskus vorbei verdient.
Am 1. Januar 2013 startete die *AIG* zusammen mit anderen Unternehmen die TV-Kampagne „Thank you America", in der sich der CEO des Unternehmens, Robert Benmosche, persönlich für die Hilfe des Staates bedankte. *AIGs* ehemaliger Vorstandsvorsitzender, Maurice Greenberg, klagt indes gegen die US-Regierung. Er vertritt als neuer CEO die Firma *C.V. Starr and Company*, einen Großaktionär der *AIG*. Er verlangt Schadenersatz von der US-Regierung in Höhe von $ 40 Mrd. und begründet dies damit, dass während der

Rettungsaktion zu scharfe Konditionen festgelegt wurden, z.B. die Verzinsung der Notkredite mit 14%, denn diese hätten den Aktionären geschadet. Außerdem behauptet Greenberg, eine privatwirtschaftliche Rettung wäre möglich gewesen.
Leidtragende der Beinahe-Pleite sind bis heute Privatleute, Unternehmen und Kommunen, die unter dem schlechten Rating des Unternehmens höhere Versicherungsbeiträge zahlen mussten oder auf Ausfällen sitzen blieben. Man muss allerdings auch betonen: Hätte ein so riesig gewordenes Unternehmen wie die *AIG* die Grätsche gemacht, wäre das Resultat um ein Vielfaches verheerender gewesen.

Amazon.com Inc.
Amazon ist wohl das größte Online-Versandhaus. Sitz: Seattle, USA; Mitarbeiter: ca. 120.000; Jahresumsatz: $ 74,5 Mrd.
Amazon gründete bereits 2003 seine erste Niederlassung in Luxemburg und zahlte somit durch ihre Offshore-Gewinnverlagerung in Deutschland nur geringe Steuern. *Amazon* verwendet die „Double Irish With a Dutch Sandwich"-Steuervermeidungsstrategie. Ich gehe im nächsten Kapitel genauer darauf ein.

Apollo Global Management LLC
Apollo ist eine US-amerikanische Beteiligungsgesellschaft. Sitz: New York; Jahresumsatz ca. $ 5,3 Mrd.
Sie wurde 1990 vom ehemaligen *Drexel Burnham Lambert Investment*-Banker Leon Black gegründet. Black ist Kunstsammler und bekam 2012 öffentliche Aufmerksamkeit, als er bei Sotheby's in New York die Pastellversion von Edward Munchs „der Schrei" für die Rekordsumme von $ 119.922.500 ersteigerte.

Apple Inc.
Apple gehört mit seinen iPods, iPhones und iPads zu den digitalen Riesen der Welt. Sitz: Cupertino, Bundesstaat Kalifornien, USA; Mitarbeiter: ca. 93.000; Jahresumsatz: ca. $ 183 Mrd.
Apple nutzte wie *Amazon* die Methode der Offshore-Gewinnverlagerung. US-Ermittler gehen davon aus, dass *Apple* in den vergangenen

Jahren mindestens $ 74 Mrd. Gewinne an eine irische Tochtergesellschaft fließen ließ. Dieses Einkommen soll in keinem Land der Welt versteuert worden sein. *Apple* verwendet die „Double Irish With a Dutch Sandwich"-Steuervermeidungsstrategie.

Ärztekammer Westfalen Lippe / das Versorgungswerk der Zahnärzte Westfalen Lippe
Sitz: Münster, Deutschland. Es handelt sich hier wohl um Deals mit Luxemburg, um bei Finanzanlagen zur privaten Absicherung der Mitglieder (z.B. im Alter) Steuern zu sparen. Es handelt sich bei beiden Kammern um Körperschaften des öffentlichen Rechts.

AXA Group
AXA ist einer der größten internationalen Versicherungskonzerne. Sitz: Paris, Frankreich; Mitarbeiter: 160.000; Jahresumsatz: 90,1 Mrd. €.
Die deutsche *AXA* gab 2012 Rabatte bei Versicherungen für Mitglieder der CDU. Von Seiten der Presse wurde damals ein Zusammenhang zwischen den Rabatten und den Mitgliedschaften der ehemaligen CDU-Spitzenpolitiker Petra Roth (ehemalige CDU-Oberbürgermeisterin von Frankfurt am Main) und Friedrich Merz (ehemaliger CDU-Finanzexperte, von 1994-2009 Mitglied des Bundestages und von 1998-2004 erst Stellv., dann Vorsitzender der CDU/CSU-Bundestagsfraktion) vermutet.

Baloise Groupe bzw. Bâloise Holding AG
Baloise ist der drittgrößte Allbranchen-Versicherungsdienstleister der Schweiz. Sitz: Basel, Schweiz; Mitarbeiter: ca. 8.000; Jahresbilanz: 7,4 Mrd. €.
Zur *Baloise Groupe* gehören die *Basler Versicherungen* Schweiz, die *Baloise Bank SoBa* und die *Baloise Found Invest* in Luxemburg. In Deutschland ist das Unternehmen mit seiner Tochtergesellschaft *Basler Versicherungen* vertreten, zu der auch die *Deutscher-Ring-Lebensversicherungs- und Sachversicherungs-AG* gehört.

Barclays PLC

Barclays ist ein international arbeitendes britisches Finanzunternehmen. Es gehört weltweit zu den Großbanken, die vom Finanzstabilitätsrat als *„systemisch bedeutsames Finanzinstitut"* eingestuft wurden, und damit einer strengen Überwachung und geregelten Ausstattung mit Eigenkapital unterliegen. Sitz: London, Vereinigtes Königreich; Mitarbeiter: ca. 140.000; Jahresumsatz: ca. 31,5 Mrd. €.
Barclays ist Herausgeber der Kreditkarte „Barclaycard", die mit 22 Millionen internationalen Kunden eine bekannte Marke darstellt. Kapitalbeschaffungsmaßnahmen während der Finanzkrise sorgten dafür, dass die Bank nicht sonderlich in die Bredouille geriet. Ein Teil des Geldes stammte aus der Streichung der Dividenden, ein anderer Teil von der *International Petroleum Investment Company*, ein aus Abu Dhabi stammender Staatsfonds.
Mitte 2012 erhielt die Bank die Rekordstrafe von $ 450 Mio. von der britischen Finanzaufsicht und der US-amerikanischen *Commodity Futures Trading Commission* wegen jahrelanger Manipulation der Referenzzinssätze EURIBOR und LIBOR, um damit Gewinne beim Handel zu erzielen. Die von der britischen Labour Partei, namentlich von ihrem Vorsitzenden Edward Miliband, geforderte strafrechtliche Verfolgung konnte laut Finanzminister George Osborne durch die britische Finanzaufsicht FSA nicht ausgeführt werden, da deren Kompetenzen nicht ausreichend seien.
Im Mai 2014 wurde die *Barclays* mit einer Geldstrafe von rund 33 Mio. € für die Manipulation des Goldpreises (Goldfixing) belegt.
Die Bank war die Emittentin des *X1 Zertifikates*, über welches Anleger in den *K1 Hedgefonds* des bereits im Zusammenhang mit der *BNP Paribas* erwähnten Betrügers Helmut Kiener investieren konnten. Die Bank weist bis heute jede Verantwortung in diesem Fall von sich. 2012 wurde die *Barclays* mit dem Negativpreis „Public Eye Award" ausgezeichnet. Begründet wurde dies damit, dass *„die Bank der am schnellsten wachsende Spekulant von Lebensmitteln sei und damit die Preise für Nahrungsmittel auf Kosten der Armen in die Höhe getrieben haben soll"*.

Bayerische Landesbank AdöR (Bayern LB)
Sie *Bayern LB* ist eines der größten Kreditinstitute Deutschlands. Eigentümer sind mit 75% der *Freistaat Bayern* und mit 25% der *Sparkassenverband Bayern*. Sitz: München; Mitarbeiter: ca. 8.500; Bilanzsumme aus dem Jahr 2013: ca. 255,6 Mrd. €.
Die *Bayern LB* ist Anteilseignerin folgender Unternehmen: *Deutsche Kreditbank* (mit 100%), *BayernInvest Kapitalanlagegesellschaft mbH* (mit 100%), *MKB Bank* (drittgrößte Bank Ungarns, mit 98%), *Banque LBLux S.A.* (mit 100%) und der *Real I.S. AG* in München (mit 100%). Seit 2013 wird die *Bayern LB* nicht mehr in Verbindung mit der Finanzierung von Streubomben genannt (siehe hierzu die Studie der *Cluster Munition Coalition*). Seit ungefähr derselben Zeit verzichtet die *Bayern LB* auf Agrarspekulationen.

BNP Paribas SA
BNP entstand im Jahr 2000 aus der Fusion der *Banque Nationale de Paris* und der *Paribas*. Sitz: Paris, Frankreich; Mitarbeiter: ca. 190.000; Jahresbilanz: 1.907 Mrd. €.
Sie gehört zu den 30 Großbanken, die vom Finanzstabilitätsrat als *„systemisch bedeutsames Finanzinstitut"* eingestuft wurden und damit einer strengen Überwachung und geregelten Ausstattung mit Eigenkapital unterliegen. Die *BNP Paribas* ist in über 85 Ländern aktiv, zu ihr gehören u.a. die *Consorsbank*, die *Von Essen Bankgesellschaft*, die *Commerz Finanz GmbH* (49,9% gehören der *Commerzbank AG*), die *DAB Bank* mit Sitz in München sowie international die *BNP Paribas Fortis* (ehemals *Fortis Bank Belgium*), die *BNP Paribas (Suisse) SA* und die *BGL BNP Paribas* (Luxemburg).
Ende 2014 leitete die französische Staatsanwaltschaft eine Untersuchung gegen die Bank ein, da der dringende Verdacht des Insiderhandels am Aktienmarkt bestand. Kurz vorher zahlte die *BNP Paribas* rund $ 9 Mrd. Strafe an die USA, weil sie bei Geschäften mit dem Sudan, Iran, Irak und Kuba Sanktionen verletzt hatte.
2008 meldete die Bank einen Verlust von 350 Mio. € durch Investitionen in das Schneeball-System von Bernard Madoff. 2009 wurde bekannt, dass durch Investitionen in den Dachfonds der, durch den

Betrüger Helmut Kiener gegründeten, *K1 Global Sub Trust* aus Aschaffenburg knapp 280 Mio. € flöten gingen.
2016 zahlten die Banken *Credit Suisse*, *UBS*, *Barclays*, *BNP Paribas*, *Deutsche Bank*, *Edward D. Jones & Co*, *Goldman Sachs* und die *Royal Bank of Scotland* zusammen $ 190 Mio. Buße im Fall „Countrywide Financial". Alle genannten Geldinstitute hatten vor der US-Finanzkrise riskante Hypothekenanleihen der *Countrywide Financial* weiterverkauft und falsche Angaben zu den Produkten gemacht, was maßgeblich zum Crash der *Countrywide Financial* beigetragen haben soll. Die *Federal Deposit Insurance Corporation* (FDIC) klagte deshalb gegen die genannten Banken und bekam recht. Die Buße wird in einen Fonds bezahlt, aus dem Ansprüche gedeckt werden sollen, die durch Zahlungsausfälle der bankrotten Bank entstanden sind.

Boston Consulting Group (BCG)
Die *BCG* gehört zu den weltweit größten Unternehmens- bzw. Strategieberatungen der Welt. Sitz: Bosten USA; Mitarbeiter: ca. 9.700; Jahresumsatz: ca. $ 3 Mrd.
Ein Name, der im Zusammenhang mit Expertenmeinungen und Einschätzungen für Wirtschaftszeitungen immer wieder fällt.

British American Tobacco PLC (BAT)
Die *BAT* ist das zweitgrößte privatwirtschaftliche Tabakunternehmen der Welt. Sitz: London; Mitarbeiter: ca. 60.000; Jahresumsatz: ca. 31 Mrd. €.
Zu den Marken des Unternehmens gehören u.a. *Dunhill*, *Fair Play*, *HB*, *Kent*, *kim*, *Krone*, *Lucky Strike*, *Lux*, *Pall Mall*, *Parisienne*, *Schwarzer Krauser*, *Vogue* und *Winfield*. In Deutschland erreichen die Glimmstengel der *BAT* einen Marktanteil von knapp 20%.

Bucher Industries Group
Diese ist eine international aufgestellte Schweizer Unternehmensgruppe in der Maschinenindustrie. Sitz: Niederweningen, Schweiz; Mitarbeiter: ca. 10.200; Jahresumsatz: ca. 2,1 Mrd. €.

Neben ihrer weltweiten Marktführerschaft in Landmaschinen zur Bodenbearbeitung und Straßenreinigung beliefert die Unternehmensgruppe auch die Schweizer Armee.

Burberry Group PLC
Burberry ist eine Modemarke im oberen Preissegment.
Sitz: London, Vereinigtes Königreich; Mitarbeiter: ca. 8.800; Jahresumsatz: ca. 2,56 Mrd.

Cargill Inc.
Das ist einer der größten Produzenten und Vertriebler für landwirtschaftliche Handelswaren wie Getreide, Futtermittel, Vieh usw. Sitz: Wayzate im Bundesstaat Minnesota, USA; Mitarbeiter: ca. 140.000; Jahresumsatz: $ 133,9 Mrd.
Cargill ist das größte Familienunternehmen der USA. Im Jahr 2012 kontrollierte das Unternehmen ca. 30% des gehandelten Getreides weltweit. Laut öffentlichen Medien duldet *Cargill* Kinderarbeit und Kindersklaverei auf Kakaoplantagen.

Citigroup Inc.
Die *Citygroup* ist eines der vier größten Finanzinstitute Amerikas. Sitz: New York, USA; Mitarbeiter: ca. 250.000; Jahresumsatz: $ 76,4 Mrd.
Sie gehört zu den 30 Großbanken, die vom Finanzstabilitätsrat als *„systemisch bedeutsames Finanzinstitut"* eingestuft wurden. Auf Grund ihrer internationalen Verflechtungen gilt ein Ausfall der Bank als so riskant für die Weltwirtschaft und die Finanzwirtschaft, dass der *Citigroup*, neben drei weiteren Banken, die größte Eigenkapitalerhöhung (Regelung nach Abkommen Basel III) auferlegt wurde. Die Bank geriet im Zuge der Finanzkrise in Schwierigkeiten und erhielt zur Stabilisierung ca. $ 45 Mrd. direkte Staatsbeihilfen.
Die US-Notenbank gab im März 2014 bekannt, dass die *Citigroup* den simulierten „Banken-Stresstest" nicht bestanden hat. Im Jahr 2009 gab die Bank bekannt, rund 52.000 Stellen (rund 15% der Belegschaft) streichen zu wollen.

Vor der Finanzkrise im Jahr 2006 wurde die *Citigroup* für ihre *„skrupellose Unterstützung von Steuerhinterziehern“* mit dem Negativpreis „Public Eye Award“ ausgezeichnet.

COACH Inc.
Das ist eine Luxus-Modemarke im Bereich Lederwaren und Accessoires. Sitz: New York, USA; ca. 17.000 Mitarbeiter und über 1.000 Filialen weltweit; Jahresumsatz: ca. $ 4,8 Mrd.

Commerzbank AG
Die *Commerzbank* ist Deutschlands zweitgrößte Bank. Sitz: Frankfurt am Main, Deutschland; Mitarbeiter: ca. 53.000; Bilanzsumme (2013): ca. 549,7 Mrd. €.
Sie gehört zu den Banken, die im Zuge der Finanzkrise vom *Sonderfonds Finanzmarktstabilisierung* (SoFFin) Gebrauch machen musste. Beteiligungen (Auszug): *Commerz Real* (100%), *comdirect Bank* (81,1%), *Commerz Finanz* (49,9%, Rest siehe *BNP Paribas*). Die Bundesrepublik Deutschland hält 17,15% der Anteile an der *Commerzbank*.
Mitverantwortlich für die massive Schräglage und die Einrichtung einer eigenen „Bad Bank“ zur Auslagerung „schlechter Wertpapiere“ ist die Übernahme der *Dresdner Bank* im Jahre 2009. Das Management der *Commerzbank* hält die Übernahme mitten in der Krise heute noch für eine gute Idee. Experten halten sie indes für einen Fehlgriff.
Der Ex-Chef der *Dresdner Bank*, Herbert Walter, führt seit Januar 2015 die *Bundesanstalt für Finanzmarktstabilisierung* und ist somit Herr des *SoFFin*. 2009 hatte Walter auf einen Sitz im Aufsichtsrat der *Commerzbank* verzichtet, da bekannt geworden war, wie hoch die Unterstützung des *SoFFin* im Fall der *Commerzbank* sein müsse. Von 2011 bis 2012 wurde die Bank vom Finanzstabilitätsrat auf der Liste der *„systemisch bedeutsamen Finanzinstitute“* geführt, verlor den Status allerdings aufgrund *„zurückgehender Bedeutsamkeit im internationalen Geschäft“*.

2015 musste die *Commerzbank* 17 Mio. € Buße wegen Beihilfe zur Steuerhinterziehung bezahlen. Der Luxemburger Tochter der Bank wurde vorgeworfen, Kunden geholfen zu haben, ihr Geld über Konten in Luxemburg und Briefkastenfirmen in Panama vor dem Finanzamt zu verstecken. Die Strafe fiel so gering aus, da die Bank im Verfahren kooperierte. Die *HSH Nordbank* war in einem ähnlichen Fall zu einer Buße von 22 Mio. € und die *HypoVereinsbank* zu 20 Mio. € verurteilt worden.

Credit Suisse AG (CS)
Sitz: Zürich; Mitarbeiter: ca. 46.000; Bilanzsumme: ca. 710 Mrd. €
Die *Credit Suisse* ist die zweitgrößte Bank der Schweiz und gehört weltweit zu den 30 Großbanken, die vom Finanzstabilitätsrat als „systemisch bedeutsames Finanzinstitut" eingestuft wurden und damit einer strengen Überwachung und geregelten Ausstattung mit Eigenkapital unterliegen.
Die *Credit Suisse* konnte die Finanzkrise ohne direkte staatliche Hilfe meistern. 2010 kaufte das Bundesland Nordrhein-Westfalen eine „Steuersünder-CD" mit Kundendaten der *Credit Suisse*. Gegen eine Einmalzahlung von 150 Mio. € wurden die Ermittlungsverfahren gegen die Mitarbeiter der Bank eingestellt.
2012 wurde bekannt, dass gegen mehrere tausend Kunden der Bank in ganz Europa (darunter auch tausende in Deutschland) Ermittlungen eingeleitet wurden. Es besteht dringender Tatverdacht, über getürkte Versicherungsprodukte im Altersvorsorgebereich die Gelder am deutschen Fiskus vorbeigeschleust zu haben. Die Produkte wurden von der *Credit Suisse* Tochtergesellschaft *Credit Suisse Life & Pension* auf den Bermudas entwickelt und bis 2009 angeboten. Gegen die Bank selbst wird nicht ermittelt.
Aus internen Papieren, welche teilweise auch Ermittlungsbehörden vorliegen, geht hervor, dass die *Credit Suisse* die Zahl der Deutschen, welche bei ihnen unversteuerte Vermögenswerte besitzen, auf 80% der Kunden schätzt. Aus internen Papieren der Privatbank *Clariden Leu*, welche 2012 in die *Credit Suisse* integriert wurde, gehen ähnliche Zahlen hervor.

Die *Clariden Leu* richtete bereits 2010 eine Task-Force zur Beratung von Kunden mit vermeintlichem Schwarzgeld ein, um für diese Lösungen zu finden.
Am 20. Mai 2014 bekannte sich die *Credit Suisse* gegenüber den Vereinigten Staaten von Amerika der Beihilfe zur Steuerflucht bei US-Amerikanischen Bürgern für schuldig. Man einigte sich außergerichtlich auf eine Zahlung von $ 2,815 Mrd. (2,345 Mrd. €) davon $ 2 Mrd. direkt an das US-Justizministerium.
In Japan droht der *Credit Suisse* derzeit eine Buße. Ein Mitarbeiter der Analyse soll Informationen über die Erträge eines Unternehmens intern an das Sales-Team weitergegeben haben, bevor das Unternehmen die Zahlen offiziell veröffentlichte. Dies stellt eine Regelverletzung dar, da durch solche Informationen Insiderhandel betrieben werden könnte.
Gegen die *Credit Suisse* sowie die *UBS Schweiz*, die *Bank Julius Bär* und *Pictet* laufen von US-amerikanischer Seite Ermittlungen aufgrund des FIFA-Korruptionsskandals. Die Banken sollen verdächtige Transaktionen in diesem Fall melden. Bei Missachtung der Anweisung drohen empfindliche Bußgelder – ähnlich wie im Fall *JP Morgan* im Zusammenhang mit dem Milliardenbetrüger Bernard Madoff.
2016 wurde bekannt, dass die *Credit Suisse* diverse Konten führen soll, die mit dem Schmiergeld- und größten Korruptionsskandal Brasiliens, der *Petrobras*-Affäre, im Zusammenhang stehen sollen. Die schweizerische Bundesanwaltschaft konnte bisher (Stand Juni 2016) Vermögenswerte in Höhe von rund $ 400 Mio. auf ca. 300 Konten bei 30 Schweizer Banken einfrieren (darunter auch Konten bei der *UBS* und bei der *Bank Julius Bär*), die in Verbindung mit dem Korruptionsskandal stehen sollen.
Die *Credit Suisse* strauchelt derzeit und wird aufgrund des niedrigen Aktienkurses als Übernahmekandidat gehandelt.

Coca Cola HBC (Hellenic Bottling Company) AG

Coca Cola HBC war ein Unternehmen, das – in Lizenz der *Coca Cola Company* und anderer Firmen – Produkte produziert und abfüllt. Es ist ein Eigendienstleister, wenn man so will. Sitz: Steinhausen, Schweiz; Mitarbeiter: ca. 38.000; Jahresumsatz: ca. 6,87 Mrd. €.
Der Sitz der Firma wurde Ende 2012 von Athen, Griechenland, in das schöne Steinhausen im schweizerischen Kanton Zug verlegt – laut dem Unternehmenssprecher natürlich nicht aus steuerlichen Gründen. Diese Steuern lagen in Griechenland bei 25%. In Steinhausen an der Turmstraße finden sich auch Unternehmen wie Porsche wieder. Der Stadtrat der 9.000-Seelen-Gemeinde benannte dafür extra die frühere Sumpfstraße in Turmstraße um – klang wohl besser. *Coca Cola HBC* war bis zu seinem Umzug das umsatzstärkste Unternehmen Griechenlands.

Deutsche Bank AG

Ist die größte Bank Deutschlands und gehört zu den 30 Großbanken, die vom Finanzstabilitätsrat als *„systemisch bedeutsames Finanzinstitut"* eingestuft wurden. Sitz: Frankfurt am Main, Deutschland; Mitarbeiter: ca. 100.000; Jahresbilanz (2013): 1.611,4 Mrd. €.
Beteiligungen (kleiner Auszug): *Postbank Deutschland* (über 90%), *Norisbank GmbH*, *Privat Bank Sal. Oppenheim*. Aufgrund ihrer internationalen Verflechtungen gilt ein Ausfall der Bank als so riskant für die Weltwirtschaft und die Finanzwirtschaft, dass der *Deutschen Bank*, nebst drei weiteren, die größte Eigenkapitalerhöhung (Regelung nach Abkommen Basel III) auferlegt wurde.
Die Bank gilt zudem als der größte Devisenhändler und als eines der einflussreichsten Unternehmen der Welt. Die Finanzkrise hat die *Deutsche Bank* ohne staatliche Direkthilfen überstanden.
Die *Deutsche Bank* ist ebenso mit zahlreichen Aktienpaketen an diversen Firmen beteiligt und sichert sich so in vielen Fällen wichtige Mitspracherechte.
Ende 2014 wurde bekannt, dass die Bank in den USA wohl eine Strafe von ca. 5,1 Mrd. € für Devisen-Manipulationen (sog. „Liborskandal") zu erwarten hat. 2012 musste die Bank einer Strafe von 156

Mio. € zustimmen, da einem ihrer Tochterunternehmen Hypothekenbetrug nachgewiesen wurde, und schon 2010 musste die *Deutsche Bank „kriminelles Fehlverhalten“* zugeben, da aufgedeckt wurde, dass die Bank US-Bürgern beim Steuerbetrug geholfen hatte. Man einigte sich in diesem Fall auf eine Strafzahlung von $ 553.633.153 (ca. 448,6 Mio. €).

Mitte 2016 wurde ein leitender Angestellter der *Deutschen Bank* wegen Steuerbetrugs im Zusammenhang mit CO_2-Zertifikaten zu drei Jahren Haft verurteilt. Der verurteilte Manager hatte für die Bank das Geschäft mit den Luftverschmutzungsrechten koordiniert und beim Ankauf der Zertifikate auf betrügerische Quellen zurückgegriffen. Der vorsitzende Richter warf der *Deutschen Bank* Begünstigung durch den Ausfall aller Sicherheitsmaßnahmen vor.

Die *Deutsche Bank* verfügt über ein unglaubliches Netzwerk und einen direkten Draht in die deutsche und europäische Politik bis hin ins Bundeskanzleramt. Das ist allerdings nicht erst seit Merkel so und hängt auch nicht direkt mit den mehreren Millionen-Spenden jährlich an alle großen Parteien außer der Linkspartei zusammen.

Dyson LLC

Als Technologieunternehmen ist *Dyson* bekannt für seine beutellosen Staubsauger und die Handtrockner, die sich wie ein startendes Flugzeug anhören. Sitz: Malmesbury, Vereinigtes Königreich; Mitarbeiter: ca. 2.500; Jahresumsatz (2013): ca. 2 Mrd. Pfund.

Ihr Gründer, Sir James Dyson, gehört als Self-Made-Milliardär zu den reichsten 1.000 Menschen der Welt. Der Erfinder erfindet nicht nur, er kauft auch mit Vorliebe Land und englische Landsitze. Mit 25.000 Hektar Boden im Vereinigten Königreich besitzt er somit sogar 5.000 Hektar mehr als ihre Majestät Queen Elisabeth II.

E.ON SE

E.ON ist der größte deutsche Energiekonzern und der Fokus des Unternehmens liegt bei Gas- und Energieversorgung. Sitz: Düsseldorf, Deutschland; Mitarbeiter: ca. 62.000; Jahresumsatz: 122,45 Mrd. €.

In der Vergangenheit wurde *E.ON* mehrfach mit illegalen Marktabsprachen in Verbindung gebracht. So verhängte die EU-Kommission im Jahr 2009 eine Geldbuße gegen *E.ON* und *GDF Suez* in Höhe von je 533 Mio. € wegen Marktaufteilung und weitere 320 Mio. € gegen *E.ON* für das Fortsetzen der Marktabsprachen.
E.ON gründete in einem Wohnhaus in Luxemburg die Finanzierungsgesellschaft *Dutchdelta Finance S.à r.l.*, welche hohe Kredite an Tochterunternehmen der *E.ON* vergab. Die dafür fälligen Zinsen flossen zurück nach Luxemburg und wurden in den Ländern der kreditnehmenden Tochterfirmen steuerlich abgesetzt. Die *Dutch-Delta* wiederum überwies die Gewinne an andere Offshore-Gesellschaften und verbuchte somit in Luxemburg ebenfalls Verluste. Im Jahr 2012 nahm die *DutchDelta* rund 130 Mio. € ein, zahlte aber nur 1.600 € Körperschaftssteuer. Das Unternehmen hatte auf dem Papier zeitweise „0" Mitarbeiter.

FedEx Corp.
Dies ist eines der größten weltweit operierenden Logistik- und Kurierunternehmen. Sitz: Memphis, Bundesstaat Tennessee, USA; Mitarbeiter: ca. 300.000; Jahresumsatz: $ 42,68 Mrd. Es ist mit 640 Flugzeugen die größte Frachtfluggesellschaft der Welt.

Gazprom OAO
Gazprom ist das weltweit größte Unternehmen in der Erdgasförderung und eines der größten Unternehmen Europas sowie der größte Arbeitgeber (nach der Armee) in Russland. Sitz: Moskau, Russland; Mitarbeiter: ca. 445.000; Jahresumsatz: ca. 120 Mrd. €.
Gazprom entstand während des Umschwungs in der Sowjetunion als staatliches Unternehmen aus dem Ministerium für Erdöl- und Gaswirtschaft. Heute hält Russland 50% und eine Aktie des Unternehmens und ist somit mit einer Mehrheit im Aufsichtsrat vertreten. *Gazprom* entwickelt sich immer mehr zu „General Electric des Ostens" und baut seinen Einfluss immer weiter aus. In Russland ist das Unternehmen mittlerweile auch im Banken- und Medienbereich tätig.

Das Unternehmen arbeitet mit einer Unmenge an Unterfirmen, und diese Verschachtelungen machen viele Geschäfte und vor allem Geldflüsse undurchsichtig. *Gazprom* hält unter anderem 51% des Unternehmens *Nord Stream AG*, eingetragen im Handelsregister des Kantons Zug, Schweiz. Das Unternehmen baut und betreibt die Ostsee-Pipeline *Nord Stream* zum Transport von Erdgas aus Russland nach Deutschland.
Vorsitzender des Aufsichtsrates der *Nord Stream AG* ist Altbundeskanzler und Putin-Freund Gerhard Schröder (SPD), der für diesen Posten rund 250.000 € Vergütung im Jahr erhält. Schröder streitet die Kenntnis über eine Bürgschaft, die die Bundesrepublik für einen Kredit an die *Gazprom* eingegangen ist, vehement ab, obwohl die Zusage noch während seiner Amtszeit gegeben wurde. *Gazprom* lehnte den Kredit im Jahr 2006 ab, womit auch die Bürgschaft hinfällig wurde.

General Electric Group Corp. (GE Group)
GE ist einer der größten Mischkonzerne der Welt, tätig in den Bereichen Energie, Finanzierung, Transport und Gesundheit. Sitz: Fairfield Bundesstaat Connecticut, USA; Mitarbeiter: ca. 300.000; Jahresumsatz: $ 147,4 Mrd.
Die *GE* geht zurück auf Thomas Alva Edisons *Edison General Electric Company* und die *Thomson-Houston Company* von Elihu Thomson und Edwin J. Houston. Die beiden Konkurrenten fusionierten im Jahr 1890. Das Unternehmen besitzt eine Vielzahl von Beteiligungen und übernimmt bzw. fusioniert mit im Durchschnitt 400 Unternehmen im Jahr. Die *GE* war eine der zwölf ersten Firmen im *Dow Jones Index* und gilt heute als eine der wertvollsten Marken. Von 2000 bis zirka 2005 war es das teuerste Unternehmen der Welt.

Groupe Rothschild AG
Die *Groupe Rothschild* ist ein Finanzunternehmen im weitgehenden Familienbesitz. Die Schweizer Privatbank *Rothschild Bank AG* gehört zu den renommiertesten Bankhäusern in Zürich, dies gilt eben-

so für die *Banque Privée Edmond de Rothschild SA* in Genf. Sitz: Zürich, Schweiz; Mitarbeiter: ca. 400; Jahresbilanz: ca. 2,2 Mrd. €. Sitz: Genf, Schweiz; Mitarbeiter ca. 500; Jahresbilanz: ca. 3,4 Mrd. €.
Um nicht weiter strafrechtlich verfolgt zu werden, einigte sich die *Bank Rothschild* Ende 2015 mit dem US-Justizministerium auf eine Buße von $ 45.245 Mio. Die Bank soll seit 2008 rund 950 deklarierte und undeklarierte Konten mit US-Bezug gehalten haben, also gegebenenfalls Gelder, die von den Kunden der Bank nicht bei der US-Steuerbehörde deklariert wurden.

H. J. Heinz Company

Heinz ist ein Hersteller von Markennahrungsmitteln aus den USA. Das wohl bekannteste Produkt der Firma ist das *Heinz Ketchup*. Sitz: Pittsburgh, Bundesstaat Pennsylvania, USA; Mitarbeiter: ca. 32.000; Jahresumsatz: ca. $ 11 Mrd.
Die *H. J. Heinz Company* wurde 2013 von der Holding-Gesellschaft *Bershire Hathaway* des Großinvestors und Börsengurus Waren Buffet und dem Finanzinvestor *3G Capital* des brasilianisch-schweizerischen Investors Jorge P. Lemann für $ 28 Mrd. übernommen. Zusammenhängend mit diesem Geschäft wurden Vorwürfe des Insiderhandels laut.

Henderson Group Plc.

Dies ist die Holdinggesellschaft der Vermögensverwaltungsgruppe *Henderson Global Investors*. Sitz: London, Vereinigtes Königreich; Mitarbeiter: ca. 1.000; Jahresbilanz: ca. 600 Mio. €.
Die *Henderson* verwaltet nach eigenen Angaben Kundenvermögen (sog. *Assets Under Management*, AUM) von ca. 75 Mrd. Pfund (95 Mrd. €).

HSBC (Hongkong & Shanghai Banking Corporation Holdings Plc)

Die *HSBC* ist eine international arbeitende Großbank und gemessen an der Bilanzsumme die drittgrößte Bank der Welt. Sie gehört zu den 30 Großbanken, die vom Finanzstabilitätsrat als *„systemisch bedeutsames Finanzinstitut“* eingestuft wurden. Sitz: London, Vereinigtes Königreich; Mitarbeiter: ca. 270.000; Jahresbilanzsumme (2012): knapp $ 2.700 Mrd. (ca. 2.270 Mrd. €).

Aufgrund ihrer internationalen Verflechtungen gilt ein Ausfall der Bank als so riskant für die Weltwirtschaft und die Finanzwirtschaft, dass der *HSBC*, nebst drei weiteren Banken, die größte Eigenkapitalerhöhung (Regelung nach Abkommen Basel III) auferlegt wurde.

Die *HSBC* verzichtete während der Finanzkrise auf staatliche Hilfen und führte stattdessen eine Kapitalerhöhung um 12,5 Mrd. Pfund (ca. 15,9 Mrd. €) durch.

Im Juli 2012 rügte der US-Senat die Bank für ihre *„von oben bis unten dreckige Unternehmenskultur“* (O-Ton: *„pervasively polluted“*). Der Bank wurde vorgehalten, Geldwäsche für Drogenhändler und Terroristen zu betreiben. Die US-Staatsanwaltschaft und die *HSBC* einigten sich im Dezember 2012 auf die (für dieses Vergehen) Rekordgeldbuße von $ 1,9 Mrd. als Ersatzzahlung für die Versäumnisse in der internen Kontrolle der Bank. Ein Teil des Bußgeldes wurde dazu benutzt, die New Yorker Polizei technisch auf den neuesten Stand zu bringen. Neben neuen Tablett-PCs und Smartphones wurden auch einige neue Fahrzeuge mit den Geldern angeschafft.

Der stellvertretende US-Justizminister Lanny Breuer erklärte damals die Entscheidung gegen eine strafrechtliche Verfolgung der Bank damit, dass die *HSBC* durch diese wohl ihre Bank-Lizenz verloren hätte. Tausende Arbeitslose und eine Destabilisierung des Bankenwesens wären die Folge gewesen.

2014 wurde bekannt, dass die *HSBC* maßgeblich in den Skandal um Manipulationen am Devisenmarkt (LIBOR) verwickelt ist. Die Bank feuerte daraufhin einige hochrangige Devisenhändler. Mitte 2016 wurde mit den Klägern im LIBOR-Skandal vor dem Bezirksgericht Manhattan eine Einmalzahlung von $ 35 Mio. vereinbart.

Hypo Real Estate HRE

Die *HRE* war die am stärksten durch die Finanzkrise betroffene Bankenholding Deutschlands. Sie ist seit dem 5. Oktober 2009 zu 100% Eigentum der Bundesrepublik Deutschland. Sitz: München, Deutschland; Mitarbeiter: ca. 1300; Jahresbilanz (2013): ca. 122,45 Mrd. €.

Ihr wurden durch Finanzmarktstabilisierungsfonds (SoFFin) bis 2010 Garantien in Höhe von knapp 124 Mrd. € zugesprochen, zusätzlich gab es 7,7 Mrd. € Direkthilfe.

Zur *HRE* gehören die *Deutsche Pfandbriefbank* und die *Depfa Bank plc.*, beide sind im Finanzierungsbereich für gewerbliche Immobilien und Staats- sowie Infrastruktur tätig. Der direkte Grund für die Schräglage der Bank war die Pleite der *Bank Lehman* und der damit verbundene Abrutscher des Interbankenmarktes, was bei der *Depfa* zu einem Loch von rund 35 Mrd. € führte, welches sich nicht stopfen ließ.

Georg Funke, ehemaliger Vorstandsvorsitzender der *HRE* und *„das deutsche Gesicht der Finanzkrise"*, lebt heute auf Mallorca, wo er 2013 ein Unternehmen als Immobilienmakler gegründet hat. Funke klagte auf Lohnfortzahlung sowie auf seine Pensionsansprüche. Momentan wird eine Klage gegen Funke und seine Kollegen geprüft, die bis jetzt alle Schuld am Kollabieren der *HRE* von sich gewiesen haben.

Derzeit klagt die *FMS Wertmanagement*, die sog. „Bad Bank" der *HRE*, vor dem Europäischen Gerichtshof über die Rückzahlung einer Anlage nach deutschem Recht in Höhe von 200 Mio. € plus Zinsen gegen die Bad Bank der *Hypo Alpe Adria „Heta"*. Die *Heta* verweigert eine Zahlung und begründet dies durch einen von Österreich verfügten Zahlungsstopp. Am 1. März 2015 hätte die Regierung in Wien beschlossen, die *Heta* abzuwickeln und Schuldenzahlungen zu stoppen.

ICAP
ICAP ist das weltweit führende Unternehmen für elektronischen und sprachbasierten Handel an den Finanzmärkten. Sitz: London, Vereinigtes Königreich; Mitarbeiter: ca. 5.000; Jahresumsatz 2012: ca. 2,16 Mrd. €.
Das Brokerhaus ist ebenso in der Risikobewertung tätig und verfügt über ein Portfolio von speziellen Finanzprodukten beziehungsweise vertreibt diese.
Das Unternehmen ist in den Skandal um die Manipulation der LIBOR-Zinssätze verwickelt und bekam dafür eine Strafe in Höhe von $ 88 Mio. (davon $ 65 Mio. direkt an das US-Justizministerium).
Gründer der Firma ist Michael Spencer. Dieser ist Mitglied der Konservativen Partei Großbritanniens und war von 2006 bis 2010 ihr Schatzmeister. Er ließ seiner Partei in diesem Zeitraum Spenden in Höhe von 6,36 Mio. € zukommen.

IKEA bzw. INGKA Holding B.V. (Mutterkonzern)
IKEA ist eines der bekanntesten Unternehmen im Bereich Möbel und Innenausstattung, Deko und Nippes. Sitz: Leiden, Niederlande; Mitarbeiter: ca. 130.000; Jahresumsatz 2013: ca. 28,5 Mrd. €.
Ikea ist nicht nur bekannt für seine Steuertricks, auch der Einkauf von illegal geschlagenem Holz aus Russland, Kinderarbeit und nicht zuletzt frühere Zwangsarbeit in Lagern für politische Häftlinge und Strafgefangene in der DDR sorgen immer wieder für schlechte Presse – leider nicht laut genug!
Ikeas Gründer, der heute auf die Neunzig zugehende Ingvar Kamprad, wohnte bis vor kurzem im schweizerischen Epalinges unweit von Lausanne. Nach eigenen Aussagen haben ihn die hohen Steuern in seinem Heimatland zum Auswandern bewogen. Vor kurzem zog der mit knapp 32 Mrd. € zu den reichsten Europäern zählende Schwede wieder in seine Heimatstadt Älmhult.

Julius Bär Group AG / Bank Julius Bär AG

Sie ist mit gut 330 Mrd. € verwalteten Kundenvermögen die zweitgrößte Privatbank der Schweiz und gehört zu den angesehensten Privatbanken der Welt. Sitz: Zürich, Schweiz; Mitarbeiter: ca. 5.500; Jahresbilanz (2013): ca. 60 Mrd. €.

Die Gruppe bietet ihren Kunden, neben Bank- und Finanzdienstleistungen auch Beratung in vielfältiger Hinsicht.

Die Bank geriet im Januar 2011 in den Fokus der Medien, als der WikiLeaks-Whistleblower und ehemalige Manager der Cayman-Islands-Filiale der *Julius Bär*, Rudolf Elmer, zwei Datenträger an Julian Assange übergab, den Sprecher der Whistleblower-Plattform *Wikileaks*, die mutmaßliche Daten von Steuersündern enthalten sollten. Elmer, der von 1994 bis 2002 für die *Julius Bär* tätig war, sagte immer wieder aus, die Bank hätte von den Steuersündern gewusst, diese größtenteils sogar unterstützt und beraten. Elmer sagte weiterhin aus, er wäre (wahrscheinlich) im Auftrag der Bank verfolgt und terrorisiert worden. Rudolf Elmer wurde in der Schweiz mehrfach wegen dem „*Verstoß gegen das Bankgeheimnis*" angeklagt und schließlich 2011 zu einer Geldstrafe und zwei Jahren Freiheitsstrafe verurteilt. Er legte Berufung ein und das Gericht wies die Klage der Staatsanwaltschaft ab. Ein Teil der Begründung war, dass niemand außer der *Julius Bär Bank* und Elmer wisse, was sich auf den Datenträgern befinde. Dadurch wäre nicht klar, ob das Schweizer Recht, somit auch das Bankgeheimnis, überhaupt zum Tragen käme. Im Mai 2012 entschied das Zürcher Obergericht, dass das Interesse der Wahrheitsfindung größer wäre als das der Geheimhaltung des Inhalts der Datenträger und ordnete eine Auswertung an.

Im Jahre 2012 wurde bekannt, dass ein IT-Mitarbeiter im Jahr 2011 rund 2.700 Datensätze deutscher Kunden der Bank an die deutschen Steuerbehörden verkauft hat. Der Imageschaden war enorm, da es sich bei dem deutschen IT-Mitarbeiter um einen über einen Personalverleih angeheuerten temporären Mitarbeiter handelte, der auf sensible Kundendaten keinen Zugriff haben sollte. Er wurde 2013 zu drei Jahren Haft verurteilt, davon die Hälfte auf Bewährung.

Im August 2014 reichte die Berliner *Bundesanstalt für vereinigungsbedingte Sonderaufgaben* (BvS) eine Klage gegen die *Julius Bär Bank* ein. Die *BvS* verlangte Schadenersatz für rund 135 Mio. € verschwundene Staatsvermögen der DDR, die nach der Wiedervereinigung von der österreichischen Kommunistin Rudolfine Steindling bei der Bank angelegt und vor ihrem Tod 2012 in Tel Aviv in Banksafes versteckt worden sein soll. Der endgültige Verbleib des Geldes ist allerdings unklar. Ein Insider behauptet, das Geld hätte die *Julius Bär* damals verlassen und sei über eine Niederlassung einer ausländischen Bank in Zürich sowie als Bargeld über diplomatische Wege in den Nahen Osten transferiert worden. Der Insider bin übrigens ich.
2016 wurde bekannt, dass die *Bank Julius Bär* etliche Konten führen soll, die im Zusammenhang mit dem Schmiergeld- und größten Korruptionsskandal Brasiliens, der „Petrobras-Affäre", stehen sollen. Die schweizerische Bundesanwaltschaft konnte bisher (Stand Juni 2016) Vermögenswerte in Höhe von rund $ 400 Mio. auf ca. 300 Konten bei 30 Schweizer Banken einfrieren (darunter auch Konten bei der *UBS* und *Credit Suisse*), die in Verbindung mit dem Korruptionsskandal stehen sollen.

Landesbank Baden-Württemberg AdöR (LBBW)
Dies ist eines der 10 größten deutschen sowie eines der 100 größten Kreditinstitute weltweit. Sitz: Stuttgart, Deutschland; Mitarbeiter: ca. 12.000; Jahresbilanz (2013): 273,5 Mrd. €.
Sie ist eine Art Zentralbank der Sparkassen in Baden-Württemberg, Rheinland-Pfalz und Sachsen. Sie ist mit Kommunalentwicklung, Wohnungsbau und Strukturförderung betraut.
Im Zuge der Finanzkrise machte die *LBBW* größere Verluste und musste sich um frisches Kapital bemühen, nahm allerdings keine staatliche Hilfe in Anspruch, obwohl dies vorher geprüft wurde. Die Bank wurde 2012 von der *Europäischen Bankenaufsichtsbehörde* aufgefordert, ihre sog. „stillen Einlagen" in haftendes Eigenkapital umzuwandeln. Träger des Kreditinstitutes sind: *Sparkassenverband Baden-Württemberg* (40,534%), *Bundesland Baden-Württemberg* (24,988%), *Stadt Stuttgart* (18,932%), *Landesbeteiligungen Baden-*

Württemberg GmbH (13,539%), *Förderbank der Landeskreditbank Baden-Württemberg* (2,006%). Per 1. Januar 2011 übernahm die *DekaBank Luxembourg* die Geschäfte der *LBBW Luxembourg*.
Die *LBBW* gehört zu den Mitfinanzierern und Fürsprechern des Stuttgarter Bahnhofsbauprojekts „Stuttgart 21", dies nicht zuletzt, weil die Bank einen nicht kleinen Immobilienbesitz am Bahnhof und mehrere tausend Wohnungen der ehemaligen Eisenbahner-Siedlungsgesellschaft im benachbarten Nordbahnhof-Viertel hält und sich mit dem Ausbau eine Wertsteigerung verspricht.

Banque Lombard Odier & Cie
Sie ist eine Privatbank aus der Schweiz und gehört zu den wichtigsten und angesehensten Vertretern ihrer Branche. Sitz: Genf, Schweiz; Mitarbeiter: ca. 2000; Gesamtes Kundenvermögen: ca. 170 Mrd. €.
Die Bank ist ein Familienunternehmen und wird bereits in der siebten Generation geführt. *Lombard Odier* gehört zu den medienscheuen Privatbanken. Mitarbeitern wird ein unglaublich hohes Maß an Seriosität abverlangt. Patrick Odier, Seniorpartner und geschäftsführender Teilhaber der *Lombard Odier Gruppe*, ist Präsident der *Schweizerischen Bankvereinigung* (SBVg). Die *HSH Nordbank* tritt im Bereich Vermögensverwaltung in Kooperation mit der *Lombard Odier*. Die wohl traumhafteste Niederlassung hat die Bank an der West Bay Street in Nassau, Bahamas, direkt am Meer.
Laut dem amerikanischen Justizministerium hat die *Banque Lombard Odier* jahrzehntelang Amerikanern beim Verschleiern von Geld geholfen. Dafür musste die Bank Anfang 2016 eine Buße von rund $ 100 Mio. bezahlen. *Lombard Odier* zahlte damit die zweithöchste Buße für mutmaßliche Steuerdelikte in den USA.

Merrill Lynch & Co. Inc. (ML)
ML galt bis zur Finanzkrise und der Übernahme durch die *Bank of America* 2008 als eine der größten Investmentbanken und Kreditinstitute der USA. Sitz: New York City; Mitarbeiter: ca. 60.000.

Kurz gesagt war die Bank bis Mitte der 1990er-Jahre solide unterwegs. Mit den Wechseln in der Führungsetage, vor allem aber der Beförderung des damaligen CIOs Stanley O'Neal zum CEO im Jahr 2002, kam der Abwärtstrend. O'Neals wenig vorausschauende Akquisition der Hypothekenbank *First Franklin Financial* im Jahr 2006, und die damit verbundene Übernahme von Hypotheken in Milliardenhöhe, klingt – wenn man heute betrachtet, dass das Platzen der Immobilienblase 2007 (sog. „Subprime-Krise") in den USA absehbar gewesen ist – fast wie der Fehler eines gierigen Branchen-Neulings.
O'Neal selbst hat der Untergang *MLs* nicht wirklich geschadet, zumindest nicht in der Brieftasche. Er verließ das Kreditinstitut mit einem Abschiedsgeschenk, bestehend aus Optionen, Pensionsverpflichtungen und Aktien im Wert von $ 160 Mio. zusätzlich zu seinem Jahresgehalt von $ 47 Mio. Trotz der Schieflage des Unternehmens wurde den Top-10-Händlern und Managern zusammen mehr als $ 209 Mio. bezahlt. 2007 erhielten 28 Mitarbeiter mehr als $ 10 Mio. jährlich.
Das Geschäftsjahr 2008 endete in den roten Zahlen, $ 40 Mrd. Minus standen auf der Uhr. Nach panikartigen Versuchen, wieder Land unter die Füße zu bekommen (Aktienverkäufe in Milliardenhöhe, Betteln bei Staatsfonds), einigten sich *ML* und die *Bank of America* (BofA) auf eine Übernahme. Die *BofA* zahlte rund $ 29 pro Aktie, also ca. $ 40 Mrd. Im Zuge der Eingliederung in die *BofA* verloren über 30.000 Mitarbeiter der *ML* ihren Job.
Im August 2008 wurde bekannt, dass Huang Jui-Ching, die Schwiegertochter des korrupten ehemaligen Staatsoberhaupts der Republik China, Chen Shui-bian auf Taiwan, bei der *Merrill Lynch Bank Suisse AG* zwei Konten eröffnet hatte, auf die 2007 rund $ 21 Mio. von einem anonymen Konto der *Credit Suisse Singapore* flossen. Weitere Gelder flossen von den Cayman Islands auf Konten der *ML*, darunter auch Gelder einer Niederlassung der *Royal Bank of Scotland Coutts* (*RBS Coutts*). Bereits 2007 hätte die Bank erkennen müssen, dass es sich um die Anlage einer politisch fragwürdigen Person und

um Geldwäsche handelt. Chens Schwiegersohn war bereits 2006 wegen Insiderhandels verhaftet worden, woraufhin es Demonstrationen mit hunderttausenden Teilnehmern gegen die Korruption im Land und in der Präsidentenfamilie gab. Die Abwahl Chens und seine Verhaftung folgten 2008.
Im August 2013 starb ein Praktikant der *ML*-Niederlassung in London wohl an Erschöpfung – der 21-jährige Deutsche Moritz E. aus Baden-Württemberg. In Internetforen diskutierten andere Praktikanten über den Fall. Dabei wurde bekannt, dass Wochenarbeitszeiten von über 100 Stunden keine Seltenheit wären. Da das Praktikum nur ein Sprungbrett für die Besten und Leistungsstärksten sei, versuche jeder, den besten Eindruck zu hinterlassen und so viele Zusatzaufgaben wie nur eben möglich zu übernehmen.

Mettler-Toledo Inc.
Mettler-Toledo ist ein Unternehmen spezialisiert auf Präzisionswaagen aus der Schweiz und den USA. Sitz: Greifensee, Kanton Zürich, Schweiz; Mitarbeiter: ca. 12.000; Jahresumsatz (2012): $ 2,34 Mrd.
Mettler-Toledo ist im US-Steuerparadies Delaware als Unternehmen eingetragen. Die Börsenaktivitäten des Unternehmens werden von den USA aus geleitet, die Geschäftsführung sitzt in Greifensee, einem kleinen Ort im Zürcher Oberland.

Navistar International Corp. / Caterpillar Inc.
Navistar-Sitz: Warrenville, USA; Mitarbeiter: ca. 15.000; Jahresumsatz (2013): $ 10,8 Mrd.
Caterpillar-Sitz: Peoria, USA; Mitarbeiter: ca. 153.000; Jahresumsatz (2011): $ 60,14 Mrd.
Die Unternehmen nutzten Luxemburgs Strukturen für ein Joint-Venture, zu deutsch „Gemeinschaftsunternehmen“ beziehungsweise „gemeinsames Wagnis“. Der Nutzfahrzeughersteller *Navistar* und der weltgrößte Hersteller von Baumaschinen *Caterpillar* nutzten ein aufwendiges Gebilde, um Gelder an der US-Steuer vorbei via Luxemburg in die Schweiz zu transferieren. Laut Medienangaben wurden $ 8 Mrd. Gewinn in die Schweiz gebucht und damit in den USA

$ 2,4 Mrd. Steuern gespart. Diese Praktiken sollten internen Mails aus dem Unternehmen nach verschleiert werden.
Von 2000 bis 2012 wickelte *Caterpillar* sein Ersatzteilgeschäft über die Tochtergesellschaft *Caterpillar SARL (CSARL)* in Genf ab, wofür vorher ein besonders niedriger Steuersatz von 4-6% ausgehandelt wurde (am Hauptsitz in den USA wären es 35% gewesen). Während der ganzen Zeit wurde in der Schweiz kein einziges Ersatzteil hergestellt oder auch nur gelagert.
Die Entwicklung dieses Steuersparmodels durch die Beratungsfirma *PricewaterhouseCoopers* hat sich *Caterpillar* rund $ 55 Mio. kosten lassen.
Der US-Senat ließ die Geschäftsleitung von *Caterpillar* antraben, um diese zu befragen. Rand Paul, Republikaner und einflussreiches Mitglied der „Tea Party"-Bewegung, sagte daraufhin: *„Statt hier eine Inquisition durchzuführen, hätten wir die Leute von Caterpillar nach Washington holen sollen, um ihnen eine Auszeichnung zu verleihen."*, schließlich seien sie in erster Linie ihren Aktionären verpflichtet.
Douglas R. Oberhelman, CEO der *Caterpillar*, und seine Frau Diane sind aktive Mitglieder der Republikanischen Partei.

Office Depot

Das ist ein US-amerikanisches Einzelhandelsunternehmen im Bereich Bürobedarf. Das Unternehmen ist in ca. 60 Ländern aktiv.
Sitz: Delray Beach, Bundesstaat Florida, USA; Mitarbeiter: ca. 40.000; Umsatz: ca. $ 11 Mrd.

PEPSI Bottling Group Inc.

Dies war ein Tochterunternehmen der *PepsiCo Inc.* und der weltweit größte Getränkeabfüller für Pepsi-Cola. Sitz: Somers, USA; Mitarbeiter: ca. 69.000; Jahresumsatz (2009): $ 13,2 Mrd.
Das Unternehmen wurde Anfang 2010 mit der *PepsiAmericas Inc.* zur *Pepsi Beverages Company* fusioniert. Die *Pepsi Bottling Group* nutzte ihre Tochterfirma in Luxemburg, um bei einem Anteilskauf für eine Beteiligung in Russland Steuern zu sparen.

PIMCO LLC (Pacific Investment Management Company)
PIMCO ist mit $ 1.870 Mrd. Anlagevermögen eines der weltweit größten Investmentunternehmen im Bereich verzinslicher Wertpapiere wie Renten und Anleihen. Sitz: Newport Beach, Bundesstaat Kalifornien, USA; Mitarbeiter: 2.500.
PIMCO ist zu 100% ein Tochterunternehmen der *Allianz Global Investors of America*. Diese gehört zu 97% der *Allianz SE* aus München und zu 3% der *Pacific Life*.
Bekannt ist *PIMCO* durch den „Pimco Total Return", der größte Rentenfonds der Welt. Gegründet wurde das Unternehmen durch die Fondsmanagement-Legende Bill Gross, der sein Studium als professioneller Black-Jack-Spieler in Las Vegas finanzierte und heute auf Platz 564 der Forbes-Liste der reichsten Menschen der Welt steht.

The Procter & Gamble Company Corp. (PG)
PG ist ein US-amerikanischer Konsumgüter-Riese mit Vertretungen in 70 Ländern. Sitz: Cincinnati, Ohio, USA; Mitarbeiter: ca. 110.000; Umsatz: (2015) ca. $ 76,3 Mrd.
Zu *PG* gehören u.a. folgende bekannte Marken: *Always* (Damenhygieneprodukte), *Alldays* (Slipeinlage), *Ariel* (Waschmittel), *blend-a-dent* (Zahnhygiene), *blend-a-med* (Zahnhygiene), Braun (Elektrogeräte), Plenty (Küchenrolle), *Charmin* (Toilettenpapier, in Deutschland, Österreich und der Schweiz seit Mai 2009 *Zewa Soft Samtstark* beziehungsweise *Zewa Moll Deluxe*), *Crest* (Zahnhygiene), *Dash* (Waschmittel), *Fairy* (beziehungsweise *Dawn*) (Spülmittel) (in Europa zeitweise beworben mit der Villarriba-und-Villabajo-Kampagne), *Febrèze* (Textilerfrischer), *Gillette* (Nassrasierer), *Head & Shoulders* (Haarpflege), *Herbal Essences* (Haarpflege), *Iams* (Tiernahrung), *Lenor* (Weichspüler), *Meister Proper* (Waschmittel, Haushaltsreiniger), *Oil of Olaz* (Kosmetik), *Oral-B* (Zahnhygiene), *Pampers* (Windeln und Feuchttücher), *Pantene* (Haarpflege), *Rochas* (Luxusgüterhersteller), *Swiffer* (Bodenreinigungssystem, Staubwedel), *Tide* (Waschmittel), *Wick* (Erkältungsprodukte) u.v.m.

PG wurde im April 2011 von der Europäischen Kommission zu einer Geldstrafe von 211,2 Mio. € verurteilt. Grund war die Einrichtung eines Kartells zur Preisabsprache bei Waschmitteln in den Jahren 2002 bis 2005. Ebenfalls beteiligt waren *Unilever* und *Henkel*, Letztere erhielten als Melder des Kartells keine Strafe, *Unilever* musste 104 Mio. € zahlen.

In der Vergangenheit hat es immer wieder Anschuldigungen gegen *PG* gegeben, Tierversuche durchzuführen beziehungsweise durchführen zu lassen. Bereits in den 1980er-Jahren übten Tierrechtsaktivisten öffentlichen Druck auf das Unternehmen aus und erreichten damit eine Verringerung der Tierversuche und eine Leidensverringerung, z.B. beim LD-50 Test. (Mit diesem Test wird die letale Dosis, also die tödliche Dosis eines Stoffes, an Tieren getestet.)

In den Jahren 1996 bis 1997 dokumentierte die Aktivistin Michelle Rokke im Tierversuchslabor von *Huntingdon Life Sciences* in Millstone (New Jersey, USA), das auch im Auftrag von *Procter & Gamble* arbeitete, wie dort Giftigkeitstests an Affen durchgeführt wurden. *PG* beendete daraufhin die Zusammenarbeit mit dem Labor.

Noch 2002 wurden Tierexperimente scharf kritisiert, die das Unternehmen für seine Tierfuttersparte habe durchführen lassen. Hier sollen u.a. Hunden die Stimmbänder durchtrennt worden sein, um lautes Bellen zu verhindern.

Umweltschützer kritisierten *Procter & Gamble* scharf für dessen Zusammenarbeit mit dem brasilianischen Hersteller *Aracruz* bei der Herstellung von Hygieneartikeln wie Tempo-Taschentüchern oder Charmin-Toilettenpapier (beides 2007 veräußert an *SCA*). *Aracruz* steht wegen der gewaltsamen Vertreibung von indigenen Einwohnern sowie der großflächigen Regenwald-Rodung in der Kritik. Auf Druck von Umweltschutzorganisationen wie *Robin Wood* wurde die Zusammenarbeit mit *Aracruz* eingestellt.

Quilvest Wealth Management AG

Die Vermögensverwaltungs- und Beteiligungsgesellschaft entstand im Jahr 2011 durch die Fusion der luxemburgischen *Compagnie de Banque Privée* (CBP) und den schweizerischen Ablegern der *Quilvest* in Genf und Zürich. Sitz: Zürich, Schweiz; Mitarbeiter: ca. 400; Verwaltetes Kapital: $ 27 Mrd. (Assets Under Management) plus rund $ 5 Mrd. in Beteiligungen (Private Equity).

Der Ursprung des Unternehmens geht auf den in Köln geborenen Otto Bemberg zurück, der im 19. Jahrhundert nach Argentinien auswanderte und dort die Brauerei *Quilmes* gründete. Das Unternehmen ist an der Luxemburger Börse gelistet. *Quilvest* ging zusammen mit anderen dem Hedgefonds-Betrug des charismatischen Schotten Gregory King auf den Leim.

Reckitt Benckiser PLC

Reckitt Benckiser ist ein großer, weltweit agierender Hersteller von Reinigungsmitteln und Haushaltswaren. Sitz: Slough, Grafschaft Berkshire, Vereinigtes Königreich; Mitarbeiter: ca. 36.000; Jahresumsatz (2012): ca. 12,31 Mrd. €.

Dem Unternehmen gehören folgende Marken (Auszug):

Air Wick, *Calgon*, *Calgonit/Finish*, *Ceraclen*, *Cillit Bang*, *Clearasil*, *Dettol*, *Dobendan*, *Durex*, *Harpic* (D, CH), *Kukident*, *Lysol*, *Old English*, *Perk*, *Sagrotan*, *Vanish*, *Veet*, *Woolite*, *Yes* sowie *Suboxone* und *Subutex*, beides Drogenersatzstoffe zur Behandlung von Opioid-abhängigen.

Das Unternehmen wurde im November 2011 zu einer Geldbuße von 24. Mio. € verurteilt. Im „Spülmittelkartell“, wie es von der Presse gern genannt wurde, hatte *Reckitt Benckiser* zusammen mit *Henkel* illegale Preisabsprachen getroffen. Dies betraf speziell die Marke *Calgonit*. Hauptaktionär des Unternehmens ist die deutsche Familie Reimann, die wohl auch das „Steuersparkonzept“ bei *PricewaterhouseCoopers* (PwC) in Auftrag gegeben hat, mit dem sie auf dieser Liste gelandet ist. Die Familie ist extrem öffentlichkeitsscheu, vom Familien-Clan wohnt niemand mehr in Deutschland. Der Hauptsitz der Familien-Holding ist in Wien.

Durch das ausgeklügelte Steuersparmeisterwerk der *PwC* konnte *Reckitt Benckiser* 2008 eine Summe von 5,5 Mrd. € aus Luxemburg in das Steuerparadies Jersey im Ärmelkanal verschieben. Preisverdächtig, wenn man sich überlegt, dass das Unternehmen im selben Jahr rund 8,5 Mrd. € Einnahmen generierte. Hut ab!
Mitte 2015 wurde das Unternehmen für eine Marketingkampagne mit der Bezeichnung „Initiative Schmerzlos“ bzw. „Richtiger Umgang mit Schmerzen“ medial gerügt. Die Kampagne rät Kindern und Jugendlichen zur Nutzung von Schmerztabletten und behauptet auf ihrer Homepage, dass Eltern in Deutschland meist zu lange warten würden, bis sie ihren *„jugendlichen Kindern ein Medikament gegen ihre Schmerzen geben würden“*. Auf der medizinisch-wissenschaftlich aufgebauten Homepage war der Auftraggeber der Vergleichsstudien sowie der Initiant, *Reckitt Benckiser*, nur im Impressum zu finden.

Shire plc.
Shire ist ein Pharmaunternehmen mit Fokus auf teure Spezialprodukte. Sitz: Saint Helier, Kanalinsel Jersey, Kronbesitz; Mitarbeiter: ca. 5.500; Jahresumsatz (2013): ca. $ 5 Mrd.
Das Unternehmen hat seinen rechtlichen Firmensitz auf der Insel Jersey im Ärmelkanal. Jersey ist Eigentum der Britischen Krone, nicht zugehörig zu Großbritannien und der EU. Durch seine eigenständige Gesetzgebung ist es ein Steuerparadies, wobei die Einkommensteuer bei 20% gedeckelt ist. Ein weiterer Sitz ist im ebenfalls steuergünstigen Dublin in Irland und in der Grafschaft Hampshire an der Südküste Englands.
Shire fusionierte Mitte 2016 mit *Baxalta* und wurde damit Marktführer im Bereich seltener und komplexer Krankheiten. *Shire* ist das in der Öffentlichkeit präsenteste Pharmaunternehmen in Verbindung mit der ADHS-Störung. Wegen seines „Angstmarketings“ in Verbindung mit ADHS wurde das Unternehmen in den USA mehrfach von Medien wie z.B. der *New York Times* gerügt. *Shire* verwies in Werbekampagnen auf die *„düstere Zukunft“* von Patienten, die ihre Störung nicht medikamentös behandeln ließen. Bereits 2014 wurde das Unternehmen in den USA zu einer Strafzahlung in Höhe von

$ 56,5 Mio. verurteilt. Grund dafür waren irreführende klinische Angaben über die Wirksamkeit einiger Medikamente. So soll das Unternehmen z.B. angegeben haben, sein Produkt *Adderall XR* sei anderen Präparaten gegenüber wirksamer und führe zu einer „Normalisierung" des Patienten. Außerdem behauptete das Unternehmen, das Medikament könne schlechte schulische Leistungen, den Verlust des Arbeitsplatzes, kriminelles Verhalten, Verkehrsunfälle und die Gefahr auf sexuell übertragbare Krankheiten verhindern.
In Deutschland ist *Shire* Initiator der Kampagne „ADHS und Zukunftsträume". In diesem Zusammenhang wurde dem Unternehmen verstecktes Marketing vorgeworfen, da Werbung für rezeptpflichtige Medikamente in Deutschland verboten ist.

Skype Technologies SA
Das Unternehmen war bis zu seiner Übernahme durch *Microsoft* der weltweit größte Anbieter von Internet-Telefonie. Vor seiner Übernahme (Oktober 2011) war *Skype* Eigentum von *Ebay* (seit Oktober 2005), währenddessen aber ein eigenständiges Unternehmen. Sitz: (zuletzt) Luxemburg; Umsatz (2008): $ 551 Mio.

SPORTFIVE
SPORTFIVE ist ein internationaler Sportrechtevermarkter mit Sitz in Hamburg. *SPORTFIVE* gehört der französischen *Lagardère SCA*, tätig in der Medien- und Verlagsbranche.
Zu den Kunden der *SPORTFIVE* zählen z.B. deutsche Teams wie der *Hamburger SV*, *Hannover 96*, *Borussia Dortmund*, *Eintracht Frankfurt*, *Bayer 04 Leverkusen*, *FC Augsburg* und *Hertha BSC*, ebenso der *1. FC Nürnberg*, *1. FC Kaiserslautern*, *Dynamo Dresden*, und der *VfR Aalen*. Und international: *Juventus Turin*, *AS Monaco*, *Olympique Lyon*. Außerdem wurde das Unternehmen vom Olympischen Komitee beauftragt, die TV- und Medienrechte der Olympischen Winterspiele 2014 sowie der Sommerspiele 2016 zu übernehmen. Des Weiteren bestehen ein Kooperationsvertrag mit dem *Deutschen Skiverband* und geschäftliche Aktivitäten in den Sportarten Handball, Tennis, Motorsport und Basketball.

SR Technics

SR Technics gehört zu den weltweit größten Anbietern von technischen Dienstleistungen in der zivilen Luftfahrt wie Wartungsleistungen an Flugzeugen, Triebwerken etc. Sitz: Kloten (Zürich Flughafen), Schweiz; Mitarbeiter: ca. 3.100; Umsatz: ca. 1 Mrd. €.

Bis zum Grounding der *SAirGroup* (*Swissair*) Ende 2001 war das Unternehmen Eigentum eben dieser, danach wurde es an Investoren verkauft. Heute gehören 92% des Unternehmens der Herrscherfamilie von Abu Dhabi, aufgeteilt auf deren Investment- und Holdinggesellschaften *Mubadala Development*, *Istithmar* und *Dubai Aerospace Enterprise (DAE)*. Mit der Eingabe der Namen dieser Beteiligungsgesellschaften in eine Internetsuchmaschine beschert man sich einen interessanten Nachmittag!

Stabilus S.A.

Dies ist ein in den 1920er-Jahren in Deutschland gegründeter Hersteller von hydraulischen Dämpfern. Sitz: Luxemburg; Mitarbeiter: ca. 3.400; Jahresumsatz (2013): ca. 460 Mio. €.

Die Hauptverwaltung befindet sich in Koblenz, Deutschland. Das Unternehmen gehört seit 2010 dem schwedisch-deutschen Privat-Equity-Unternehmen *Triton*, einem „Firmenjäger“, der sich auf sanierungsbedürftige Mittelständler spezialisiert hat. *Triton* brachte *Stabilus* 2014 an die Börse.

Tele2 Group AB

Das ist ein vorwiegend in Europa tätiges, schwedisches Telekommunikationsunternehmen. Sitz: Kista, Schweden; Mitarbeiter: ca. 8.000; Umsatz (2012): ca. 5,2 Mrd. €.

Das Unternehmen war in Deutschland lange Zeit wegen seiner aggressiven Werbeanrufe verschrien, für unerlaubte Telefonwerbung wurden Ordnungsgelder in Höhe von 300.000 € und 240.000 € verhängt.

The Walt Disney Company (WDC)

...denn anscheinend muss auch Mickey Steuern sparen.

Sitz: Burbank, Los Angeles County, USA; Mitarbeiter: ca. 185.000; Umsatz (2015): ca. $ 52,5 Mrd.

Zur *Walt Disney Company* gehört u.a. *Walt Disney Studio Entertainment*, bestehend aus der *Walt Disney Motion Pictures Group*, *Disney Music Group* und anderen Studio-Holdings.

Disney-ABC Television Group besteht aus dem *ABC Network* mit *ABC* (einem der drei größten Fernsehsender der USA), diversen Kabelsendern (*Disney Channel*, *Disney XD*, *Disney Cinemagic* und *Disney Junior*), Radio- und TV-Vertrieb sowie TV-Produktion. Hinzu kommen die *Walt Disney Parks and Resorts*.

Weiterhin hält *WDC* Beteiligungen an zahlreichen Fernsehstationen, z.B. dem amerikanischen Sportkanal *ESPN* und 50% am deutschen Sender *Super RTL*.

Disney geriet in den letzten Jahren nicht nur wegen seiner aktiven Steuervermeidung in die Kritik. 2006 erhielt das Unternehmen den Negativpreis „Public Eye Award“, da es sich weigerte, die Firmen in China preiszugeben, die das Disney-Spielzeug herstellen. *Disney* schützt damit seine Zulieferer vor Kontrollen.

Häufig wurden die kritischen Zustände in *Disneys* Zulieferbetrieben angeprangert, so auch 2001 durch eine Konsumentenvereinigung in Hongkong, die 18-Stunden-Tage, 7-Tage-Wochen und eine Entlohnung unter dem gesetzlichen Mindestlohn bemängelte. Zu denselben Ergebnissen kam 2005 auch die Menschenrechtsorganisation *Students and Scholars Against Corporate Misbehavior* (SACOM), die auch die Geheimhaltung der Betriebe durch *Disney* und die dadurch fehlenden Kontrollen anprangerte.

Auch in Bangladesh sollen die Zustände in *Disneys* Zulieferbetrieben äußerst kritisch gewesen sein. Laut den Berichten von *CNN* und den *New York Times* mussten die Arbeiterinnen dort 14-16 Stunden am Tag Shirts nähen, wurden von Aufpassern geschlagen und bekamen pro fertiges Shirt 5 Cent Lohn ausgezahlt. Die Shirts verkaufte *Disney* für $ 17,99. Dank der Organisation *National Labor Committee*,

die diese Zustände öffentlich machte, und durch den darauffolgenden öffentlichen Druck, kam es zu einem Einlenken durch *Disney* und einer schlagartigen Verbesserung der Arbeitsbedingungen.
Als Letztes sei noch ein Fall erwähnt, der in den USA für besondere Aufmerksamkeit sorgte. 2001 stieß eine staatliche Untersuchung auf massive Missstände bei *Disneys* Zulieferbetrieb *KTBA Inc.* in Laguna Hills in Kalifornien. Dort sollen etwa 800 Arbeiter für einen Stundenlohn von $ 1,35 (der Mindestlohn dort lag bei 6,25) Kopfschmuck und Zauberstäbe hergestellt haben. In der Firma sollen auch Kinder im Alter von 7-15 Jahren beschäftigt worden sein. *Disney* bestritt, dafür verantwortlich zu sein, zahlte jedoch später eine Entschädigung von insgesamt $ 903.000 an die Opfer aus.

Timberland LLC (The Timberland Company)
Timberland ist ein Hersteller von Outdoor-Bekleidung.
Sitz: Stratham, USA; Mitarbeiter: ca. 3.400; Umsatz (2011): $ 1,5 Mrd. Trotz seiner betonten Umweltfreundlichkeit wurde das Unternehmen 2012 gerügt, *„katastrophale Zustände und Tierquälerei“* bei seinen Lederlieferanten zu dulden.

UBS AG
Die *UBS* ist die größte Universalbank der Schweiz und zählt zu den weltweit größten Vermögensverwaltern.
Sitz: Zürich und Basel, Schweiz; Mitarbeiter: ca. 60.000; Jahresbilanz (Q3 2014): ca. 875 Mrd. €.
Die *UBS* gehört weltweit zu den 30 Großbanken, die vom Finanzstabilitätsrat als „systemisch bedeutsames Finanzinstitut“ eingestuft wurden und damit einer strengen Überwachung und geregelten Ausstattung mit Eigenkapital unterliegen.
Mit ca. 2.200 Mrd. € verwalteten Vermögen ist die *UBS* einer der größten, wenn nicht der größte Vermögensverwalter der Welt.
Im Zuge der Finanzkrise musste das Unternehmen herbe Verluste einstecken. Die Krise auf dem US-Immobilienmarkt, Reinverluste etc. brachten ein Minus von über 33 Mrd. € bis allein Mitte 2008.

Ende desselben Jahres griffen die *Schweizerische Nationalbank* (SNB) und die Regierung der Bank mit einer Finanzspritze unter die Arme. $ 54 Mrd. wurden in eine Zweckgesellschaft zum Erwerb von problematischen Wertpapieren überwiesen, weitere $ 6 Mrd. in einer Pflichtwandelanleihe ausgezahlt. Verwaltungsratspräsident Marcel Ospel nahm daraufhin seinen Hut. Die *UBS* konnte sich, nicht zuletzt durch die Finanzspritze des Bundes und der *SNB*, erholen, die zusätzlichen Gelder haben eine geschäftliche Talsohle verhindert. Sergio Ermotti, heute *UBS* Chef, bezeichnet die Finanzkrise trotzdem als „Nahtod-Erfahrung".
Durch die Geschichte der *UBS* zieht sich ein dicker Faden an Gerichtsverhandlungen, Strafen, außergerichtlichen Vergleichen und ethischen Verfehlungen.
Ein Auszug: Öffentlich bekannt wurde im Juni 2008, dass das amerikanische Justizministerium, gefolgt von der Börsenaufsicht SEC, gegen die *UBS* ermittelt. Vorwürfe der Beihilfe zur Steuerhinterziehung für US-Bürger in zehntausenden Fällen wurden geäußert. Die USA beantragte schließlich Amtshilfe in der Schweiz und die Herausgabe von Kundendaten (Sommer 2008). Daraufhin sollte die Eidgenössische Steuerverwaltung im Auftrag des Bundes prüfen, ob eine Herausgabe von vertraulichen Bankdaten mit dem Doppelbesteuerungsabkommen zwischen der Schweiz und den USA vereinbar ist. Zudem musste geprüft werden, ob ein Amtshilfeverfahren überhaupt zulässig ist, da die Schweiz diesen generell nur zustimmt, wenn der zu verfolgende Gesetzesbruch auch in der Schweiz einen Gesetzesbruch darstellt. Nach ewigem „Hickhack" zwischen den USA und der Schweiz, gesetzten Fristen, Druck und Drohungen aus den USA etc. lenkte die *UBS* ein und übergab, auf Veranlassung der *Schweizerischen Finanzmarktaufsicht* (FINMA), rund 300 Kundendatensätze an die USA. Außerdem wurde ein Vergleich zur „Rückzahlung ungerechtfertigter Gewinne" zwischen der USA und der *UBS* geschlossen. Die Zahlung belief sich auf $ 780 Mio. (geschätzte Steuerhinterziehung durch Kunden: $ 18 Mrd.).

Die Schweizer Öffentlichkeit, die Medien und Politiker reagierten empört über die Herausgabe von Kundendaten und bezeichneten diese als *„Preisgabe des Bankgeheimnisses"*. Wäre es zu einer gerichtlichen Verhandlung gekommen, hätte die *UBS* wohl ihre Banklizenz in den USA verloren, sie hätte mehrere Milliarden Strafe zahlen müssen, und Gefängnisstrafen für Mitarbeiter wären wohl unausweichlich gewesen.
Seit dem Vorfall bietet die *UBS* keine grenzüberschreitenden Dienstleistungen mehr für in den USA ansässige Private Banking Kunden an.
Die Informationen über die Praktiken der *UBS* erhielten die USA von einem ehemaligen Mitarbeiter der Bank, *Bradley Birkenfeld*. Dieser wurde in den USA zu 40 Monaten Haft verurteilt, erhielt jedoch von der US-Justiz nach seiner Haftentlassung er $ 104 Mio. für seine Informationen.
Seit 2011 laufen in Frankreich Ermittlungen gegen die Bank. Der Vorwurf hier: Beihilfe zur Steuerhinterziehung und der Verdacht auf Geldwäsche durch undeklarierte Konten französischer Kunden in der Schweiz sowie parallele Bankaufzeichnungen zwischen 2002 und 2007. Ein anonymer Hinweis führte die Staatsanwaltschaft auf die Spur. Diese ließ daraufhin Hausdurchsuchungen bei Managern der *UBS* in Straßburg sowie der Filiale in Bordeaux durchführen, bei denen keine belastenden Beweise gefunden wurden.
Weiter wurden Mitarbeiter der Bank wegen illegalen Anwerbens von Kunden, der Geldwäsche und der Hehlerei angeklagt. Im Juni 2013 wurden die Ermittlungen auf die *UBS Schweiz* ausgeweitet, da man auch hier eine Beteiligung an gesetzeswidrigen Vertriebspraktiken vermutete. Mit der Eröffnung des offiziellen Ermittlungsverfahrens im September 2013 musste die Bank eine Kaution von 1,1 Mrd. € hinterlegen. Die *UBS* bestreitet, aktiv an der Steuerhinterziehung ihrer Kunden beteiligt gewesen zu sein.
Im Jahr 2012 leitete das Bundesland Nordrhein-Westfalen ein Ermittlungsverfahren gegen die *UBS* ein. Grund auch hier: Beihilfe zur Steuerhinterziehung. Ausschlaggebend war der Ankauf einer „Steu-

ersünder-CD“ durch das Bundesland. Deutsche Kunden sollen bis zu 16,5 Mrd. € unversteuert bei der *UBS* angelegt haben. Die *UBS* erklärte sich zu einer Vergleichssumme von 200 Mio. € bereit.
Und man rechnet wohl mit weiteren Klagen, denn die Bank legt seit einiger Zeit regelmäßig größere Summen für Strafzahlungen auf die Seite.
Im Jahr 2013 entschied das Londoner *High Court of Justice* gegen die *UBS* und zugunsten der *Kommunalen Wasserwerke Leipzig* (KWL). Die Bank klagte auf Zahlung von 400 Mio. € durch die *KWL*, die von der Bank zu einer hochriskanten Anlage gebracht wurde. Im Urteil wurde festgehalten, dass sich einer der Geschäftsführer der *KWL* durch die Finanzberater bestechen ließ. Hätte die Stadt Leipzig zahlen müssen, wäre diese wohl endgültig bankrott gewesen.
Die *Schweizerische Bundesanwaltschaft* eröffnete 2012 ein Strafverfahren gegen die *UBS*. Nach Zeugenaussagen soll Musa Aman, ein malaysischer Politiker, Geld über die *UBS* gewaschen haben, welches dieser vorher als Bestechungsgeld für Exportgenehmigungen von Tropenholz erhalten hatte.
Zudem wurden Anlageprodukte der Bank öffentlich bemängelt, da diese Unternehmen unterstützen, die an der Entwicklung und Produktion von Streubomben beteiligt sind.
Die *UBS* war ebenfalls in den bereits erwähnten LIBOR-Skandal verwickelt, musste aber aufgrund ihrer Stellung als Kronzeuge keine Buße bezahlen.
Trotz des guten Rufes der Bank unter Anlegern sind in der Vergangenheit grobe Fehler passiert. Der wohl größte ist der Fall von Kweku Adoboli, einem damals 31-jährigen Investmentbanker der *UBS* am Standort London. Noch vor Börsenbeginn am 15. September 2011 teilte die *UBS* der Presse mit, dass Adoboli bei ungenehmigten Handelsgeschäften rund $ 2 Mrd. Verlust (später 2,3 Mrd.) verursacht hätte und gab ebenso eine Gewinnwarnung für das laufende Quartal ab. Der zu diesem Zeitpunkt bereits festgenommene Adoboli hatte in den drei Monaten zuvor unautorisiert Handel mit spekulativen Aktienindexfutures verschiedener Märkte betrieben und

Schein-Absicherungsgeschäfte getätigt, um damit zu verdecken, dass er die Risikolimiten um ein Vielfaches überschritten hatte. Der Schwindel flog intern auf, Adoboli wurde befragt, gab seine Aktivitäten zu und wurde am 20. November 2012 zu sieben Jahren Haft verurteilt.
2016 wurde bekannt, dass die *UBS* diverse Konten führen soll, die im Zusammenhang mit dem Schmiergeld- und größten Korruptionsskandal Brasiliens, der „Petrobras-Affäre", stehen sollen. Die *Schweizerische Bundesanwaltschaft* konnte bisher (Stand Juni 2016) Vermögenswerte in Höhe von rund $ 400 Mio. auf ca. 300 Konten bei 30 Schweizer Banken einfrieren (darunter auch Konten bei der *Credit Suisse* und der Bank *Julius Bär*), die in Verbindung mit dem Korruptionsskandal stehen sollen.

Abschließend: 1997 arbeitete Christoph Meili als Nachtwächter bei der *Schweizerischen Bankgesellschaft* (SBG) (Vorgänger der *UBS*). Er beobachtete, dass zahlreiche Säcke mit Bankbelegen, die Beziehungen zwischen der Bank und vermeintlichen jüdischen Holocaust-Opfern bewiesen, zum Schreddern bereitgestellt wurden. Er nahm einige der Dokumente mit nach Hause und übergab sie einer jüdischen Organisation, welche diese wiederum an die Kripo weitergab. Gegen Meili wurde von der Staatsanwaltschaft ein Verfahren wegen Verstoßes gegen das Bankgeheimnis eingeleitet. Der US-amerikanische Anwalt Ed Fagan legte Meili und seiner Familie nahe, in die USA überzusiedeln, wo die ganze Familie Asyl bekam. Ed Fagan reichte im Namen Meilis Klage gegen die *SBG* ein. Der spätere Vergleich zwischen den Schweizer Banken *UBS* und *Credit Suisse* sowie den Holocaust-Organisationen in Höhe von $ 1,25 Mrd. deckte auch Meilis Klage ab und beendete diese somit. Auch die Strafverfolgungen gegen Meili wurden eingestellt. Meili und seine Familie sind die einzigen Schweizer, die je in den USA politisches Asyl erhielten.

UniCredit S.p.A.
Die *UniCredit* ist eine italienische Großbank und eine Holding von div. Finanzdienstleistungsunternehmen. Sitz: Rom und Mailand, Italien; Mitarbeiter: ca. 130.000; Umsatz (2014): ca. 22,51 Mrd. €.
Die *UniCredit* gehört weltweit zu den 30 Großbanken, die vom Finanzstabilitätsrat als *„systemisch bedeutsames Finanzinstitut“* eingestuft wurden und damit einer strengen Überwachung und geregelten Ausstattung mit Eigenkapital unterliegen.
Die *UniCredit* hat Tochergesellschaften in diversen Ländern Mittel- und Osteuropas, die meisten davon unter dem Namen *UniCredit*. Weitere Beteiligungen sind z.B. die *Banco di Sicilia* (Italien), *Pioneer Global Asset Management SpA* (Italien), *Bank Pekao SA* (Polen), *Zagrebačka banka d.d.* (Kroatien), *UniCredit Banca SpA* (Italien), *UniCredit Bank Austria* (die ehemalige Bank *Austria Aktiengesellschaft*).
Am 12. Juni 2005 übernahm die *UniCredit* die bayerische *Hypo- und Vereinsbank AG* (HVB). Bereits 2001 versuchte sie durch Aktientausch („freundliche Übernahme“) die Übernahme der deutschen *Commerzbank*, scheiterte jedoch an den Aktionären.
Im November 2011 kündigte die Bank nach einem massiven Verlust von knapp 11 Mrd. Euro im dritten Quartal eine neue strategische Ausrichtung, eine Kapitalerhöhung im Volumen von 7,5 Mrd. Euro, einen Abbau von mehreren tausend Arbeitsplätzen sowie die Streichung der Dividende an. Von diesen Einschneidungen war auch die deutsche Tochter betroffen.
Presseberichten zufolge soll in Zukunft der ehemalige italienische Minister für Industrie und Verkehr, Carrado Passera, die Bank leiten. Die Bank hatte in der jüngeren Vergangenheit mit einem massiven Gewinnrückgang zu kämpfen.

Union Bancaire Privée (UBP SA)
Die *Union Bancaire Privée* ist eine Schweizer Privatbank, die sich auf Vermögensbetreuung für private und institutionelle Kunden spezialisiert hat. Sitz: Genf (Schweiz); Mitarbeiter: ca. 1.300; Bilanz-

summe: (2015) 19,5 Mrd. CHF, Verwaltete Kundenvermögen: ca. 93 Mrd. CHF.
Die Bank hat rund 300 Kundenberater in mehreren Ländern, ist spezialisiert auf Vermögensplanung, Vermögensverwaltung und ein Vorreiter im Bereich *Alternative Investments*, dies bereits seit den 1970er-Jahren.
Laut dem amerikanischen Justizministerium hat die *Union Bancaire Privée* jahrzehntelang Amerikanern beim Verschleiern von Geld geholfen. Dafür musste die Bank Anfang 2016 eine Strafe von rund $ 188 Mio. bezahlen. In einer Mitteilung des US-Justizministeriums heißt es dazu: „*Die Bank habe jahrzehntelang amerikanischen Kunden geholfen, undeklarierte Konten zu eröffnen und die darauf deponierten Gelder zu verbergen. Dies sei beispielsweise geschehen, indem Guthaben von amerikanischen Kunden im Namen von nicht-amerikanischen Gesellschaften gehalten worden seien. Diese Strukturen oder Firmen seien beispielsweise auf den Britischen Jungferninseln, den Cayman-Inseln, in Liechtenstein oder Panama errichtet worden.*“ Die *UBP* zahlte damit die zweithöchste Strafe für mutmaßliche Steuerdelikte in den USA.

Vodafone Group Plc
Vodafone ist ein international tätiges britisches Mobilfunkunternehmen. Vodafone ist ein Akronym aus *voice*, *date* und *fone*. Sitz: Newbury (Berkshire), die Firmenzentrale befindet sich allerdings in London; Mitarbeiter: ca. 91.000; Umsatz (2013): ca. 44,4 Mrd. Pfund.
Vodafone geriet bereits 2013 in die Kritik, als sie ihre Beteiligungen am Joint-Venture *Verizon-Wireless* in den USA für $ 130 Mrd. verkauften, dafür aber aufgrund eines verschachtelten Steuersparmodels in Großbritannien keine Steuern zahlen mussten. Lediglich in den USA wurden $ 5 Mrd. Steuern fällig.
Mit schuld an diesem Steuerausfall ist allerdings auch die frühere Labour-Regierung Großbritanniens. Seit 2002 müssen Unternehmen Gewinne aus dem Verkauf von Firmenanteilen von mehr als zehn

Prozent nicht versteuern, wenn sie diese mindestens ein Jahr besaßen. Seit 2009 müssen britische Konzerne auch auf Dividenden von Auslandstöchtern keine Steuern zahlen. Labour wollte den Standort attraktiver machen.
Auch der jetzige Premierminister Cameron, der Steuervermeidung durch internationale Konzerne und das Austrocknen von Steueroasen in den Mittelpunkt der britischen G8-Präsidentschaft gestellt hatte, änderte an diesen Gesetzen nichts. Ganz im Gegenteil: Großbritannien schafft fröhlich weiter steuerliche Anreize, um Unternehmen auf die Insel zu locken.

Volkswagen Aktiengesellschaft (VW AG)
Die *VW AG* ist der größte europäische Automobilhersteller, gegründet am 28.5.1937. Sitz: Wolfsburg (Deutschland); Mitarbeiter: ca. 610.000; Umsatz (2015): ca. 213,3 Mrd. €.
Die *VW AG* agiert als Muttergesellschaft der Fahrzeugmarken *Volkswagen Pkw*, *Audi*, *Seat* und *Škoda* sowie der Premiummarken *Bentley*, *Bugatti*, *Ducati* (Motorräder), *Lamborghini* und *Porsche*. 2007 bis 2011 erweiterte der Konzern auch seine Nutzfahrzeugsparte (Lkw und Busse) mit der Marke Volkswagen Nutzfahrzeuge um die Unternehmen *MAN* und *Scania*.
VW hält diverse Tochtergesellschaften, wie z.B. die *Volkswagen Financial Services*, die weitere Töchter im Bereich Leasing, Versicherung etc. unterhält. Die Aufzählung aller Tochtergesellschaften würde den Rahmen sprengen.
Die *Volkswagen Aktiengesellschaft* gehört zu 52,2% der *Porsche SE*, zu 20% dem Bundesland Niedersachsen, zu 17% dem Emirat Katar, und 12,3% befinden sich im Streubesitz.

Und das sind nur ein paar von mir ausgesuchte Unternehmen von der Liste mit 343 Firmennamen, die von Ende April 2014 an vom *International Consortium of Investigative Journalists* (ICIJ) im sog. „Luxemburg-Leaks" veröffentlicht wurden.

Auch wenn es vielleicht etwas schizophren klingt, so heiße ich eine aktive Steuervermeidung bei Privatleuten nach wie vor als den höchsten Grad des zivilen Ungehorsams gegen raffgierige und verschwenderische Staaten gut. Auf der anderen Seite aber nicht bei großen beziehungsweise multinationalen Unternehmen – was daran liegt, dass ich generell eine Förderung mittelständischer und einheimischer Unternehmen für wichtiger halte, als sich bei Großkonzernen einzuschleimen. Einer der Gründe, warum wir in unseren Breitengraden so unglaublich viele Steuern auf unseren Lohn, auf unser Einkommen, Vermögen, Grundstücke etc. zahlen müssen, ist nämlich die Übervorteilung von Großkonzernen sowie deren Einmischung in die Politik bzw. der Kuschelkurs, der dort gefahren wird, anstatt die wahren Großprofiteure in die Pflicht zu nehmen und den Bürger zu entlasten.

Was hier aufgezeigt wird, ist größtenteils die von Staatsmännern – auch und gerade von der EU – legalisierte und unterstützte gigantische Steuerunterschlagung, und das in einer Zeit, in der die Verschuldung der Länder eines der quälendsten Probleme darstellt. Auch wenn die meisten Staaten selbst an ihrer Misere schuld sind, es blutet der Bürger. Und das ist bei Weitem kein europäisches Problem…

Im nächsten Kapitel erkläre ich Ihnen nun, was Luxemburg und Herr Juncker mit dieser Sache zu tun haben und wie dieses globale System der Steuervermeidung im Detail funktioniert. Ich habe dabei versucht, diese Konstrukte auch für einen Laien so übersichtlich wie möglich darzustellen. Ich bitte zu entschuldigen, wenn ich nicht jedes dieser Machwerke komplett entwirren konnte.

Steuervermeidungsstrategien Teil 2
Obama, ein Sandwich, zwei Iren und ein Niederländer

Kennen Sie das größte Gebäude der Welt? Also gemeint ist nicht das architektonisch größte Gebäude mit der meisten Nutzfläche – das wäre mit 1,76 Mio. qm das *New Century Global Center* in der chinesischen Provinz Sichuan – nein, ich rede eher vom ökonomisch größten Gebäude, also dem mit den meisten Briefkästen. US-Präsident Barack Obama meinte, es 2007 gefunden zu haben. Es steht seiner Meinung nach an der South Church Street Nr. 355 in George Town, der Hauptstadt von Grand Cayman. Hier, im Gebäude mit dem Namen „Ugland House", sollen über 18.000 Firmen registriert sein. Obama meinte dazu: *„Entweder ist es das größte Gebäude der Welt oder der größte Steuerschwindel."* Hauptmieter des nur fünfstöckigen Hauses ist die Kanzlei *„Maples & Calder"*.

Was Obama aber wahrscheinlich wusste: Es ist nicht das größte Haus der Welt! Wenn wir von der Menge der dort gemeldeten Unternehmen ausgehen, steht das größte Haus der Welt nicht auf einer Insel in der Karibik, sondern mitten in den USA. Viel näher am Weißen Haus als die Cayman Islands, nämlich im Bundesstaat Delaware. Dort existiert ein Gebäude, in dem über 300.000 Firmen ihren Sitz haben – auf dem Papier zumindest. Selbstverständlich handelt es sich dabei nicht um ein Gebäude, in dem 300.000 Firmen ihr Büro haben. Es hängen auch keine 300.000 Briefkästen an der Tür – was wahrscheinlich der Alptraum jedes Briefträgers wäre –, und dieses Gebäude hat auch keine eigene Postleitzahl, wie so mancher Flughafen. Nein, es reichen eine Hand voll Messingplaketten mit Namen von Rechtsanwalts- und Steuerberaterkanzleien, um hier die weltweit größte Ansammlung von Firmen zu generieren.

Nun werden Sie sich fragen, was die dort alle machen. Gibt's da etwas umsonst? Ja, also, beinahe. Der US-Bundesstaat Delaware ist nämlich eine Steueroase! Und jetzt fragen Sie sich: Wie bitte, eine Steueroase mitten in den Vereinigten Staaten von Amerika? Ja, genau, Obama hat sein Steuerparadies direkt vor der Haustür, und es scheint ihm herzlich egal zu sein. Warum auch vor der eigenen Haustüre kehren, wenn man sich so schön über die Schweiz, die Cayman Islands, Panama, Singapur etc. auslassen kann, ohne dabei das eigene Land als Wirtschaftsstandort unattraktiver zu machen?

Dazu ein wenig Erklärung: In den Vereinigten Staaten von Amerika herrscht ein ähnlicher Steuerwettbewerb wie in der Schweiz. Die Bundesstaaten bestimmen selbstständig, wie viel Abgaben sie von jedem haben wollen – das gilt für Bürger wie auch für Unternehmen. Im Bundesstaat Delaware hat die dortige Politik also den Steuersatz für Unternehmen einfach mal gedeckelt, und das schon vor über 100 Jahren. Ein *gedeckelter Steuersatz* erklärt sich im eigenen Wort: Irgendwann geht es nicht mehr höher. Und wie Sie sich denken können, ist das für Großverdiener überaus attraktiv.

Der Bundesstaat Delaware mit seiner Hauptstadt Dover liegt an der Ostküste der USA, unweit von New York, und ist mit ca. 6.500 qkm und knapp 900. 000 Einwohnern der zweitkleinste Bundesstaat der USA. Man gibt sich „konservativ", und erst 1901 wurde hier förmlich die Sklaverei abgeschafft. Delaware war auch der letzte Bundesstaat der USA, in dem das Verbot der Mischehe aufgehoben wurde, und zwar 1967, allerdings auch nur durch Zwang des Obersten Gerichtshofes.

US-Präsident Obama weiß, dass über die Hälfte der Wall-Street-Unternehmen ihren Sitz in Delaware haben – zumindest nehme ich an, dass er die Fähigkeit besitzt, sich mithilfe einer Internetsuchmaschine offizielle Zahlen zu besorgen. Er ist zwar nicht der hellste Präsident in der Geschichte der Vereinigten Staaten, aber ganz dumm ist er sicherlich auch nicht. Nun, warum reagiert der Präsident nicht, wenn er weiß, was in seinem Land so alles gespielt wird? Unfähigkeit? Keine Lust auf Stress mit Wahlspendern?

Dabei hätte der US-Präsident allen Grund zu reagieren, schließlich passieren dort, direkt vor seiner Haustür und in seinem Einflussbereich, eben nicht nur Steueroptimierungen. Die unkomplizierte Art und Weise, dort eine Firma zu eröffnen, lockte seit jeher kriminelle Subjekte an. Um eine Firma in Delaware zu eröffnen, reichen ein Computer mit Internetanschluss, die Fähigkeit zu lesen und zu schreiben sowie ein Ausweis und eine Kreditkarte, um die Gebühr von ein paar hundert Dollar zu bezahlen. Ich komme darauf im Kapitel „Geld: waschen, trocknen, anlegen" noch zurück.

Sie müssen nicht einmal angeben, was Sie mit der Firma vorhaben. Nicht wie in Deutschland, wo Sie haargenau und penibel aufführen müssen, was Sie mit Ihrer Firma machen wollen. Auf den Gründungsurkunden der Firmen müssen die Gründer nicht einmal namentlich eingetragen sein. So erfährt eigentlich niemand, wem die Firma gehört, geschweige denn, was sie macht. Zahlen Sie den gedeckelten Steuersatz, und wenn Sie sich schlau anstellen, wird nie jemand kommen, um sie zu überprüfen – kein Gewerbeamt, keine Steuerbehörde, kein Obama.

Dabei sind die Vereinigten Staaten eigentlich richtig auf Zack, was Steuern angeht, aber eben nur, wenn es die „normalen Bürger" sind. Die USA sind neben Eritrea nämlich das einzige Land der Welt, welches die Steuerpflicht seiner Bürger nicht an deren Aufenthalts- oder Arbeitsort festmacht, sondern an der US-Staatsbürgerschaft.

Alles in Allem möchte man nicht US-Bürger werden, wenn man sich das Reglement anschaut. Im Aufenthaltsland gezahlte Steuern können zwar teilweise angerechnet sowie gewisse Freibeträge genutzt werden (bei Singles z.B. bis zu umgerechnet 81.000 € im Jahr), verdient man aber mehr, wird die Hand aufgehalten, und dabei ist es ziemlich egal, ob Sie schon 25 Jahre nicht mehr in den USA leben oder noch nie dort gelebt haben – Pass ist Pass.

Gut, denken Sie sich, gebe ich den Lappen eben ab! Das dachte sich ein Freund von mir auch. Der staunte nicht schlecht, als er nach 17 Jahren Schweiz, Hochzeit mit einer Schweizerin und Einbürgerung in die Eidgenossenschaft seinen Pass zurückgeben wollte: 15% des Gesamtvermögens wollte der US-Fiskus von ihm haben. Ähnlich sieht es mit Gewinnen aus Anlagen aus: Wenn Sie von Ihrem doppelt versteuerten Lohn etwas wegsparen, dann will die USA Kapitalertragssteuer sehen.

Und kommen Sie bloß nicht auf die Idee, etwas von Ihrem Einkommen oder Vermögen zu verschweigen. Die seit 2013 ausgeweitet gültigen FACTA-Richtlinien (*Foreign Account Tax Compliance Act*) machen Sie und Ihre Konten für die Steuerbehörden gläsern. Das Abkommen haben bereits mehr als 20 Länder unterzeichnet, z.B. Deutschland, Frankreich, die Schweiz und Großbritannien, weitere 30 stehen in Verhandlungen mit den USA.

Trotz der drakonischen Strafzahlung bei Ausbürgerung geben immer mehr im Ausland lebende US-Amerikaner ihren Pass ab, derzeit sind es bis zu 3.000 im Jahr – darunter auch Prominente wie die Rocklegende Tina Turner, die ebenfalls aus der Musikszene stammende Denise Rich und der Selfmade Milliardär Eddi Saverin, einer der Mitbegründer von Facebook, der in den USA gleich mal öffentlich als Vaterlandsverräter abgestempelt wurde. New Yorks Senator Charles Schumer gab zu Protokoll: *„Mr. Saverin entschied sich, die Vereinigten Staaten von Amerika zu entfreunden, nur um keine Steuern zahlen zu müssen.“* Das stimmt so nicht ganz, denn Saverin ist zurück in sein Geburtsland Brasilien und lässt sich das auch eine schöne Summe kosten. Rund $ 500 Mio. darf er „Abgangssteuer“ an den Fiskus der Vereinigten Staaten bezahlen, dazu kommen Verwaltungsgebühren für die Ausbürgerung von rund $ 2.350.

Einen gefälschten Totenschein und einen neuen Pass gibt es in manchen Ländern der Welt wesentlich günstiger. Bezahlt er nicht, sind bei solchen Summen auch schon Auslieferungsanträge gestellt worden: Steuern nicht bezahlt → Straftat → Auslieferungsantrag → 99 Jahre Knast. Und weil das so einfach ist, gibt es auch unter den „Unfairteilern“ in Deutschland genügend Stimmen, die so eine „steuerliche Maßnahme“ für Bundesbürger fordern. Egal, wo sich der Deutsche aufhält, er soll in Deutschland Steuern zahlen. Schräg, oder nicht? Dabei geht es in erster Linie um die Vermeidung sog. „Abwanderung in erpresserischer Absicht". Dieser Gedankenfurz heißt übersetzt so viel wie, dass hier Steuererhöhungs-Fans dem Argument *„Erhöhen Sie die Steuern, werden gewisse Gruppierungen abwandern."* einen Riegel vorschieben wollen. Gleichzeitig wird der Bürger noch gläserner, und gegenüber anderen Ländern kann weiter Druck aufgebaut werden. Thanks, but NO thanks!

Aber wieder zurück zum eigentlichen Thema: Man könnte meinen, die USA wissen, wie man die Leine straff hält, das trifft aber auch nur auf den kleinen Bürger zu. Denn eins haben die USA, Europa und der Rest der Welt gemeinsam: Sie lassen sich von Konzernriesen wie *Google*, *Apple*, *Amazon*, *Ebay*, *Microsoft* etc. auf der Nase herumtanzen. Diese Firmen haben eines erkannt: Je größer Du bist, je multinationaler Du bist, je dreister Du bist und je heftiger die Krise in einigen Ländern tobt, umso besser kannst Du Deine Stellung ausnutzen. Steuerwettbewerb, der Kampf um Investitionen und gegen die hohe Arbeitslosigkeit zwingen in der EU und rund um den Globus die Regierungen aller Länder dazu, sich für eine Niederlassung eines Großkonzerns im eigenen Land zu prostituieren. Oft werden dabei unmoralische Angebote gemacht, die dazu beitragen, den Markt massiv zu verzerren. Unternehmenssteuersätze werden gekürzt, neue Steuerschlupflöcher geöffnet oder alte bewusst offen gelassen.

Verstehen Sie mich nicht falsch, ich bin generell immer für niedrige Steuern beziehungsweise ein faires Steuermodell. Was ich Ihnen aber nun zeigen möchte, hat nichts mit sauberer Steuerpolitik auf der einen oder fairen Abgaben auf Gewinne auf der anderen Seite zu tun.

Erstes, sehr eindrucksvolles Beispiel ist *Google*: Von dessen Tochtergesellschaft *Google Ireland Ltd.* in Dublin werden die meisten Geschäfte des Internetriesen für Europa und Asien getätigt. Ein paar tausend Mitarbeiter betreuen dort z.B. den Verkauf von Platzierungen der Suchergebnisse und die der Werbung. Das Geschäft floriert, 2009 wies *Google Irland* einen Umsatz von rund 7,9 Mrd. € aus, gut ein Drittel der Gesamterlöse des Konzerns weltweit. Spannend ist nun, dass sich der operative Gewinn lediglich auf schlappe 45 Mio. € belief, was einer

Umsatzmarge von 0,6% entspricht. Entweder ist das, was *Google* tut, nicht profitabel, oder sie stellen Produkte aus einem verdammt teuren Rohstoff her. Beides ist nicht der Fall. *Google* ist der größte Internetkonzern der Welt, hochprofitabel und erwirtschaftet jedes Quartal Milliarden an Gewinnen. Der Knackpunkt ist, *Google* schiebt seine Gewinne auf der Landkarte hin und her, missbraucht dabei Steuerabkommen und allgemein bekannte Steueroasen. Eine dieser Steueroasen ist Irland. Der Unternehmenssteuersatz in diesem Land ist mit 12,5% der niedrigste unter den in der OECD zusammengeschlossenen Industrieländern. Und selbst 12,5% ist einem Unternehmen wie *Google* noch zu viel. *Google* nutzt für sein Steuersparmodell die in Fachkreisen „Double Irish and a Dutch Sandwich“ genannte Methode zur Steuervermeidung.

Was sich anhört wie ein spätes alkoholisches Frühstück, ist eines der ausgeklügeltsten, legalen Methoden zur globalen Vermeidung von Steuern. Die *Google Ireland Ltd.* ist zwar eine Tochtergesellschaft von *Google*, verwaltet aber eigentlich nur das Geschäft, die Lizenzen und Patente. Alles, was das Unternehmen eigentlich darstellt, ist auf verschiedene Tochtergesellschaften aufgespaltet, alle mit Sitz in Irland. Das Besondere an der zweiten Tochtergesellschaft ist, dass sie zwar in Irland registriert ist, aber offiziell von den Bermudas aus geführt wird, was sie nach irischem Recht in Irland nicht steuerpflichtig macht.

Google hat also ein Unternehmen in einer Steueroase gegründet und diesem seine Rechte- und Patentverwaltung für die Geschäfte außerhalb der USA übertragen. Die *Google Ireland Ltd.* zahlt nun horrende Lizenzgebühren quasi an sich selbst und lenkt so einen riesigen Teil seiner in Asien und Europa erwirtschafteten Gewinne am Fiskus jedes einzelnen Landes vorbei auf die Bermudas.

Im Normalfall wäre für solche unglaublichen Zahlungen von Irland aus auf die Bermudas eine Quellensteuer von 20% an den irischen Fiskus fällig, welche sich aber durch einen ganz pfiffigen Trick auch umgehen lässt: Zwischen Irland und den Niederlanden existiert ein EU-Abkommen, welches Lizenzgebühren von der Steuer ausnimmt.

So macht das Geld einen Umweg von der in Irland ansässigen Betriebsgesellschaft zur zweiten *Google*-Tochter über die *Google Netherlands Holding BV* in den Niederlanden und wird erst nach der Rücküberweisung an die zweite irische Tochter in die Steueroase weitergeleitet. Fertig ist das „Double Irish With A Dutch Sandwich".

Steuerabkommen, ähnlich wie das zwischen den Niederlanden und Irland, gibt es viele, über 3.000 weltweit. Eigentlich sollen sie verhindern, dass Gewinne international arbeitender Konzerne doppelt besteuert werden, sie sind sehr löchrig oder teilweise absichtlich so gelassen, wie in diesem Fall. Raus kommt am Ende eine „doppelte Nichtbesteuerung", wie sie OECD-Generalsekretär Angel Gurria einmal nannte.

Verdammt viel Aufwand denken Sie? Mit diesem, meist computergesteuerten System minimiert ein Konzern wie *Google* seine Steuern auf einen Satz von rund 3%. *Google* selbst ist sehr stolz auf dieses System, man sei es schließlich den Aktionären schuldig, so wenig Steuer zu zahlen, wie nur eben möglich. *Google*-Verwaltungsratschef Eric Schmidt konterte Kritikern vor ein paar Jahren mit den Worten: *„Man nennt es Kapitalismus. Wir sind stolz, kapitalistisch zu sein."* Wenn das Kapitalismus ist, dann bin ich ein Sozialist, und das bin ich sicherlich nicht. Ich empfehle Herrn Schmidt eindringlich, sich in eine Bibliothek zurückzuziehen und etwas über Kapitalismus zu lesen.

Das Kapital, das *Google* auf den Bermudas angehäuft hat, ist immens. Allein 2011 überwies sich das Unternehmen rund $ 9,8 Mrd. auf die Bermudas, zusammengerechnet doppelt so viel, wie in den drei Jahren davor, und da verbleibt es vorerst auch, denn eine Überweisung in die USA hätte eine Gewinnsteuer von 35% zu bedeuten.

Ein derart riesiges Unternehmen profitiert so oder so wesentlich mehr davon, wenn es sich selbst von der Tochtergesellschaft im Niedrigsteuerland zur Muttergesellschaft im Hochsteuerland selbst Kredite gibt und die Zinslast dann steuerlich geltend macht, oder Mutter und Tochter gründen miteinander ein Joint Venture zu Forschungszwecken, z.B. in der Schweiz. Solche Möglichkeiten gibt es wie Sand am Meer. Das Geld bleibt sicher gebunkert im Ausland.

Das Ganze ist wahrlich kein Einzelfall und funktioniert besonders gut in der Pharmaindustrie oder der Technologiebranche – eben überall dort, wo der wahre Wert des Unternehmens zu einem Großteil aus geistigem Eigentum und Know-How besteht. Solche Werte lassen eine gewisse Willkür bei der Wertgestaltung zu, niemand mag genau beziffern, welchen Wert eine Idee, ein Patent oder eine Umsetzungsformel haben, und so sind hohe Lizenzgebühren schwer als ungerechtfertigt zu definieren.

Ein ganz großer, wenn nicht der allergrößte Fuchs unter den Steuersparfüchsen, ist *Apple*. Der Smartphone-Pionier ist mit $ 118,86 Mrd. nicht nur die wertvollste Marke der Welt, *Apple* ist auch Rekordhalter, was schwarze Zahlen angeht. Von Oktober bis Dezember 2014 machte das Unternehmen $ 18 Mrd. Gewinn. Das ist jede Sekunde mehr als ein durchschnittlicher Arbeitnehmer in Deutschland im ganzen Monat verdient. An jedem Dollar Umsatz eine Gewinnmarke von knapp 25 Cent, das ist unglaublich viel. Wie das geht? Ganz einfach: Beute Deine Produktionsmitarbeiter aus, und halte Deiner Devise die absolute Treue: Zahle nirgendwo Steuern.

Apple nutzt dasselbe System wie *Google*. Die wichtigste Zweigstelle dafür ist ein Tochterunternehmen dritten Grades, die *Apple Sales International*, kurz *ASI*, in Irland. Die *ASI* ist das betriebsinterne Drehkreuz des Unternehmens, sie kauft die fertigen Endgeräte bei chinesischen Produzenten auf und verkauft dann all diese iPhones, iPads, iPods, iMacs usw. mit ordentlichem Aufschlag an weitere Tochterunternehmen, die die Geräte dann rund um die Welt an Endkunden verkaufen.

Wie immer bei solchen Netzwerken wird dabei keines der Geräte auf ein Schiff verladen und nach Irland transportiert. *ASI* kauft, verkauft und liefert nur auf dem Papier, die Paletten gehen direkt von China zu den Lagern in aller Herren Länder. *ASI* mit seinen knapp 250 Mitarbeitern machte zwischen 2009 und 2012 um die $ 74 Mrd. Gewinn vor Steuern. Gigantisch! Bezahlte Steuern? Nicht erwähnenswert. Ein Widerspruch zwischen den US-Steuergesetzen und den Steuergesetzen Irlands macht es möglich.

Wie wir vom „Fall Google“ wissen, gilt es im irischen Steuerrecht, sich dort beim Fiskus zu melden bzw. dort Steuern zu zahlen, wo das Unternehmen gemanagt wird. Das US-Steuerrecht verlangt nun aber dort Steuern zu zahlen, wo das Unternehmen gegründet wurde. Die *ASI* wurde in Irland gegründet und wird von *Apples* Hauptsitz Cupertino in Kalifornien aus geleitet. Niemand ist zuständig, also werden auch keine Steuern fällig. Und *Apple* zeigt weiter, wie gut das System funktioniert und wie sauber und langfristig es durchdacht wurde. Eigentlich gibt es in den USA Gesetze, die internationalen Konzernen vorschreiben, ihre Gewinne durch Tochterfirmen jedes Jahr im „Heimathafen“, also am Hauptsitz, zu versteuern, aber das ist eben nur eines von vielen Gesetzen. *Apples* Trumpf dabei ist ein weiteres Tochterunternehmen, die *Apple Operations Internationals*, kurz *AOI*, eine Holdinggesellschaft, gegründet 1980 in Irland ohne Steuerresidenz.

Der Name des neuen Spielchens, gespielt nach den US-Steuergesetzen, heißt „check-the-box“ (auf deutsch so viel wie: einen Haken in ein Kästchen machen). Es besagt, dass wenn Tochterfirmen ihre Gewinne an übergeordnete Tochterfirmen des Unternehmens abführen, der Fiskus von der Konzernleitung aufgefordert werden kann, diese Gewinne zu ignorieren. Peng! Doppelt abgesichert!

Und so holt sich *Apple Operations International* die Gewinne in Form von Dividenden aus all den Unter- und Unter-Unter-Tochtergesellschaften – rund $ 30 Mrd. von 2009 bis 2012.

Auch in den USA nutzt *Apple* steuerliche Eigenheiten von Bundesstaaten. Das Unternehmen gründete 2006 eine Tochtergesellschaft mit dem Namen *Braeburn Capital* (benannt nach der süß-sauren Apfelsorte), die das Unternehmensvermögen verwaltet und damit an den Märkten spekuliert. Die Tochtergesellschaft sitzt in der Stadt Reno im Bundesstaat Nevada. Der Vorteil hier: Es gibt weder eine Einkommensteuer für Unternehmen beziehungsweise eine Körperschaftssteuer, noch eine Kapitalertragssteuer, wie sie bei Gewinnen aus Investitionen oder Spekulationen, z.B. an der Börse, anfallen würde. Diesen Trick nutzen unter anderem auch *Microsoft* und *Harley-Davidson*.

Und ich bin noch nicht fertig. *Apple* besteht ja nicht nur aus Endgeräten mit Touchscreen und edlem Gehäuse. Zu ihnen gehören ja auch Downloads von Apps und Musik, sprich iTunes. Wenn Sie eine App im iTunes-Store kaufen, geschieht dies über die Firma *iTunes S.a.r.l.* in Luxemburg. Bei solchen digitalen Geschäften gilt dann nämlich die Mehrwertsteuer des Landes, in dem Sie die Ware kaufen, somit in Luxemburg. Die Mehrwertsteuer dort ist im Vergleich sehr niedrig, und zudem tut das Land etwas dafür, damit sie noch niedriger wird. Bei Ebooks z.B. senkte das Großherzogtum den Satz 2012 von 15% auf gerade mal 3% ab, zum Ärger vieler anderer EU-Länder – optimiert bis in die hinterletzte Ecke durch Jean-Claude Juncker und seine Freunde.

US-Senator Carl Levin, Initiator des „Stop Tax Heaven Abuse Act" gegen Steuerflucht und Leiter des Untersuchungsausschusses des US-Senats von 2013 gegen *Apple*, sagte im Zuge der Vorstellung der Ermittlungsergebnisse: *„Apple war nicht damit zufrieden, Gewinne in ein Steuerparadies zu verlegen. Apple hat den Heiligen Gral der Steuervermeidung gesucht."*

Nach der Anhörung von *Apple*-Chef Tim Cook Ende Mai 2013 im US-Senat ging das Treiben des Konzerns locker weiter. Stimmen im Senat forderten sogar eine Entschuldigung an *Apple*, da die Vorladung ein Fehler gewesen sei, *Apple* hätte schließlich keine Gesetze verletzt. Levin konterte: *„Apple ist ein großartiges Unternehmen, aber kein Unternehmen sollte selbst entscheiden, wie viele Steuern es zahlt."*

Das erste Land, das den Bogen überspannt sah, war Großbritannien. Die US-Kaffeehauskette *Starbucks* zahlte von 1998 bis 2012 lediglich 8,6 Mio. Pfund Steuern in den britischen Landen, und das, obwohl das Unternehmen eigentlich boomt. Wer jetzt denkt, der Kaffee wäre vielleicht einfach zu billig gewesen, der hat wohl nie einen Fuß in eine *Starbucks*-Filiale gesetzt. Kleinrechnen hieß der Trick. Mit der Begründung, die laufenden Kosten seien enorm gewesen, versucht man von Seiten des Unternehmens jegliche Kritik abzuwiegeln.

Das Kaffeehaus steuert seine Geschäfte in Europa über die Niederlande. Dafür hat der Konzern vor Ort zwei Firmen gegründet, die *Starbucks Coffee EMEA BV* und die *Starbucks Manufacturing EMEA BV*. Dort werden Bohnen geröstet, die zu – sagen wir mal – „interessanten Preisen“ von einer *Starbucks* Tochtergesellschaft in der Schweiz gekauft werden. Die Schweiz ist nicht unbedingt für große Kaffeebohnensilos bekannt, denn solche Silos gibt es dort auch nicht, aber genügend Geld-Silos. Des Weiteren zahlt die *Starbucks Coffee EMEA BV* Lizenzgebühren für die Nutzung des *Starbucks*-Logos bzw. der Marke und des Ladenformats, welches wiederum besonders rechtlich geschützt ist, an eine Firma namens *Alki LP* in Großbritannien, die gleichzeitig Eigentum der niederländischen Firma ist. Der komplette Konzern stellt sich untereinander gegenseitig diverse Leistungen in Rechnung.

Alle Verrechnungspreise wurden durch den Konzern mit den niederländischen Finanzbehörden ausgehandelt und dort genehmigt, und die EU-Kommission ermittelt nun, ob der Konzern unfair bevorteilt wurde.

Und wo der US-Konzern kein Steuerschlupfloch findet, bohrt er sich selbst eines. 2004 beriet der US-Kongress über einen Vorschlag, der es Unternehmen mit eigener Produktion ermöglichen sollte, gewisse Steuernachlässe zu erhalten. *Starbucks* engagierte den Top-Lobbyisten Michael Evans, der früher einer der leitenden Juristen des Finanzausschusses des US-Senats war, für die Überzeugungsarbeit bei den Abgeordneten – und diese fruchtete. *Starbucks* konnte von nun an für jeden aufgebrühten Becher Kaffee eine heimische Produktionsaktivität berechne – das bedeutete seit Inkrafttreten fast $ 100 Mio. Steuerersparnis. Das ist ziemlich dämlich, oder?

In Großbritannien gingen nach Bekanntwerden der marginalen Steuerzahlungen wütende Bürger auf die Straße, die Medien hämmerten auf *Starbucks* ein, doch anstatt Reue zu zeigen, beauftragte man das Unternehmen *RLM Finsbury*, ein speziell auf Krisen-PR ausgelegtes Marketingunternehmen. Auf Nachfrage zur öffentlichen Kontroverse, die Steuervermeidungspraktiken seines Unternehmens betreffend, sagte

Mark Fox, Chef *Starbucks Großbritannien*, es störe ihn *„nicht im Geringsten"*. Selbst Ministerpräsident David Cameron schaltete sich ein.

Vorerst wurde der öffentliche Druck so groß, dass das Unternehmen ein wenig Besserung gelobte und beteuerte, über zwei Jahre 20 Mio. Pfund Steuern nachzahlen zu wollen. Auch der Hauptsitz des Europageschäfts solle von den Niederlanden nach London verlegt werden, versprach man.

Doch dann meldete sich erneut Mark Fox zu Wort und unterstrich noch einmal, wie dreist die Konzernpolitik doch ist, indem er in einem Interview mit der Zeitung „Evening Standard" bekannt gab, dass *Starbucks* wohl für noch mindestens drei Jahre kein normales Steuerniveau erreichen werde. Man müsse erst sein „Mojo" zurückgewinnen und in die Gewinnzone zurückkehren. Was hat man diesem Herrn bloß in den Kaffee getan...

Ein letztes, etwas detaillierteres Beispiel beginnt erneut in Großbritannien und endet mit einer peinlichen Begegnung. Anfang Mai 2013 ließ der Steuerausschuss des britischen Parlaments Vertreter des Online-Handelskonzerns *Amazon.com Inc.* bei sich antanzen. Grund dafür: *Amazon* soll 2012 im Königreich $ 6,5 Mrd. Umsatz gemacht haben, zahlte aber aus irgendwelchen Gründen nur $ 3,7 Mio. Steuern. Gut, nun ist Umsatz nicht Gewinn, und nur den Gewinn gilt es zu versteuern, dennoch sah wohl ein Blinder mit Krückstock, dass hier etwas nicht ganz stimmig sein konnte.

Amazon und Großbritannien standen vor der alles entscheidenden Frage: Wo ist das Internet beheimatet? Nach Meinung der britischen Politiker ganz klar dort, wo der Kunde seine Bestellung abgibt, für *Amazon* aber definitiv an ihrem europäischen Hauptquartier in Luxemburg, schließlich gehen Kunden mit der dortigen *Amazon EU S.a.r.l.* einen Vertrag ein, was auch so auf jeder Rechnung steht, und alle anderen lokalen Tochtergesellschaften sind nur Servicefirmen, die ein Honorar für z.B. die Logistik erhalten.

Was ebenfalls auffiel, war die Tatsache, dass sehr viel Geld aus den Einnahmen der *Amazon EU S.a.r.l.* an die *Amazon Europe Holding SCS* floss – Zahlungen für die Nutzung der Software in den einzelnen Ländern, in denen *Amazon* Onlineshops betrieb, und dies nicht als feste Gebühr, sondern gekoppelt an den jeweiligen Erfolg. Somit wurde auch der Gewinn in Luxemburg kleingerechnet.

Mit der Auslagerung der immateriellen Vermögenswerte (Markenrechte etc.) von Nevada nach Luxemburg im Jahr 2005 hat das Unternehmen auch die USA ordentlich vor den Kopf gestoßen. Die Bundessteuerbehörde der USA forderte deswegen 2011 eine Zahlung von $ 1,5 Mrd., gegen die sich der Konzern mit allen Mitteln wehrte.

Die *Amazon Europe Holding SCS* überwies einen Großteil der Gelder an die *Amazon*-Töchter *A9.com Inc.* und *Amazon Technologies Inc.* in der amerikanischen Steueroase Nevada, zudem bunkert sie mittlerweile mehrere Milliarden in ihrer Kriegskasse zur weiteren Expansion. Ein Umstand, der auch Deutschland betrifft. Zum Vergleich: Im Jahr 2012 zahlte *Amazon* in Deutschland 3,2 Mio. € Steuern, machte dabei aber einen zweitausendmal so hohen Umsatz von 6,5 Mrd. €. Das Unternehmen leitete gleichzeitig 118 Mio. € Gewinn nach Luxemburg und sparte damit rund 35 Mio. € Steuern in Deutschland.

Dieses ganze Wirrwarr rief 2014 einen Untersuchungsausschuss der EU-Kommission auf den Plan. *Amazon* sind in Luxemburg wahrscheinlich unfaire Steuervorteile gewährt worden, was wieder auf einen alten Bekannten zurückzuführen ist – Jean-Claude Juncker –, dem die Angelegenheit extrem peinlich sein müsste, prahlte er doch zu seiner Zeit als Premierminister Luxemburgs damit, dass *Amazon* sich in seinem Land angesiedelt hätte sei nur einer „angemessenen Steuerpolitik" zu verdanken. Dem Konzern soll 2003 innerhalb von nur 11 Tagen ein komplettes Steuermodell von den Luxemburger Behörden genehmigt worden sein. Entweder arbeiten Behörden im Großherzogtum wesentlich schneller als die Behörden, die ich so kenne, oder irgendetwas stimmt dort nicht. Auch die Tatsache, dass dieses Steuermodell nie wieder geprüft worden ist, bemängelte der Untersuchungsausschuss.

Nach der Durchsicht der meisten Dokumente stufte die Kommission das Modell in ihrem vorläufigen Bericht im Januar 2015 als *„illegale Beihilfe"* ein. *Amazon* widersprach, man habe keine steuerliche Sonderbehandlung erhalten.

Das alles sind leider keine bedauerlichen Einzelfälle, wie Sie sich vorstellen können. Die Liste geht immer weiter und schmückt sich mit Firmennamen wie *Microsoft, Intel, Pepsi, Cisco, Ikea, Yahoo, Oracle, IBM, Adobe Systems, Facebook, Merlin Entertainments, Zara* usw.

Hunderte spielen dieses Spiel, sie nutzen lustig klingende Steuersparmodelle wie den „Double Irish", „The Dutch Sandwich", „The Deadly D" oder „The Killer B". Das sind alles bekannte Tricks, und Politiker rund um den Globus wissen Bescheid.

Ich möchte deshalb jetzt kurz darauf eingehen, was sich in den letzten Jahren und seit Bekanntwerden der „Luxemburg Leaks" in der Welt- und Europapolitik getan hat. 2014 reagierten die Briten im Alleingang, es reichte ihnen wohl nicht, was die EU plante, und so trat im April 2015 das neue Steuergesetz „Diverted Profits Tax" (auf deutsch so viel wie „Steuer für umgeleitete Gewinne") in Kraft. Das Gesetz schreibt vor, dass multinationale Unternehmen, die in Großbritannien Umsätze erzielen, Gewinne aber in anderen Ländern versteuern, eine pauschale Abgabe von 25% auf Gewinne abzuführen haben. Diese Steuer ist damit 5% höher als die geltende Unternehmenssteuer und setzt somit Konzerne mit internationalen Steuer-Strukturen unter Druck. Der britische Schatzkanzler George Osborne sagte der *BBC*, er rechne dadurch in den nächsten fünf Jahren mit über 1 Mrd. £ mehr in den Kassen des Landes.

Auch Irland stand in den letzten Jahren vermehrt unter Druck. Die von den Euro-Krisenstaaten als „Musterschüler" gelobte grüne Insel knickte im Oktober 2014 schließlich ein und veränderte seine Steuergesetze so, dass ein „Double Irish" seit 2015 nicht mehr in dieser Form möglich ist. Bereits profitierende Unternehmen haben allerdings noch bis ins Jahr 2020 Zeit, um ihre Buchhaltung anzupassen, sprich, sich neue Schlupflöcher zu suchen.

Viel Gebrüll gab es auch bei uns. 2013 wetterte Bundeskanzlerin Angela Merkel beim politischen Aschermittwoch gegen *„riesige Konzerne“*, die bei uns *„riesige Umsätze“* machten, diese dann aber *„in einem Steuerparadies“* versteuern. Auch Sigmar Gabriel und Wolfgang Schäuble sprachen sich offen für eine Lösung der Probleme aus.

Das Thema wurde so 2013 auf die Tagesordnung des G-8 Treffens im nordirischen Enniskillen gesetzt. Leider ist das Ergebnis, dass international tätige Unternehmen ihre Einkünfte nach Ländern getrennt ausweisen müssen, kein großer Erfolg.

Auf dem G-20 Treffen Ende 2014 in Australien kündigte Finanzminister Wolfgang Schäuble konkrete Beschlüsse gegen Briefkastenfirmen an, warnte aber beinahe im selben Atemzug vor *„überzogenen Erwartungen“*, da man zwischen illegaler Steuerhinterziehung und legaler Steuergestaltung unterscheiden müsse. Schäuble wollte ebenfalls den Beratungsgesellschaften das Leben schwer machen. Er ging dabei aber nicht im Einzelnen auf seinen Parteifreund Jean-Claude Juncker oder seine Helfer, die „Big 4“ bzw. im Fall von Luxemburg auf *PricewaterhouseCoopers* ein. Am Ende sagte Schäuble so viel wie: Man sei sich einig, dass man handeln müsse, und konkrete Beschlüsse wären geplant.

Internationale Änderungen an den Abkommen führen unweigerlich zu Veränderungen der Strukturen und Abwanderungen von Unternehmen in andere Länder. Nicht einmal auf EU-Ebene ist es bis jetzt möglich gewesen, sich auch nur schrittweise einer europaweit geltenden Abgaberegelung zu nähern. Ganz im Gegenteil: Mitgliedsstaaten wie die Slowakei und Zypern wittern jetzt das große Geschäft, drohen die Steueroasen innerhalb der EU doch einzuknicken, worauf das eine oder andere Unternehmen sicher einen neuen Hafen sucht. Sowohl Zypern als auch die Slowakei haben mit 10% die niedrigste Körperschaftssteuer bzw. Gewerbeertragssteuer in der ganzen Europäischen Union.

Wenn es im Europarat um Steuerfragen geht, müssen alle EU-Länder zustimmen, denn es gilt das Prinzip der Einstimmigkeit. Auch Vorstöße von Finanzminister Schäuble in Richtung US-Regierung mit der Idee, Druck auf Steueroasen wie die Cayman Islands oder die Bermudas zu erhöhen und in Fragen der Besteuerung immaterieller Güter wie Patente und Lizenzen besser zu kooperieren, verhallten im leeren Raum. Das ist verständlich, ist die US-Politik doch eher als langer Arm ihrer Unternehmen zu sehen.

Derzeit buhlen US-Großunternehmen um eine Neuauflage des 2004 erlassenen Deals, der es damals ermöglichte, Steuernachlässe zu bekommen, wenn dafür Unternehmensvermögen aus dem Ausland zurück in die USA geführt und dort investiert würde. Rund $ 58 Mrd. kamen damals zurück in die Vereinigten Staaten, die 15 Größten unter den Nutznießern entließen trotzdem in den letzten Jahren über 24.000 Mitarbeiter. *Google* z.B. hat diese Möglichkeit genutzt, einen Teil seiner eingangs erwähnten gebunkerten Gelder aus den Steuerparadiesen zu holen. So einfach kann es sein.

Steueroasen, Steuerschlupflöcher und länderspezifische Deals tragen massiv zur Destabilisierung der heimischen Wirtschaft bei. Wer im großen Stil Steuern spart oder digitale Waren im Internet mit geringerem Mehrwertsteuersatz anbietet, schafft eine Ungleichheit, der kleinere und mittlere Unternehmen nicht gewachsen sein können, da diese nie von solchen „Privilegien" profitieren werden. Es dürfte eigentlich keinem Politiker, der im Sinne seines Volkes handelt, am Herzen liegen, Großkonzerne zu unterstützen und diese nicht in die Pflicht zu nehmen. Wenn wir die Situation aber anhand der letzten Ereignisse im Fall „Luxemburg Leaks" bewerten, ist es eben doch so.

Rebellierte am Anfang noch der eine oder andere Parteifreund gegen Jean-Claude Juncker – man sprach sogar davon, dass *„Blut fließen"* würde –, wurde am Ende doch klein beigegeben. Die Mehrheit der Fraktionschefs der großen Koalition aus Europäischer Volkspartei und Sozialdemokraten im Rat lehnte einen Untersuchungsausschuss ab. Grund dafür wäre die *„mangelnde Beweislage und die fehlende Präzisie-*

rung des Untersuchungsgegenstands". Statt des Untersuchungsausschusses werde nun ein Sonderausschuss eingerichtet. Dieser tagt aber nicht ständig, hat keine Rechte, Zeugen vorzuladen, und keinerlei Zugang zu Dokumenten nationaler Behörden – ein zahnloser Tiger also.

Der ehemalige EU-Kommissar für Steuern und Zollunion, Audit und Betrugsbekämpfung, Algirdas Gediminas Šemeta aus Litauen, schätze einmal, dass die Länder der Europäischen Union jedes Jahr rund 1.000 Mrd. € durch Steuerhinterziehung und Steuerumgehung verlieren. Und das geht nicht nur der EU so, als Beispiel wird hier gern Afrika genannt, wo durch die bereits aufgezeigten Machenschaften rund 35 Mrd. € im Jahr verloren gehen, die der Kontinent dringend bräuchte. Im Vergleich: Deutschland schickt rund 1,3 Mrd. € im Jahr als Entwicklungshilfe auf den schwarzen Kontinent.

Panama-Papers – oder: ein alter Hut mit neuer Schleife

Ich gebe zu, ich bin ein Hut-Mensch. Ich habe früher häufig und zu vielen Gelegenheiten einen Hut getragen. Hüte sind praktisch: Wenn es regnet, braucht man nicht zwingend einen Schirm, und wenn die Sonne scheint, schützt er den Kopf, in dem sich immerhin das Gehirn befindet – im Normalfall zumindest. Außerdem hat ein Mann mit Hut, so finde ich, immer eine besondere Klasse. Meine Partnerin findet das nicht, und deshalb darf ich heute nur noch heimlich Hüte tragen, wenn sie nicht zuhause ist. Sie sagt, Hüte wären aus der Mode gekommen, das würde man auch daran sehen, dass an modernen Garderoben heute nicht einmal mehr ein Haken für einen Hut wäre usw. Mir machte das nie etwas aus, ich liebte meine Hüte und besonders meinen Panama-Hut. Der Jipijapa, wie man ihn in spanischsprachigen Ländern nennt, ist ein aus Toquilla-Stroh geflochtener, sehr leichter und zusammenrollbarer Hut. Er ist praktisch, schützt vor Sonne und Regen, und Al Capone trug ihn genau so gern wie die ehemaligen US-Präsidenten Theodore Roosevelt und Harry Truman. Winston Churchill hatte einen, Ernest Hemingway und sogar Erich Honecker trugen ihn zu vielen Gelegenheiten. Aber in letzter Zeit gerät er mehr und mehr in Verruf, dieser Hut. Vor einiger Zeit war ich am Kiosk meines Vertrauens, um die neue Ausgabe der NZZ abzuholen, da las ich in ausgestellten Zeitungen Überschriften wie „*Nur Schweine tragen Panamahut*“ oder „*Das Böse versteckt sich unter einem Panama-Hut*“. Ich war wirklich erschüttert! Zuhause angekommen setzte ich mich sofort an meinen Computer, um zu recherchieren, was an diesen Vorwürfen nur dran sein könnte. Vorsichtshalber versteckte ich all meine Panama-Hüte in Hutschachteln auf dem Dachboden.

Die Entwarnung kam schnell, und ich konnte durchatmen. Der wunderschöne Jipijapa war nur in geflügelten Worten missbraucht worden von ein paar Wichtigtuern in Zeitungen, die ich schon aus reiner Überzeugung nicht kaufe.

Sie ahnen es wahrscheinlich schon, es geht um den „Panama-Papers"-„Skandal" und darum, dass ich nicht sonderlich beeindruckt davon bin. Für alle die, deren Wissensstand zu diesem Thema eine kleine Auffrischung benötigt, hier kommt sie:

Im Frühjahr 2016 meldete sich ein Whistleblower unter dem Decknamen „John Doe" zusammen mit dem Journalisten-Konsortium ICIJ (*International Consortium of Investigative Journalists*) in der Öffentlichkeit. Das ICIJ kennen wir bereits von Luxemburg-Leaks. Woher „John Doe" kam und was er vorher gemacht hat, wollte er nicht preisgeben. In seinem Manifest beteuerte er aber, nie für eine Regierung oder einen Geheimdienst gearbeitet zu haben. Seine Veröffentlichungen sollen rein persönlichen Gründen unterliegen. Ich persönlich halte vieles davon für schwer glaubhaft.

Doch was steckt nun genau hinter den „Panama-Papers" (PP)? Die PP sind das Resultat einer sehr großen, international angelegten Recherche durch 400 Journalisten von über 110 Medien aus rund 80 Ländern, die innerhalb eines guten Jahres ca. 11 Mio. Dokumente zu in Panama registrierten Briefkastenfirmen ausgewertet haben – alles koordiniert von der *Süddeutschen Zeitung* (SZ). Die von John Doe besorgten 2,7 Terabyte an Datensätzen bestehen laut Angaben der *Süddeutschen Zeitung* hauptsächlich aus E-Mails und Datenbankformaten, PDFs, Textdateien sowie Bildern von Pässen der mutmaßlichen Gesellschafter und Strohmänner. Ein Großteil dieser Dokumente handelt von Gesellschaften, die die Anwaltskanzlei *Mossack Fonseca* im Auftrag ihrer Kunden in Panama und auf den Britischen Jungferninseln gegründet hat.

Wer ist die Anwaltskanzlei *Mossack Fonseca*? *Mossack Fonseca* hat weltweit diverse Niederlassungen, darunter natürlich auch einige an den Top-Finanzplätzen der Welt, wie z.B. in London, Zürich oder Hongkong. Die Kanzlei wurde vom deutschen Rechtsanwalt Jürgen Mossack gegründet und verkauft seit über vierzig Jahren Steuersparkonstrukte in Form von „Offshore-Dienstleistungen" – sprich anonyme Briefkastenfirmen –, ausgestattet mit allem Pi-Pa-Po von Konten bis hin zu Scheindirektoren etc., und soll in dieser Zeit hunderttausende solcher Konstrukte verkauft haben, was sehr sportlich klingt, aber möglich ist. Diese Offshore-Lösungen erlauben die Auslagerung von Firmenteilen oder gewissen Prozessen nach Panama, was wiederum zu größeren Steuerersparnissen führt, da in Panama so gut wie keine Gewinnsteuern anfallen. 1986 tat sich Mossack mit dem panamaischen Rechtsanwalt Ramón Fonseca Mora zusammen, der sich schon früher als politischer Berater einen Namen machte. Heute ist er stellvertretender Vorsitzender der Regierungspartei *Panameñista* und hat einen Sitz im Kabinett des aktuellen Präsidenten Juan Carlos Varela.

Jürgen Mossack ist in der Branche wohlbekannt, auch seine Geschäftspraktiken sind nicht neu – ganz im Gegenteil: In Panama befinden sich unzählige Kanzleien, die auf Offshore-Lösungen spezialisiert sind, und niemand dort ist wirklich wählerisch, was seine Kunden angeht. Ich könnte Ihnen aus dem Stand fünf gute Kanzleien nennen, davon eine im wirklich kriminellen Milieu. Was Mossacks Kanzlei macht, ist in keinster Weise illegal, auch seine Verbindungen zu Strohmännern des ehemaligen mexikanischen Drogenbosses Caro Quintero sind zwar moralisch verwerflich, aber etwas Verbotenes kann Mossack deshalb nicht vorgeworfen werden.

Warum sollen die Panama-Papers nun so spannend sein? Wie wir bereits wissen, sind Offshore-Firmen nicht illegal – ganz im Gegenteil: So lange diese Steuerschlupflöcher existieren, wäre man ja doof, sie nicht zu nutzen. Was die Papiere nun einmal wieder in den Fokus stellen, ist die Anonymität, mit der hier vorgegangen wird, und die riecht verdächtig nach Kriminalität. In vielen Fällen, die in den durchsuchten Unterlagen auftauchten, soll es maßgeblich darum gegangen sein, den wahren Inhaber einer Firma und des damit verbundenen Geldes zu verschleiern. Das passiert häufig, meistens dann, wenn es um aktive Geldwäsche oder prominente Herrschaften geht – oder um beides.

Mossack soll laut SZ einige Scheindirektoren mehrere hundert oder tausende Male in verschiedenen Firmen eingesetzt haben. Diese

Scheindirektoren haben dann Blanko-Dokumente ausgestellt, die zu jedem Zweck hätten genutzt werden können.

Seien wir ehrlich, wir kennen das oben genannte Spiel aus jeder Menge früherer Berichte. Auch das Ende des SZ-Artikels macht es nicht spannender, wenn darüber berichtet wird, dass Mossacks Vater ein ehemaliger SS-Mann gewesen ist, der in der Totenkopf-Division als Rottenführer tätig war und es über diesen ehemaligen SS-Mann beim BND nur die Auskunft gäbe: *„Dort lägen zwar Dokumente vor"*, diese könnten jedoch *„das Wohl der Bundesrepublik Deutschland oder eines ihrer Länder gefährden"*. Dann soll Mossack selbst mit CIA-Leuten, BND-Mitarbeitern, Waffenschmugglern, Drogenhändlern oder Helfern des nordkoreanischen oder des iranischen Regimes Geschäfte getätigt haben. Auch der Cousin von Syriens Diktator Baschar Al-Assad soll dabei gewesen sein. Ich gebe zu, die genannten Namen sind eine Nachricht wert.

Was mir nicht schmeckt, ist, was die *Süddeutsche Zeitung* aus diesen Informationen geformt hat. Die ganze Welt weiß, wo die Löcher sind, wo die bösen Menschen ihr Geld waschen, wo unseriöse Geschäftsmänner genauso wie internationale Großkonzerne ihre Gelder tausend Mal im Kreis drehen, um am Ende keinen Pfennig Steuern mehr zu zahlen. Aber womit werde ich gelangweilt? Ein Fußballer soll dabei sein (welche Überraschung!) – das erregt sicherlich öffentliches Aufsehen. Aber warum sollen nicht auch die Spitzensportler ihre überzogenen Lohntüten und die Vermarktung ihres Merchandising steueroptimiert koordinieren lassen? Es wird über arabische Königsfamilien gefaselt, die ihre Länder so oder so nur bis auf den letzten Öltropfen ausnehmen. Es hat auch kaum jemanden interessiert, als diese „Hoheiten" unter den Augen der Öffentlichkeit und der Medien durch Arbeiter, die wie die altägyptischen Sklaven gehalten wurden, große Sportstadien bauen ließen. Wer natürlich auch nicht fehlen darf, sind aktuelle und bereits entsorgte Diktatoren verschiedener Länder rund um den Globus. Wenn man ein Diktator ist, hält man sich wahrscheinlich selten an geltende Gesetze, und das Berufsrisiko bedingt wohl das Abzweigen von möglichst viel Ruhestandskapital – allein schon für den Fall, dass morgen ein Militärputsch den nächsten Despoten auf den Thron befördert und man sich irgendwohin absetzen muss. Und dann natürlich – als goldenes Krönchen auf dem Ganzen – der Blödsinn über den „bösen Russen" Putin, der, obwohl er nie in einem Dokument namentlich auftaucht, als DER bildliche Aufhänger seinen Kopf hinhalten muss. Und warum? Weil neben internationalen Waffenhändlern, mehr oder weniger wichtigen Politikern, Milliardären, Profisportlern und Allerwelts-Betrügern auch ein paar von Putins angeblichen sog. „Datscha-Freunden" Scheinfirmen in Panama angelegt haben sollen. Weiter wird dann behauptet, dass diese „Putin-Clique" in den letzten Jahren mehr als $ 2 Mrd. durch panamaische Briefkastenschlitze gedrückt und somit einige hunderte Millionen außer Landes geschafft hätte. Solche Berichte werden dann natürlich reichlich ausgeschmückt mit Geschichten über Paläste, Villen, Flugzeuge usw., also all dem, was die journalistisch-schriftstellerische Phantasie einem James-Bond-Bösewicht zuschreiben würde. Ich sehe vor meinem geistigen Auge, wie Wladimir Putin vor der *Süddeutschen Zeitung* sitzt – er spricht ja sehr gutes Deutsch –, die Katze auf seinem Schoß streichelt und böse lacht, sodass es im Kreml nur so durch die Flure schallt.

Nun finden sich auf der Liste auch die Namen einiger anderer Politiker, z.B. der von Islands (mittlerweile ehemaligem) Premier Sigmundur Davíð Gunnlaugsson. Bei uns ist er kaum bekannt, und auch von seinen recht aktuellen Plänen der letzten Zeit, mit Island aus der NATO auszutreten, hat man in unseren Tageszeitungen nur wenig vernommen.

Ich höre lieber auf, wir befinden uns schon viel zu nah an der Wahrheit. Ich frage mich: „Cui bono?" – Wem nutzt es? Wohl nicht nur der Auflage… Mein Vater erzählte mir einmal von den Jahren nach dem Krieg, als man raues Zeitungspapier nutzen musste, um sich damit den Hintern abzuwischen, weil es einfach nichts anderes gab. Heute fühle ich mich in manchen Momenten fast dazu genötigt, auf mein weiches dreilagiges Klopapier zu verzichten und wieder die eine oder andere

Zeitung in handbreite Streifen zu schneiden, um sie neben die Toilette zu hängen.

Was fehlt? Tun Sie mir einen Gefallen, und lesen Sie die Berichte der *Süddeutschen Zeitung*. Die meisten davon sind öffentlich über das Internet zugänglich, Sie brauchen also keine Zeitung zu kaufen und damit zur Auflagensteigerung beizutragen. Lesen Sie und dann suchen Sie nach den wirklichen Überraschungen. Dass Kriminelle kriminell sind, ist nichts Neues. Ich suche in den Berichten vergebens die Namen großer Unternehmen, die Offshore-Geschäfte in und um Panama betreiben, dabei fallen mir auf Anhieb 30 Stück ein, die meisten davon aus Deutschland.

Warum so was im Bericht der Zeitung fehlt? Nun, dann hätte man nämlich mit dem erhobenen Zeigefinger gegen die eigentlichen Drahtzieher dieser riesigen, die ganze Welt umspannende Betrügerei vorgehen müssen, nämlich gegen die Politik, die solche Konstrukte zulässt und deren Nutznießer gewähren lässt. Das wiederum hätte eine Auflehnung, vielleicht gar eine Revolte, gegen das Europa der Banken und Lobbyisten lostreten müssen. Aber das geht ja nicht. Selbst wenn das Ziel nicht gewesen wäre, einfach nur ein paar Millionäre zu diffamieren und gegen den bösen Russen zu schießen, wäre es nicht gegangen. Das wacklige Konstrukt Europa mit ihren Sonnenkönigen Jean-Claude Juncker und Martin Schulz und unserer alternativlosen Führerin der Euro-Zone Angela Merkel würde so eine Revolte nicht überstehen. Die europäische Politik braucht die Steuerschlupflöcher und Offshore-Finanzplätze, um den wirtschaftlichen Karren in Europa so gut es geht am Rollen zu halten.

Um diesen kleinen Aufreger wenigstens ein bisschen auszuschlachten, hat die SPD Ralf Stegner von der Kette gelassen. Dabei hätte gerade der lieber das laute Bellen gelassen, den Schwanz zwischen die Beine klemmen und sich verstecken sollen, bis der ganze Rummel vorbei gewesen wäre. Aber Herr Stegner wäre nicht der plumpe Sozi, wie wir ihn kennen, wenn er diese Chance, den Klassenfeind zu diffamieren, nicht genutzt hätte. So forderte er auf seine bekannt-unliebenswürdige Art, dass man doch denjenigen Banken, die an diesen Offshore-Gesellschaften und Briefkastenfirmen beteiligt sind, oder es waren, sofort die Lizenz entziehen müsste. Nun, Herr Stegner, Sie waren Finanzminister des Landes Schleswig-Holstein und bis 2008 Aufsichtsratsmitglied der *HSH Nordbank*, die abertausende solcher Geschäfte getätigt hat. Aber das wussten Sie sicherlich nicht, denn was macht man als Politiker in einem Aufsichtsrat auch anderes als zu kassieren und sich den Hintern platt zu sitzen...

Der ausgleichenden Gerechtigkeit wegen sei aber hinzugefügt, dass auch die CDU wohl einen Grund zum Leisetreten hat. Denn in den Fokus der Ermittlungen gerät mehr und mehr die Hamburger Privat-Bank *Berenberg*, und die hat seit 2004 mehr als eine Million Euro an die CDU gespendet. Gut, man sucht sich seine Spender nicht aus, aber es hat doch ein gewisses „Geschmäckle" wie der Schwabe Schäuble sagen würde, der den Steueroptimierer und Offshore-Finanzplätzen doch eigentlich mal den Kampf angesagt hatte.

Entlastend sei hierzu gesagt, dass auch die FDP und die SPD von der Bank *Berenberg* ein paar kleinere Sümmchen überwiesen bekommen haben. Der Fisch stinkt wie immer vom Kopfe her.

Zum Abschluss vielleicht noch ein paar Worte zum ICIJ. Ich mag investigativen Journalismus eigentlich. Die veröffentlichten Dokumente von Luxemburg-Leaks haben mir sehr gefallen, und sie haben immerhin einige Seiten dieses Buches gefüllt. Ich muss aber auch zugeben, von den journalistischen Artikeln über die Dokumente habe ich kaum welche gelesen. Ich halte mich einfach für zu intelligent, als dass ich jemanden brauche, der mir unter dem Deckmantel der Berichterstattung seinen Senf verkaufen will. Je tiefer ich mich dann mit der Organisation ICIJ beschäftigte, umso mehr vermutete ich hier eine gezielt ideologisch ausgerichtete und „politisch korrekte" Organisation, schon allein, weil über 400 Journalisten sicherlich nicht vollkommen selbstlos und neutral über ein so „feuriges" Thema berichten können. Dann kommt auf der anderen Seite auch noch die Art und Weise dieses Informationsflusses in kleinen Häppchen – mal hier, mal da ein wenig –, wenn es denn gerade passt. Es sind zu viel Moralität, zu viele bediente Vorurteile, zu viel Anti-Kapitalismus und schlussendlich zu wenig klare Fakten.

Doch wie funktioniert dieses Journalistenkonsortium ICIJ nun eigentlich? Wie wählen sie ihre Mitarbeiter aus? Wer finanziert sie?

Zu Frage 1: Gegründet wurde das ICIJ im Jahr 1997 vom CPI, dem *Center for Public Integrity*, welches wiederum bereits 1989 durch den Journalisten Charles Lewis in den USA ins Leben gerufen wurde. Das CPI gibt sich selbst das Ziel: *„Machtmissbrauch, Korruption und Pflichtversäumnis einflussreicher öffentlicher und privater Institutionen offenzulegen."* Das CPI hat rund 50 feste Mitarbeiter und soll damit das größte unparteiische investigative Center in den USA sein. Das ICIJ fungiert in der CPI als „Journalisten-Netzwerk", das in über 65 Ländern tätig ist und beschäftigt sich, nach eigenen Angaben, mit Aufklärungsarbeit zu grenzüberschreitender Kriminalität und Korruption. Über Organisationsstrukturen findet sich in öffentlich zugänglichen Informationen und auf der Website der CPI oder des ICIJ nichts, was wirklich brauchbar wäre. Sogar der englische Wikipedia-Artikel ist reichlich dünn für eine so bekannte und Schlagzeilen fabrizierende Einrichtung.

Was uns zu Frage 2 bringt: Wie die Mitarbeiter oder die beteiligten Journalisten ausgewählt werden, ist nirgendwo erwähnt. Um mich aber nicht allein auf meine Augen zu verlassen, habe ich dem ICIJ eine Email geschrieben, zu der ich leider bis heute (im Laufe von 3 Monaten und mehrfacher Nachfrage) keine Antwort erhalten habe. Wer in diesem Verbund bereits mitspielen darf, ist online auf www.icij.org/journalists aufgelistet. Im Fall Panama-Papers sind das z.B. die deutschen Journalisten der *Süddeutschen Zeitung* Hans Leyendecker, Frederik Obermaier, Bastian Obermayer, die NDR-Journalistin Julia Stein sowie Georg Mascolo, der Leiter des Rechercheverbunds von NDR, WDR und *Süddeutsche Zeitung*. Alles bekannte Gesichter, die es sich zu googeln lohnt. Warum in diesem Fall gerade die *Süddeutsche Zeitung* und der *Öffentlich Rechtliche Rundfunk* ausgewählt wurden, wird nirgendwo erklärt.

Zu Frage 3: Die letzte Frage gestaltet sich als die spannendste – wie ich finde. Ist das Interessanteste an einer Studie doch oftmals nicht ihr Inhalt, sondern wer sie finanziert hat. Dazu habe ich im Netz ein paar Antworten gefunden, die ich Ihnen nicht vorenthalten möchte. Unter anderem werden hier folgende Unterstützer des ICIJ genannt:

Open Society Foundation
Die Stiftung hat hier ganz oben zu stehen, denn sie trägt ein Drittel der Mittel des ICIJ. Die Stiftung gehört dem umstrittenen amerikanischen Multimilliardär George Soros, dem in der Vergangenheit mehrfach politische Einflussnahme vorgeworfen wurde. In Russland gilt er als unerwünscht, und es wird ihm eine russlandfeindliche Rhetorik vorgeworfen, da er durch seine Fonds die Proteste gegen Russland und die Annäherung an die EU in der Ukraine 2013 mitfinanziert haben soll. Im August 2014 bedankte sich der ukrainische Präsident Petro Poroschenko bei George Soros für seine *„Unterstützung der Ukraine und ihrer demokratischen Entwicklung“*. Im Interview mit dem ZDF im November 2014 forderte George Soros, den Sparkurs, den die deutsche Bundeskanzlerin Angela Merkel der ganzen EU diktiere, zugunsten der Ukraine aufzugeben. Er sagte dazu: *„Leider scheint sie [Angela Merkel] nicht zu begreifen, dass ihre Sparpolitik unangemessen ist in Kriegszeiten wie diesen. Wer im Krieg ist, muss an erster Stelle seine Ressourcen nutzen – und wenn nötig seinen Einsatz noch erhöhen.“* Wollte die EU diese massive Unterstützung der Ukraine meiden, könne es übel ausgehen für sie, so Soros. Seiner Meinung nach *„verteidige die Ukraine die EU gegenüber einer russischen Aggression“*. Soros hatte vorher stark in ukrainische Staatsanleihen investiert. Er versprach, ab 2016 über zehn Jahre verteilt, 500 Milliarden US-Dollar in die Ukraine zu investieren.
Fakt ist auch, dass Soros eine höchst fragwürdige Rolle in der Euro-Rettung gespielt hat, die zum Teil sogar nach seinen Vorschlägen abgelaufen ist. Dies ist nur ein winziger Ausschnitt von Soros politischer Aktivität.

Das ICIJ betonte mehrfach, dass Soros keinen Einfluss auf ihre Tätigkeiten hätte. Die *Washington-Post* und der *Boston Globe* kritisierten hingegen das CPI für deren sehr viel Raum einnehmende Kampagnen gegen die Milliardäre Charles Koch und Davon Koch. Das CPI unterstütze damit Soros' „Anti-Koch-Kampagnen". Die *Washington-Post* warf dem CPI ebenfalls vor, Soros' linksliberalen Kurs durch Meinungsmache zu unterstützen.
Soros soll nach Angaben des Tagesspiegels zusätzlich zu den Geldern seiner Stiftung eine weitere Million US-Dollar aus seiner eigenen Tasche an das CPI gezahlt haben.
Soros selbst wird in seiner Karriere jeden Rechts- und Steuertrick genutzt haben, um sein Vermögen zu vergrößern. Am bekanntesten mag dabei seine finanzmarktliche Wette gegen das Britische Pfund von 1992 sein. Soros war damals der Überzeugung, das Pfund wäre überbewertet, und zusammen mit anderen Investoren tauschte er am 16. September 1992 etliche Millionen geliehene Pfund in D-Mark und Franc, um damit das Pfund nachhaltig zu schwächen. Der Tag ging als „Schwarzer Mittwoch" in die Geschichte ein, an dem auch beinahe das europäische Währungssystem zusammenbrach. Hatte die britische Notenbank anfangs noch versucht, das Pfund durch Ankäufe zu stabilisieren und durch Anhebung des Leitzinses die Attraktivität des Pfunds zu steigern, musste sie am Abend des Tages klein beigeben. Großbritannien gab bekannt, das europäische Währungssystem zu verlassen. In der Folge fiel das britische Pfund in den kommenden fünf Wochen um fast 15% gegenüber der D-Mark und um 25% gegenüber dem US-Dollar. Soros wird mit diesem Coup rund eine Milliarde Dollar verdient haben. Die Kosten für den britischen Steuerzahler mögen sich dabei um 3-5 Mrd. Pfund belaufen haben, auch führte die Währungskrise zu einem Vertrauensverlust in die Regierung und zu einer antieuropäischen Stimmung im Königreich. Viele Briten fühlten sich durch die Abwertung ihrer Währung gekränkt und machten europäische Zwangs-Regelwerke mitverantwortlich.

Ford Foundation
Sie ist die Stiftung der Autobauerfamilie Ford mit Sitz in New York City. Sie wurde bereits 1936 durch Gelder von Henry Ford gegründet. Das Stiftungsvermögen beträgt heute rund $ 13 Mrd. Das Ziel der Stiftung ist es, die Verbreitung der Demokratie, die Reduzierung der Armut und die Förderung der internationalen Verständigung voranzutreiben. Die Ford Foundation ist einer der Hauptfinanziers der *Fairness & Accuracy In Reporting* (FAIR), einer US-amerikanischen Pressevereinigung, die sich der Bekämpfung und Dokumentation der einseitigen und falschen Berichterstattung sowie Selbstzensur in den Massenmedien verschrieben hat.

Rockefeller Family Fund
Das ist die Familien-Stiftung der Familie Rockefeller. Sie wurde von John D. Rockefeller gegründet, der einst durch seine Geschäfte mit fossilen Energieträgern, wie Öl, Kohle etc., zu einem der reichsten Menschen der Neuzeit wurde. Die Stiftung sitzt in New York und wurde mit dem Zweck gegründet, das *„Wohl der Menschheit auf der ganzen Welt"* zu fördern. Das Stiftungsvermögen wird auf $ 3,1 Mrd. geschätzt.

W. K. Kellog Foundation
Sie ist die 1930 vom Knusper-Flakes Giganten Will Keith Kellogg gegründete Stiftung. Heutiger Sitz ist Battle Creek im US-Bundesstaat Michigan. Sie gilt als siebtgrößte gemeinnützige Stiftung in den USA mit $ 7,3 Mrd. Stiftungsvermögen.

Pew Charitable Trusts
Es ist eine von den Kindern des Sunoco-Gründers (Mineralöl- und Erdgasunternehmen in den USA) ins Leben gerufene Non-Profit-Organisation, die sich unter anderem für den Schutz der Meere, der Umwelt und des Klimas einsetzt. Die Stiftung sitzt in Philadelphia (USA), und das Stiftungsvermögen beträgt ca. $ 5 Mrd.

Weiter auf der Liste der ICIJ-Unterstützer stehen z.B. die *Adessium Foundation* der niederländischen Familie van Vliet, der *Sigrid Rausing Trust* der gleichnamigen britischen Philanthropin, die norwegische *Fritt Ord Foundation*, die US-amerikanischen Stiftungen *David and Lucile Packard Foundation* sowie *Carnegie Endowment* und die britische *Waterloo Foundation*.

Auch wenn mir einige Leser jetzt sicherlich gern den goldenen Alu-Hut für die schönste Verschwörungstheorie der Woche aufsetzen möchten, ich empfehle weiterhin allen Menschen eine gesunde Skepsis gegenüber jedem Meinungsvorkauer, sogar vor mir selbst.

Geld: waschen, trocknen, anlegen

Nachdem wir nun über die facettenreichen Graustufen der Finanzwirtschaft gesprochen haben, möchte ich nun etwas über ein anderes „Big Business" berichten: die Geldwäsche. Wie Sie sich denken können, nutzen nicht nur große legale Unternehmungen die Möglichkeiten der Gewinnoptimierung. Auch die „dunkle Seite" weiß hier genauestens, wenn nicht teilweise sogar besser Bescheid, wie Verschleierungstechniken, Undurchsichtigkeit und Anonymität am besten zu nutzen sind.

Bevor ich einige bekannte und bis zum Erscheinen dieses Buches unbekannte Fälle aus der nahen Vergangenheit erläutere, möchte ich Ihnen eine kurze Übersicht beziehungsweise Definition der Geldwäsche geben.

> *„Geldwäsche ist ein Prozess, durch den Erlöse aus kriminellen Tätigkeiten transportiert, transformiert, überwiesen, konvertiert oder mit legalen Geschäften vermischt werden, um die wahre Herkunft, die Beschaffenheit, die Verfügung über oder das Eigentum zu verschleiern oder zu verheimlichen."*

Die US- Zollbehörde definiert drei Phasen der Geldwäsche:

1. Placement (Unterbringung)

Kriminell erwirtschaftetes Geld muss auf dem schnellsten Weg zurück in den Finanzkreislauf geführt werden. In erster Linie geht es darum, diese Gelder ohne großes Aufsehen in Buchgeld, also eine Einlage bei einer Bank etc. zu verwandeln. Große Batzen Bargeld sind in der heutigen Zeit ungewöhnlich und müssen in kleineren Chargen aufgeteilt sein, um nicht aufzufallen oder den „Schwellenbetrag" nicht zu überschreiten, der in der Bank eine automatische Überprüfung nach dem Geldwäschegesetz zur Folge hätte. Kleine Mengen einzuzahlen und auf viele Konten zu verteilen, nennt man im Fachjargon „Smurfing". Oft werden Gelder auch in Reiseschecks oder neuerdings in virtuelle Währungen umgetauscht. Diese Methode ist zwar sehr aufwendig, aber effektiv.

Gut organisierte Geldwäscher versuchen mit Scheinfirmen oder „Frontfirmen“, illegales Geld mit legalem Geld zu vermischen, oder es in andere Vermögenswerte wie Edelmetalle, Luxusgüter, Kunstgegenstände oder Immobilien umzuwandeln, um sozusagen eine „Vorwäsche“ zu tätigen und diese dann wieder zu verkaufen.
In der organisierten Kriminalität werden gern Casinos als Devisenbörse genutzt, in Moskau z.B. gibt es mittlerweile mehr Casinos als in Las Vegas. Ein direkter Bar-Transport in ein Land mit wenigen bis keinen Finanzkontrollen bietet sich ebenfalls an, ist aber innerhalb Europas eher gefährlich. Das höchste Risiko für den Geldinhaber ist in allen Fällen definitiv das Veruntreuungs- und Diebstahlrisiko, da hier grundsätzlich eine Abhängigkeit zu Helfern und Kurieren besteht. Geldwäscher, die ihre „Kunden“ betrogen haben, wurden in der Vergangenheit häufig martialisch ermordet, um Nachahmer abzuschrecken.

2. Layering (Splitten, Streuen, Verschleiern)

Wenn das Layering nicht schon in der ersten Phase begonnen hat, dann jetzt: die Verschleierung der Herkunft, also das Verwischen der Spuren durch Einzahlen und hin- und her überweisen kleiner Beträge, Umtausch von Bargeld in Reiseschecks und deren Einzahlung, Kauf von digitaler Währung etc. So wird der sog. Paper-Trail, also die Papierspur, ebenfalls schwer unnachvollziehbar.
Sehr oft werden fürs Layering Konten in Offshore-Zentren mit einem ausgedehnten Bankgeheimnis oder ohne staatliche Kontrolle genutzt z.B. die Bermudas, Cayman Islands, Bahamas, Panama, die britischen Kanalinseln, die niederländischen Antillen, Monaco, Macao, Liechtenstein, Luxemburg, die Schweiz oder Hongkong.
Auch Scheingeschäfte mit im Ausland befindlichen Strohmännern können zur Verschleierung beitragen. Wichtig ist, dass hierbei das Geld irgendwann in sauberen Büchern auftaucht, weil es z.B. zum Schein für Dienstleistungen oder Waren verrechnet wurde. Auch hierfür ist ein Standort mit möglichst wenig Steuern sehr wichtig, um möglichst wenig Verluste zu machen.

3. Integration (Rückführung in den Markt, Legalisierung und Rechtfertigung)

Das Ziel der Integration ist die Möglichkeit der Reinvestition in den legalen Wirtschaftskreislauf.

Oft wird das saubere Geld nun genutzt, um es in Firmenanteile, Immobilien oder andere Investitionsgüter mit solider Rendite zu investieren.

Ein weiterer, gern genommener Weg, um möglichst leicht und steuerermäßigt an die Gelder zu kommen, ist das Nutzen von Stiftungen. Eine Stiftung ist eine „juristische Person", die zur Verwirklichung gewisser Sonderaufgaben gegründet wird. Der Stiftungszweck wird dabei frei vom Gründer – also dem Stifter – gewählt. Eine Stiftung muss nicht gemeinnützig sein und kann ausschließlich oder überwiegend dem Stifter nützen. Ein sehr gutes Beispiel hierfür sind die liechtensteinischen Familienstiftungen, die einzig und allein das Familien-Vermögen verwalten und Erträge an Familienmitglieder oder Begünstigte ausschütten. Diese Stiftungen müssen nicht im Öffentlichkeitsregister eingetragen werden, ebenso erscheinen in keinem Dokument die Personen, die das Vermögen erbracht haben. An ihrer Stelle werden im Normalfall Rechtsanwälte oder Treuhänder eingetragen, also solche Personen, die der beruflichen Schweigepflicht unterworfen sind. Das Einrichten so einer Stiftung kostet ca. 20.000 € und ist binnen einer Woche erledigt.

Bleiben die Gelder auf Konten von Banken in Steueroasen, bietet sich ein Back-to-Back-Loan an. Dies ist ein Kredit, den man sich in gewisser Weise selbst gibt. Im Detail: Man möchte Vermögenswerte wenig auffallend von ausländischen Banken – meist solchen in Steuerparadiesen – zu sich holen. Dafür hebt man nun den Betrag nicht vom Konto ab, sondern vereinbart eine Festanlage der Vermögenswerte bei der Bank und die Auszahlung eines Kredites in der selben Höhe durch die gleiche Bank. Dabei sind beide Werte ähnlich bzw. gleich verzinst. Als Kredit können die Gelder nun sehr leicht in jedes Land fließen, sie haben legale Papiere, fallen somit weniger auf, und Kreditzinsen können zu guter Letzt auch noch steuerlich geltend gemacht werden. Erfunden wurde diese Methode in den 1930er-Jahren vom Finanzgenie und „Kosher-Nostra“-Mafiaboss Mayer Lansky. Die „Kosher Nostra“ war in den jüdischen Kreisen das Pendent zur italo-amerikanischen Mafiaorganisation „Cosa Nostra“.

Spätestens nach der Integrationsphase kann das Geld für sämtliche Zwecke genutzt werden.

Hier ein paar spannende Beispiele:

Wenn man bedenkt, dass wahrscheinlich mehrere Millionen Menschen auf dieser Welt den Film „Lord of War“ mit Nicolas Cage in seiner Rolle als Waffenhändler gesehen haben und es doch keinen riesigen Aufschrei gegeben hat, dann kann das nur zwei Ursachen haben: Entweder den Zuschauern ist der ganze Mist, der auf der Welt passiert, so ziemlich egal, oder sie kennen die Hintergründe ihrer zwei Stunden Kinounterhaltung überhaupt nicht.

Wer den Film nicht kennt: Der 2005 in den Kinos erschienene Film „Lord of War“ ist eine Geschichte über einen zynischen Waffenhändler, der nichts anderes im Kopf hat als sein Bankkonto – eine in großen Teilen leider wahre Geschichte.

Vorlage für den Film war Wiktor Anatoljevitch But, oder etwas europäischer klingend, Viktor Bout, laut geläufigen Angaben geboren am 13. Januar 1967 in Duschanbe, einer Stadt in der Tadschikischen Sozialistischen Sowjetrepublik. Bout ging früh zur Roten Armee, durchlief dort das Militärinstitut für Fremdsprachen in Moskau. Hier erlernte er 6 Sprachen, machte sich bei seinen Vorgesetzten beliebt, knüpfte hervorragende Kontakte und wurde schließlich, was er selbst bestreitet, vom Geheimdienst im Sowjetischen Ausbildungscamp „Rote Fahne“ geschult – ein Vorzeigesoldat, ein Diener, der zum Handeln ohne Skrupel erzogen wurde.

Als sich die Sowjetunion im Jahr 1991 von den Landkarten verabschiedete und Teil der Geschichte wurde, brauchte auch Bout eine neue Existenz. Er gründete eine Speditionsfirma und diente von nun an nur noch sich selbst. Dabei griff er auf alte sowjetische Flugzeuge zurück und erweiterte sein Geschäftsfeld stetig bis in die Vereinigten Arabischen Emirate. Später verlegte er sogar den Hauptsitz seiner Firma in das Emirat Schardscha unweit von Dubai, und seine Firma wurde das größte Transportunternehmen in der Region, mit zeitweise über 1.000 Mitarbeitern.

Bout nutzte seine hervorragenden militärischen Kontakte und beteiligte sich, wie damals viele einflussreiche Ex-Sowjets, am „großen Ausverkauf" der Sowjetstaaten.

Während des Kalten Krieges füllte Moskau die Waffenlager im ganzen Land mit einer unglaublichen Menge an Tötungsmaschinerien, die nun keiner mehr brauchte.

Die Tore der Waffenlager in den vom Umbruch desorganisierten Ländern der Sowjetunion waren unbewacht beziehungsweise durch ein paar harte Dollar Schmiergeld schnell geöffnet. Und so lag Bout und anderen schnell zu Füßen, was das Herz jedes kriegslüsternen Spinners begehrt: Maschinengewehre, Granaten, Raketenwerfer, Kanonen, Panzer, Flugzeuge.

Bout lieferte alles, was sich seine Kunden wünschten beziehungsweise was irgendwic transportabel war, mit Vorliebe natürlich in Länder, die unter UNO-Embargo standen und auf legalem Wege nicht belieferbar waren. Bout nutzte dabei diverse Strohmänner, gründete mit ihnen mehre Firmen in verschiedenen Ländern und baute so ein Konstrukt der Geldwäsche auf. Gern ließ er sich bis zu einem gewissen Grad auch bar bezahlen. Wenn das nicht möglich war, kein Problem: Von seinen Lieblingskunden in den afrikanischen Bürgerkriegsländern kassierte er auch in Blut-Diamanten, Gold oder seltenen Rohstoffen wie Coltan ab.

Rohstoffe über Scheinfirmen und Strohmänner zu Geld zu machen, ist teilweise noch leichter, als große Mengen Geld zu waschen, wenn man weiß, auf was zu achten ist.

Erst seit 2003 ist das sog. Kimberley-Abkommen in Kraft, das eine genaue Zertifizierung von Diamanten vorschreibt, um den Handel mit

Steinen aus Ländern mit Ausfuhrsperre zu unterbinden, damit eben genau diese Länder kein Kriegsmaterial mit dem erwirtschafteten Geld erwerben können.

Aber auch wenn seit 2003 die meisten Länder Unterzeichner des Abkommens sind, ist nicht gesagt, dass es nicht immer noch möglich ist, die Diamanten in den legalen Markt einzuschleusen.

Ob nun Gold, Diamanten oder Coltan – für gewisse Rohstoffe finden Sie immer einen Käufer irgendwo auf der Welt. Wenn ein Transfer einer großen Menge Gold in die westlichen Länder zu auffällig ist, dann gibt es ja immer noch Länder wie Indien, in denen die Nachfrage nach Gold so hoch ist, dass ein paar Kilo mehr oder weniger nicht auffallen.

Über die Scheinfirmen und Strohmänner verteilten Bout und seine Gehilfen das Geld auf Banken rund um die Welt – dabei waren auch Bankhäuser in Belgien, auf den Caymans, in den USA und eine Privatbank in der Schweiz –, wahrscheinlich mit einem so großen Streufaktor, dass es schwer bis unmöglich sein dürfte, alles Geld aufzuspüren und einzufrieren.

Im Jahr 2001 beschäftigte sich ein Experten-Ausschuss unter anderem mit Waffenlieferungen in das unter UN-Embargo stehende Bürgerkriegsland Liberia. Bouts damals noch aktiven Firma wurden Sanktionen auferlegt und einige seiner Konten eingefroren. Belgien stellte 2002 einen Haftbefehl gegen Bout aus, ihm wurden Schmuggel von Diamanten und Geldwäsche vorgeworfen. Bout flüchtete daraufhin nach Russland.

Selbst Ex-US-Präsident Clinton soll zu seiner Amtszeit über Bouts Machenschaften Kenntnis gehabt haben, war dann aber wohl doch mit anderen Sachen beschäftigt. Ein weiterer Zufall spielte Bout in die Hände: Nach Aussagen eines US-Geheimdienstmitarbeiters sollte das Meeting zur Unterrichtung des späteren Präsidenten George W. Bush über Bouts Geschäfte am Nachmittag des 11.9.2001 stattfinden und fiel dann, verursacht durch die schrecklichen Terroranschläge auf das World Trade Center, aus.

2004 versuchte der anscheinend immer noch uninformierte US-Präsident Bush, die UN-Sanktionen gegen Bout aufheben zu lassen, lieferte dieser der US-Armee doch Treibstoff und Material nach Afghanistan und in den Irak. Er agierte dabei über eine Firma im bereits erwähnten US-Bundesstaat Delaware. Bouts Dienste und sein Know-How sowie das seiner Mitarbeiter schienen wohl wichtiger zu sein als ein paar UN-Sanktionen wegen illegalem Waffenhandel mit Kriegstreibern in Afrika und sonst wo.

Es gibt Behauptungen, dass er auf ein und derselben Route sowohl die US-Armee als auch die Kämpfer der Taliban und Al-Qaida beliefert haben soll. Warum auch nicht an beiden Seiten verdienen?

Bouts Firma hatte auch schon in der Vergangenheit von Regierungsaufträgen profitiert. So flog sein Unternehmen z.B. Soldaten und Material der Briten in den Kosovo und UN-Friedenstruppen nach Somalia.

Nach dem gescheiterten Versuch Bushs, die Sanktionen gegen Bout aufheben zu lassen, begannen die USA im gleichen Jahr mit der Umsetzung derselbigen. Mit präsidialem Erlass No. 13348 zur Umsetzung der UN-Resolutionen zu Liberia wurde Bout zur Persona non grata erklärt, auch weil seine Waffenverkäufe an irakische Rebellen und die Taliban nun öffentlich wurden. Schließlich setzte ihn das amerikanische Finanzministerium am 26. April 2005 auf die „Schwarze Liste“ und sperrte die Bankkonten seiner Firmen.

Einer von Bouts Hauptkunden war Charles Taylor, Feldherr im von ihm selbst initiierten Bürgerkrieg Liberias. Taylor war von 1997 bis 2003 demokratisch gewählter Staatspräsident Liberias und das erste vor einem internationalen Tribunal verurteilte afrikanische Staatsoberhaupt. Mit den von Bout gelieferten Waffen zettelte er nicht nur in Liberia einen blutigen Bürgerkrieg an, bei dem über 200.000 Menschen zu Tode kamen. Er unterstützte mit den Waffen auch die grausamen „Revolutionäre Vereinigte Front“ im Nachbarland Sierra Leone, bei deren Gräueltaten von 1991 bis 2002 ebenfalls um die 200.000 Menschen im Tausch gegen Blutdiamanten getötet wurden.

Der Diktator Taylor und der Waffenhändler Bout hatten dabei wohl nicht nur ein gutes geschäftliches Verhältnis, Bout soll neben Waffenlieferungen gegen Gold, Diamanten, Tropenhölzer usw. auch Devisen und seltene westliche Waren für Taylor besorgt haben.

Charles Taylor wurde am 26. April 2012 vom Sondergerichtshof für Sierra Leone in Den Haag als Hauptverantwortlicher für die Gräueltaten in Sierra Leone wie Mord, Rekrutierung von Kindersoldaten, Massenvergewaltigungen, Verstümmelung, Folter, Sklaverei, Plünderungen und weiteren Verbrechen gegen die Menschlichkeit schuldig gesprochen und zu 50 Jahren Haft verurteilt.

Viktor Bout tappte 2008 in Bangkok in eine Falle der USA und wurde von der thailändischen Polizei mit Hilfe von US-Behörden verhaftet. Sowohl die USA als auch der UN-Chefermittler für Sierra Leone stellten einen Auslieferungsantrag. Nach langem Hin und Her sowie heftigeren politischen Spannungen zwischen den USA und Russland – die die ganze Angelegenheit für politisch motiviert hielten – wurde Bout, der „Händler des Todes“, an die USA ausgeliefert. Er traf am 16. November 2010 in New York ein, wo ihn ein Geschworenengericht am 2. November 2011 in den vier Anklagepunkten – Verschwörung zur Tötung von US-Bürgern und zur Tötung von US-Regierungsmitarbeitern, zum Abschuss von Flugzeugen und wegen Waffenhandel – für schuldig erklärte und er am 5. April 2012 vom Bundesgericht New York zur Mindeststrafe von 25 Jahren Gefängnis und einer Geldstrafe in Höhe von 15 Millionen Dollar verurteilt wurde.

Der russische Außenminister Sergei Wiktorowitsch Lawrow kündigte nach dem Urteil an, Russland würde alles dafür tun, Bout *„nach Hause zu holen“*. Momentan sitzt er jedenfalls im Hochsicherheitsgefängnis *United States Penitentiary Marion*.

Einer von Bouts Strohmännern beziehungsweise Geschäftspartnern bzw. Finanzberatern war Richard Ammar Chichakli, geboren in Syrien, in den USA eingebürgert und später unter falschem Namen in Australien untergetaucht. Er wurde im Dezember 2014 unter anderem wegen Geldwäsche zu fünf Jahren Haft verurteilt.

Bouts Vermögen wurde zum Zeitpunkt seiner Verhaftung auf ca. 6 Milliarden Dollar geschätzt. Ohne die Mithilfe von Banken in Europa und den USA, die fehlende Kontrolle und die Möglichkeiten, die Geldwäschern durch politische bzw. wirtschaftliche Schlupflöcher geboten werden, wäre Bouts Geschäft nicht möglich gewesen.

Wenn Sie denken, so etwas passiert nur weit weg und wohl kaum in unseren Breitengraden, dann muss ich Sie enttäuschen. Ich möchte Ihnen jetzt von einem Fall erzählen, in dem ich bewusst keine Namen nenne. Ich denke nicht, dass hier je ermittelt wurde, der Fall ist zu wenig offensichtlich, als dass man dahinter Geldwäsche vermuten würde. Und doch: Nach meiner persönlichen Schätzung wurden hier von einer einzigen Firma Kriegsgelder von mehreren 100 Mio. € gewaschen, fein zerstückelt, investiert und so in den legalen Markt zurückgeführt.

Diese Story beginnt Mitte der 1980er-Jahre mit dem Entfachen des Bürgerkrieges in Sri Lanka und dem Aufstieg der *Liberation Tigers of Tamil Eelam* (LTTE), die für die Unabhängigkeit des von den Tamilen besiedelten Nordens der Insel Sri Lankas kämpften – ein langer, blutiger Bürgerkrieg mit viel Leid, vielen Flüchtlingen und, wie bei jedem Krieg, keinem guten Ende. Die LTTE sammelte bis zum Waffenstillstand 2002 ein ungeheures Vermögen an, das meiste davon aus Kriegsbeute und erpressten „Spenden“ von ihren Landsleuten im In- und Ausland für die „Unabhängigkeit der Tamilen“. Trotz des damals nur kurz andauernden Waffenstillstandes war wohl vielen LTTElern bewusst, dass der Krieg verloren war und die Geldmittel irgendwie für die Zeit danach brauchbar gemacht werden mussten.

Als ich das erste Mal Kontakt mit einigen dieser LTTE-Mittelsmänner hatte, war mir nicht ganz klar, ob ich diese überhaupt richtig ernst nehmen sollte. Die Location, in die man mich einlud, war wenig pompös, eher gruselig. Ich sollte zu einem Laden in einer Parallelstraße der Langstraße in Zürich kommen, dem Rotlichtmillieu. In einem Hinterzimmer eines sehr skurrilen und unglaublich stinkenden Lebensmittelgeschäfts erwarteten mich drei Männer, und in der Ecke des Raums stand eine recht große Axt. Für mich war der Bürgerkrieg in Sri Lanka sehr weit weg beziehungsweise ich hatte ihn gar nicht auf dem Schirm. Das Erscheinungsbild dieser drei Herren ließ auch weniger auf abgebrühte Warlords schließen, sondern erinnerte eher an einige von Disneys Oompa Loompa aus dem Disney Film „Charlie und die Schokoladenfabrik“. Wenn sie untereinander sprachen, musste ich mir stellenweise das Lachen verkneifen, sie klangen irgendwie wie diese „ringedingdingding“-Klingeltöne, für die früher viel auf den gängigen Musiksendern geworben wurde – war das rassistisch? Na ja, egal. Ganz so dumm, wie sie aussahen, waren diese Personen dann nämlich nicht. So wurde mir schnell bewusst, mit welcher Geschäftstüchtigkeit und Genialität hier ein europäischer und in Ablegern sogar weltweit agierender Konzern blutiges Geld zurück in den legalen Markt brachte.

Die Idee ist so einfach wie effektiv: Man schaffe eine nicht vollkommen durchschaubaren Dienstleistung, die der Kunde nur durch den vorherigen Erwerb eines Vouchers bzw. Gutscheins erhält. Man verpacke das alles in einem total undurchsichtigen Markt, der wie eine kleine Börse aufgebaut ist, mit zigtausenden Einzelposten funktioniert und durch eigene Computerprogramme gesteuert ist und – Tada! – Sie sind Gott in einem Paralleluniversum der Geldwäsche.

Im Detail: Sie gründen eine Telekommunikationsfirma im Bereich Mobilfunk-Discount und Calling Cards für Auslandstelefonie. Sie brauchen dafür keine eigene Infrastruktur aufzubauen, es reicht, wenn Sie sich in das Netz eines vorhandenen Anbieters einmieten, z.B. Telekom, Vodafone etc. Viele der kleinen Mobilfunkanbieter tun das, man nennt das „mobile virtual network operator“, kurz MVNO. Ihr Kerngeschäft wird dann das Telefonieren ins Ausland zu Dumpingpreisen. Sie bieten in Partnergeschäften ihre SIM-Karten und Calling-Cards an. Dies sind meist keine großen Kaufhäuser, sondern eher kleine Handy-Läden, private Kioske oder Ramschläden. Diese freuen sich zum einem über jede Einkunftsmöglichkeit, und zum anderen stellen sie nicht viele Fragen beziehungsweise arbeiten nicht so genau.

Ihr Produkt wird ein Hit. Kein anderer Anbieter bietet SIM-Karten an, mit denen man so günstig ins Ausland telefonieren kann, für

15ct/min Südafrika, USA, Irak oder Kosovo, für 35ct/min Ghana und natürlich für 9ct/min nach Sri Lanka.

Die Technik hinter diesem Konzept ist gar nicht so schwer zu verstehen. Die meiste Telefonie funktioniert heute digital, in diesem Fall wird der Kunde nie direkt zu dem durchgestellt, den er anwählt, außer es ist ein Inlandsgespräch (die lohnen sich für Sie aber nicht und sind deshalb so teuer, dass der Kunde lieber ein anderes Netz dafür nutzt).

Bei Auslandsgesprächen landet er also zuerst einmal in Ihrer „Server-Farm", diese Computer verbinden das Gespräch nun via Internet weiter zu einem Server in dem Land, in dem sich der Anschluss befindet, den der Kunde erreichen will. Von dort aus wird er dahin durchgestellt, wo er eigentlich anrufen wollte. Dieser ganze Verbindungsvorgang dauert nur ein paar Sekunden und ist technisch günstig zu lösen.

Um damit nun Geld zu verdienen, haben Sie in jedem Land der Welt einen oder mehrere Vertragspartner. Diese speisen die von Ihrem Server kommenden Gespräche in das dortige Fest- oder Mobilnetz ein. Dafür zahlen Sie natürlich Geld. Es handelt sich bei diesen, für sie anfallenden Verbindungsgebühren aber nur um winzige 0,01-Cent-Beträge, die online wie an einer Börse gehandelt werden. Sie beschäftigen dafür einen „Broker", der nichts anderes macht, als zu kalkulieren, wie viele Minuten Ihre Firma für welches Land braucht, um Ihren Kunden eine stabile Verbindung und Ihnen eine volle Brieftasche zu bescheren. So weit so gut.

Ihre Produkte gibt es nur gegen Vorkasse, das heißt, es werden Aufladekarten, sog. „Vouchers", gedruckt und verkauft. Die Calling-Cards, eine Art Telefonkarte, auf der man nach dem Kauf eine PIN freirubbelt, um sich in eine „Billigvorwahl" einzuloggen, funktionieren genauso. Beides ist Ihre eigene Parallelwährung, die Sie für echtes Geld an den Kunden verkaufen.

Am Ende ist diese Parallelwährung die perfekte Methode, um Geld zurück in den legalen Markt zu waschen, da niemand nachweisen kann, wer diese Vouchers kauft beziehungsweise wie viele und mit welchem

Geld. Die Vouchers lassen Sie über denselben Kanal vertreiben wie Ihre SIM-Karten, was für Sie leicht zu manipulieren ist. Genauso leicht manipulieren Sie mit ein paar Mausklicks Ihre Server und Ihre Abrechnungen, damit die vertelefonierte Minutenzahl in etwa mit dem übereinstimmt, was an Vouchers verkauft wurde.

Sie expandieren natürlich, es gibt in Europa genug Menschen, die irgendwohin ins Ausland telefonieren möchten, außerdem verteilt sich dann Ihr Geld auf noch mehr Konten, z.B. in der Schweiz, Deutschland, Frankreich etc. Und weil das Geschäft so verdammt gut läuft, lassen Sie einen Verwandten ein Unternehmen gründen, welches genau das Gleiche tut wie Ihres – quasi spiegeln! So können Sie sich die Kunden teilen, noch mehr alte Freunde aus Kriegstagen beschäftigen und vor allem mehr Kosten, z.B. für eine aggressive Werbung, gegeneinander von der Steuer absetzen. Warum auch aufhören, wenn es gerade schön geworden ist? Außerdem belebt Konkurrenz ja faktisch das Geschäft, oder besser gesagt: Wenn ein Verwandter der größte Konkurrent ist, läuft man nicht Gefahr, dass es ein vollkommen Fremder wird. Der Umsatz solcher Geschäfte? Mehrere 100 Mio. € jährlich.

Am Ende, wenn alles Geld sauber und gut angelegt ist, haben Sie zusätzlich ein perfekt aufgestelltes Unternehmen, das realen Umsatz erwirtschaftet und für noch mehr Kohle sorgt.

Wäre ich deren Steuerberater, ich würde in solchen Fällen empfehlen, eine Stiftung einzurichten und irgendetwas für einen guten Zweck zu machen, an dem ich selbst auch Interesse hätte – in diesem Fall wohl zum Wiederaufbau meines Heimatlandes. So ließen sich große Summen steuerfrei über die Grenzen in Landkäufe und Bauprojekte für Wohnraum, Krankenhäuser, Pflegeheime etc. investieren. So kann man damit auch einen Haufen Gelder in Baufirmen von Bekannten schleusen, diverse Berater beschäftigen und z.B. auch ungesehen alten Kameraden etwas zurückzahlen. Irgendwann kommt sicher auch noch jemand auf die Idee, den Stiftern für das außerordentliche Engagement, die persönliche Aufopferung und ihr großes Herz einen Preis zu verleihen. Klingt überzogen? Ist aber vermutlich so passiert. Ich bin mit ihnen übrigens nicht ins Geschäft gekommen. Abgesagt habe ich aber erst, als ich außerhalb der Reichweite der Axt war.

Alles in allem sind solche Konstrukte unglaublich schwer nachweisbar. Die oben aufgeführten Phasen der Geldwäsche werden so sequentiell nicht immer eingehalten, die Schritte teilweise doppelt oder mehrfach hintereinander durchgeführt – sehr zum Leidwesen der Fahndungsbehörden. Vor 20 Jahren noch war es fast unmöglich, Spuren zu vermeiden, heute ist es ein Klick am Computer und alle Daten sind gelöscht, sofern sie überhaupt gespeichert oder nicht von vorneherein manipuliert wurden.

Richtig kontrolliert werden kann das „World Wide Web" so oder so nicht mehr, dafür ist es zu groß, zu komplex, und die Versteckmöglichkeiten sind viel zu zahlreich. Junge Leute, wie z.B. Arthur Budovsky und seine Jungs, wussten das und nutzten es schamlos aus. Ihnen sagt der Name nichts? Dann will ich Ihnen von diesen kleinen großen Strolchen erzählen. Budovsky war Chef des Internet-Bezahlsystems *Liberty Reserve* (LR).

Er gründete bereits 2002 ein ähnliches Unternehmen namens *Gold Age* in den USA, musste aber Ende 2006 schließlich ins Ausland fliehen. Die Staatsanwaltschaft war auf ihn aufmerksam geworden, da er für seine internationalen Geldgeschäfte keine Genehmigung besaß, was strafbar ist und dazu führte, dass er zu einer Bewährungsstrafe von fünf Jahren verdonnert wurde. Er floh nach Costa Rica, bezahlte eine Einheimische, ihn zu ehelichen, nahm die dortige Staatsbürgerschaft an und legte die US-amerikanische ab. Ab 2007 lief seine neue Firma in San José unter dem Namen *Liberty Reserve*.

Liberty Reserve wiederum war nach Aussage des New Yorker Staatsanwalts Preet Bharara *„die Drehscheibe der Cyberkriminalität weltweit"* und *„der größte internationale Fall von Geldwäsche, in dem jemals in den USA ermittelt wurde"*.

„Liberty“ war auf jeden Fall der richtige Namensbestandteil. Kunden der Plattform hatten so gut wie alle Freiheiten, die man sich vorstellen kann, darunter auch die, sich einen neuen Namen auszudenken oder eine komplett falsche Adresse anzugeben.

Es war ein ausgeklügeltes System. Ein Konto auf der Seite anzulegen, war ein Kinderspiel. Man musste nur den Reiter „Anmeldung“ anwählen, einen Nicknamen erstellen, sich einen Namen und die dazugehörige Adresse ausdenken, als Kontakt eine Emailadresse eines Providers angeben, der die IP-Adresse nicht speichert, die Bestätigungs-Mail abwarten und auf den Bestätigungs-Link klicken – fertig!

Es gibt keine Ausweiskontrolle oder irgendeine Art der Identifizierung, wie sie in unseren Breitengraden eigentlich Standard und Vorschrift wäre, nichts. Um dem Ganzen noch mehr Anonymität zu verleihen, waren Einzahlungen nur über sog. Exchanger möglich – eine Art Wechselstube fürs Internet, denn *Liberty Reserve* lief nur mit *Liberty Reserve*-Dollar, -Euro oder -Gold, je nachdem, welche Wertigkeit gern genutzt werden sollte. Private Exchanger bekamen eine Provision für die Annahme und die Überweisung des Geldes, die sich selbstverständlich proportional zur eingezahlten Geldmenge bewegte. Viel genutzt und deshalb erwähnenswert sind die beiden „Wechselstuben“ Swiftexchanger aus Nigeria und Asia Gold aus Vietnam. Beide waren Eigentum beziehungsweise Partner der *Liberty Reserve*.

Nigeria und Vietnam haben beide eigentlich keine existente Finanzmarktaufsichtsbehörde, was den großen Vorteil brachte, keine Rechenschaftsberichte abliefern und somit auch keine Kundendaten speichern zu müssen.

Über diese Exchanger online ein *Liberty-Reserve*-Konto aufzuladen, war ungefähr genauso einfach, wie sich dort zu registrieren. Sie hatten die Möglichkeit, eine Überweisung zu tätigen, an Schaltern bar einzuzahlen, via *Western Union* oder *PayPal* aufzuladen, *UKash*, Kreditkarten wie *Visa*, *Mastercard* oder *American Express* zu benutzen und – für die ganz modernen – *BitCoins* zu tauschen.

Für diejenigen, die es interessiert: Wenn Sie auf *Youtube* nach „Liberty Reserve“ suchen, finden Sie immer noch Videos, die von der Anmeldung bis zur Aufladung den kompletten Vorgang beschreiben – in jeder Sprache. Wenn nun das Konto voll ist, kann fleißig überwiesen werden. Für eine Transaktion berechnete *Liberty Reserve* eine Gebühr von 1% des Überweisungsbetrags plus 75ct Privatsphäre-Entgelt. Von 2007 bis Anfang 2013 sind rund 55 Millionen Transaktionen über *Liberty Reserve* durchgeführt worden.

Am 24. Mai 2013 reichte es dann wohl auch dem amerikanischen FBI. Während der Aktion „Global Liberty Reserve Takedown“ wurden die Server von *Liberty Reserve* in Costa Rica, Schweden und der Schweiz abgeschaltet. Arthur Budovsky und sein Partner Vladimir Kats wurden in Spanien verhaftet, für vier weitere Kollegen der beiden klickten ebenfalls die Handschellen. Die Firmengelder und Vermögen auf den diversen Konten der *Liberty Reserve* in Hongkong, China, Russland, auf Zypern usw. wurden eingefroren – zumindest die Gelder, die gefunden wurden.

Die „Bank der Unterwelt“ hatte geschlossen. Strafverfolgungsbehörden von 17 Ländern beteiligten sich an der Aktion. Über das Internetbezahlsystem *Liberty Reserve* wurde Geldwäsche erleichtert, illegales Glücksspiel finanziert, Drogen, Waffen und Kinderpornos bezahlt, Menschenhandelsgeschäfte abgewickelt, kriminelle Computer-Hacker und Kreditkartenbetrüger entlohnt usw.

Die Staatsanwaltschaft von New York geht davon aus, dass über *Liberty Reserve* rund $ 6 Mrd. illegal in den Wirtschaftskreislauf geschleust wurden. Auch wird davon ausgegangen, dass *Liberty Reserve* zum Waschen von zumindest einem Teil der $ 45 Mio. genutzt wurde, die von Cyber-Kriminellen im Dezember 2012 bzw. im Februar 2013 von der *Bank of Muscat* beziehungsweise der *National Bank of Ras Al Khaimah PSC (Rakbank)* gestohlen wurden. Im Zuge der Ermittlungen wurde ebenfalls Anklage gegen 35 Exchanger erhoben, die mit *Liberty Reserve* zusammengearbeitet hatten.

Das komplette Geschäftsmodell von *Liberty Reserve* beruhte auf einer unglaublich dreisten Überschreitung aller Grenzen, baute nur darauf auf, Kriminelle anzulocken und zeigte den Ermittlungsbehörden die Grenzen ihrer Kontrollmöglichkeiten. Ohne die festgenommenen Beteiligten und ihre Kooperation wäre es gar nicht möglich gewesen nachzuvollziehen, wie dieses ganze Gebilde überhaupt funktioniert hat, wie die Gelder verlaufen sind und welche technischen Kniffe angewandt wurden.

Richard Weber, Fahndungschef der US-Steuerbehörde, sagte abschließend zum Fahndungserfolg: „*Wäre Al Capone noch am Leben, er würde sein Geld auf diese Weise verstecken.*"

Für die US-Ermittler kann der Fall „Liberty Reserve" zumindest als kleiner Erfolg gegen die Unterwelt gewertet werden, stehen Behörden bei so globalen Konstrukten doch meist vor riesigen Problemen, vor allem bürokratischer Natur. Mit der Umsetzung des „Patriot Acts" hat sich da recht viel geändert, die Druckmittel sind effektiver geworden, und unter dem Deckmantel der Terrorismusbekämpfung lassen sich viele andere Gesetze einfach aushebeln.

Genutzt hat es wenig, denn kaum war *Liberty Reserve* vom Netz, schnellten die Kundenzahlen bei anderen Internetbezahldiensten exponentiell nach oben. Die russische Firma *Webmoney* konnte schon einmal profitieren, als Budovsky aus den USA flüchten musste, und wurde auch nun wieder schnell als solide Alternative gehandelt. Auch die Firma *Perfect Money* versuchte, ihren Teil vom Kuchen abzubekommen, und mit einem eingeschränkten Dienst in den USA brauchten sie dort auch keine Ermittlungen zu fürchten.

Ich wurde im Frühjahr 2010 von einer philippinischen Firma angeworben, ein ähnliches Online-Bezahl-Projekt wie *Liberty Reserve* zu begutachten und ein Beteiligungskonzept zu erstellen. Die Idee klang anfangs sehr ähnlich: Anmeldung über Server auf den Philippinen, Aufladung via Exchanger in Dubai, der Schweiz, den Philippinen, West-Afrika, Brasilien etc., Abrechnung pro Transaktion innerhalb von 24

Stunden pauschal mit $ 1 bis $ 100, $ 5 bis $ 500, $ 10 bis $ 1.000 und $ 15 für alles darüber. Sofortransaktionen hätte es für $ 1 Aufpreis gegeben.

Das System an sich war ausgereift, der Businessplan sehr simpel und der Kostenaufwand eher gering, da die Personalkosten auf der Insel Cebu in den Philippinen nicht sonderlich zu Buche schlagen.

Als ich in der Umsetzungsphase Sicherheitsmängel ankreidete und Kontrollmechanismen wie Passabgleich zugunsten eines kurzen Skype-Chats wegfallen sollten, wurde mir die Sache zu heiß. Schon ein paar Wochen vorher begann ich, skeptisch zu werden, als immer mehr Verbindungen plötzlich via Peer-to-Peer-Overlay-Netzwerk geschaltet werden sollten. Ich seilte mich schlussendlich ab.

Ermittlungsbehörden gehen davon aus, dass jedes Jahr rund die Hälfte der Gelder aus der organisierten Kriminalität durch ausgefuchste Kreisläufe gewaschen und angelegt wird, das sind ca. $ 250 Mrd., wobei Bargeld dabei eine immer kleiner werdende Rolle spielt, die „Cyberwelt“ dafür eine immer größere. Neuerdings sind viele dieser Systeme im sog. „Dark-Net“ des Internets zu Hause. Das „Dark-Net“ ist eines der vorhin erwähnten Peer-to-Peer-Overlay-Netzwerke, in dem die Teilnehmer ihre Verbindung untereinander manuell herstellen, und das nicht öffentlich zugänglich ist wie z.B. ein normaler Server oder eine Internetseite. Um Mitglied eines „Dark-Nets“ zu sein, muss man von einem anderen Mitglied oder einem Administrator hinzugefügt werden. Diese Netzwerke sind schon aufgrund ihrer Art der Verbindung von einem Rechner zu einem anderen Rechner kaum aufzuspüren und werden zusätzlich häufig durch sogenanntes Onion-Routing unknackbar verschlüsselt. Dieses ganze System ist für Laien kaum zu verstehen. Weil es so hochtechnologisch und kompliziert ist, verzichte ich auf eine nähere Erklärung. Wer sich dennoch dafür interessiert, der möge eine Suchmaschine nutzen. Ich rate aber an dieser Stelle jedem davon ab zu versuchen, sich zum Spaß Zugang in so ein System zu verschaffen. Die Typen, die dort aktiv sind, sind teilweise hochgradig kriminell und fackeln nicht lange, wenn sie sich auf die Füße getreten fühlen.

Gier ist gut!

Bevor ich dieses Werk beende, möchte ich noch einmal auf das schweizerische Banken-Parkett zurückkehren und ein Kapitel mit Zeilen füllen, dem ich, inspiriert von Gordon Gekko den Titel „*Greed Is Good!*“, zu Deutsch: „*Gier ist gut!*“, gegeben habe. Vielleicht kennen Sie den Film „Wall Street“, in dem der Corporate Raider Gordon Gekko, sensationell gespielt von Michael Douglas, seine legendär gewordene Ansprache über das Gute in der Gier hält – sie klingt mir die letzte Zeit häufig in den Ohren. Gordon Gekko stolpert am Ende des Films über seine eigene Raffgier und landet im Gefängnis.

Der Satz „*Gier ist gut!*“ wurde damit zum Synonym dafür, wohin grenzenlose Gier am Ende führen kann. Raffgier, Habgier oder besser noch Raffsucht und Habsucht: Das sind Worte, die es so nur im Deutschen gibt, aber die doch besser nicht ausdrücken können, was in Menschen vorgeht, die immer mehr wollen, für die immer mehr haben zu wollen zur Sucht wird, die ihren Verstand dabei nahezu ausschalten, sich von vormenschlichen Trieben leiten lassen und dabei alles umwalzen, was ihnen in den Weg kommt. Manchmal, wenn man diese Sucht kennt, kann man beinahe Mitleid mit solchen Leuten haben. Mit einem Uli Hoeness z.B., der, der Sucht der Spekulation verfallen, wie ein Besessener zockte, seine Prinzipien vergaß, die gesetzlichen Rahmen außer Acht ließ und dann wegen Steuerhinterziehung auf Kapitalerträge in den Bau musste, und das, obwohl er wahrscheinlich mehr Geld verloren als gewonnen hat. Hoeness nahm alle Schuld auf sich und ging lieber in den Knast, als sein Lebenswerk zerstören zu lassen. Die Börsen-Spielsucht, die in den USA sogar als Krankheit anerkannt ist, hat er wahrscheinlich erstmal überwunden.

Um die Gierigen aus ihren Verstecken zu locken, braucht es oft nicht viel. Ein saftiger Bonus für die geleistete Arbeit, Firmenbeteiligungen, das Versprechen einer guten Rendite, man winke mit den Scheinen, und dann sind sie auch schon da. Das war in den USA bei

Bernie Madoff bis ins Jahr seines Auffliegens 2009 nicht anders als bei der Schweizer Bank *J. Safra Sarasin* 2014.

Wir erinnern uns wahrscheinlich alle an Bernie Madoff, den netten Philanthropen, der seine Investoren durch ein bis ins kleinste Detail durchgeplantes Schneeballsystem um insgesamt rund $ 65 Mrd. erleichtert hat. Auch Madoff spielte mit der Gier seiner Investoren, zudem gab er sich zurückhaltend und tat immer so, als wolle er keine neuen Kunden aufnehmen. So gaukelte er seinen Geldgebern auch noch vor, dass es eine Ehre wäre, ihm ihr Geld hinterherschmeißen zu dürfen – dabei niemals zu auffällig, niemals zu großkotzig sein, immer auf ausgewogen machen und niemals aus der Ruhe geraten, selbst wenn die Kacke bereits am Dampfen ist. Ja, ein jeder guter Betrüger kann von Bernie und seinen Praktiken noch viel lernen.

Wenn man mit der Gier seiner Kunden spielt, was zweifellos viele Banken tun, dann muss man auch darauf gefasst sein, dass hier und da mal etwas schiefgehen kann, so wie es der Bank *J. Safra Sarasin* passiert ist. Nun hat diese Bank keine Kundengelder veruntreut wie Madoff, auch hat sie nicht wie er eine ganze Abteilung nur zur Täuschung der Anleger eingerichtet, die den ganzen Tag gefälschte Bescheide über den tollen Gewinn gefertigt hat, damit die Kunden noch mehr investieren. Nein, so was hätte der Bank *J. Safra Sarasin* auch niemand zugetraut. Die Bank *Sarasin*, gegründet durch die gleichnamige Patrizierfamilie, galt immer als verschwiegenes und vertrauenswürdiges Geldhaus. Sie galten als Vorzeigebank im Bezug auf die Weißgeldstrategie. Im Sommer 2010 verkündete der damalige *Sarasin*-CEO Joachim Strähle stolz, dass die Bank bis Ende 2012 kein unversteuertes Geld mehr verwalten wolle, und weiter sagte er, man wisse, wer von den Kunden unversteuertes Geld besitze und meinte dazu: *„Ein Berater, der das von seinen Kunden nicht weiß, sollte nicht für uns arbeiten."* So direkt hatte das bis dahin noch keine Schweizer Bank formuliert.

Auch die brasilianische *Safra Gruppe* genoss hohes Ansehen im In- und Ausland, schon bevor sie 2011 die Bank *Sarasin* übernahm und das Geldhaus den heutigen Namen erhielt.

Zweifellos hat es die Bank mit ihren Kunden immer gut gemeint, vielleicht in dem Fall, den ich Ihnen jetzt beschreiben möchte, auch etwas zu gut.

Intern hatte CEO Strähle ein Asset-Wachstum von 1 Mrd. CHF ins Auge gefasst, dabei zielte er auf die Märkte Deutschland, Schweiz und die Niederlande ab. Asset-Wachstum trotz Weißgeldstrategie und dem Verlust von Schwarzgeldkunden? Das war ein hochgestecktes Ziel, vor allem in der Zeit um 2010. Doch der damalige Top-Banker Strähle hatte eine spezielle Idee: Er wollte mittels individueller Spezialstrukturen ertragsstarke Geschäfte im UHNWI aufbauen. Gemeint waren damit steueroptimierte „Spezialgeschäfte" für ultra-reiche „Ultra High Net Worth Individuals", und um dem Ganzen, wie in der Branche üblich, einen tollen Namen zu geben, nannten sie es „Projekt Gipfelsturm".

Was wurde geplant? Nach außen auf den Präsentationspapieren der Bank hieß es (die in Klammern gesetzten Erklärungen und Kommentare sind von mir und befinden sich nicht auf dem Originaldokument):

- *„Investition in börsennotierte Blue-Chips mit überdurchschnittlicher Dividende"* (versprochen wurden wohl um die 10%)
- *„Kurzfristiges Halten der Aktien über Dividendentermin"* (also bis zur Ausschüttung der Dividende an den Aktionär)
- *„Gleichzeitige Absicherung des Kursrisikos durch Futures"* (Ein Future bzw. ein Terminkontrakt ist ein Übereinkommen zwischen zwei Marktteilnehmern, also einem Verkäufer und einem Käufer. Dabei verpflichtet sich der Verkäufer, eine festgelegte Menge eines bestimmten Produkts zu einem bestimmten Preis und einem festgelegten zukünftigen Zeitpunkt zu liefern. Auf der anderen Seite verpflichtet sich der Käufer, das dem Vertrag zugrunde liegende Produkt per Liefertermin abzunehmen.)
- *„Ausnutzung von steuerlichen Preisineffizienzen aufgrund der Dividende"* (Behalten Sie diesen Punkt im Hinterkopf, er ist sehr niedlich formuliert und für den Verlauf sehr wichtig.)

- *„Renditeerhöhung durch Kreditaufnahme"* (das heißt, mithilfe des realen Kapitals wird ein Kredit aufgenommen, um mehr investieren zu können)

Auf den Präsentationspapieren hieß es weiter: Fonds ist in Luxemburg reguliert, Zielfonds ist in Irland reguliert, keine Leerverkäufe (was so nicht stimmt), keine Nachschusspflicht, Internationaler Primebroker stellt Fremdmittel zur Verfügung etc. – nichts, was man für diesen Fall unbedingt verstehen muss.

Ganz niedlich und deshalb erwähnenswert finde ich die ersten beiden Punkte unter USPs (*unique selling proposition*, deutsch: Alleinstellungsmerkmal) in der Produktbeschreibung durch *J. Safra Sarasin*: *„Strategie für Investoren nur schwer zugänglich"* und *„Überdurchschnittliche Zielrendite bei abgesichertem marktdirektionalen Risiko"*. Beides zusammen klingt für einen Investor doch gleich doppelt sexy! Ein exklusives Produkt, das nicht jeder haben kann, und dann noch fast ohne Risiko…

Um Sie nicht mit dem ganzen Drumherum zu langweilen, erkläre ich Ihnen nun kurz, knapp und hoffentlich verständlich, was die Bank dort angeboten hat: Bei diesem Geschäft ging es darum, Aktien im großen Stil und rund um die Ausschüttung von Dividenden zu handeln, sodass man die Kapitalertragssteuern nur einmal zahlte, aber zweimal rückvergütet bekam. Das Ganze nennt sich „Cum-Ex-Deal" und gehört zum sog. Dividendenstripping.

Ein Cum-Ex-Deal funktioniert folgendermaßen:

1. Ein Investor A ist Anteilseigner, also Aktieninhaber, eines Großkonzerns. Er besitzt Aktien im Wert von 15 Mio. €.
2. Kurz vor dem Dividendenstichtag (also dem Tag der Auszahlung der Dividende) kommt nun Investor C ins Spiel und kauft ebenfalls Aktien des Großkonzerns für 15 Mio. €. Diese kauft er aber NICHT von Investor A, sondern erwirbt sie von Inves-

tor B, obwohl Investor B diese Aktien gar nicht besitzt. Eine solche Art von Geschäft nennt man Leerverkauf.

3. Nun ist Dividendenstichtag. Die Dividende von 500.000 Euro wird ausbezahlt. Tatsächlich erhält Investor A allerdings nur 375.000 Euro, die anderen 125.000 €, also 25%, behält der Konzern als Kapitalertragssteuer für den Staat ein. Investor A bekommt dafür eine entsprechende Bescheinigung, mit der er sich dann die bereits abgeführte Steuer unter bestimmten Umständen zurückerstatten lassen kann.

4. Die Dividende ist jetzt ausgezahlt, und nun verkauft Investor A seine Aktien an Investor B. Dieser hat das nötige Geld aus dem Leerverkaufsgeschäft mit Investor C. Statt 15 Mio. € gehen für das Paket allerdings nur 14,5 Mio. € von B zu A, schließlich ist das Paket nach der Dividendenausschüttung (ex Dividende) nun 500.000 € weniger wert.

5. Investor B leitet nun die Aktien, die er soeben von Investor A gekauft hat, an den Investor C weiter. Damit erfüllt Investor B seine Verpflichtung aus dem Leergeschäft von Punkt 2.

6. Achtung, wichtiges „Aber“: Investor C hatte Investor B 15 Mio. € überwiesen, erhält (ex Dividende) aber nur Aktien im Wert von 14,5 Mio. €. Investor B überweist Investor C deshalb zusätzlich die Netto-Dividende von 375.000 €. Und was ist mit den fehlenden 125.000 € passiert? Dafür lässt sich Investor C von seiner Depotbank eine Steuerbescheinigung ausstellen, so wie sie Investor A in Punkt 3 bekommen hat.

7. Investor C leitet nun die Aktien für 14,5 Mio. € an ihren ursprünglichen Besitzer Investor A zurück. Man sollte nun denken, dass damit alles wieder beim Alten und der einzige Unterschied zum Beginn dieses Hin und Hers ist, dass der Großkonzern zwischenzeitlich die fällige Dividende an Investor A ausgeschüttet hat.

8. Stimmt so aber nicht ganz: Eigentlich haben nun zwei Investoren, nämlich A und C, einen Anspruch auf Rückerstattung der Steuern auf die Dividende, der Staat hat aber nur einmal 125.000 € kassiert.

9. Den Erlös aus der zusätzlichen Rückerstattung teilen die drei Investoren unter sich auf, und alle drei haben einen schönen Batzen Geld für gar nichts bekommen.

Die ganze Arbeit hat sich die *J. Safra Sarasin* dabei nicht selbst gemacht, sie vermittelte das Geld der Kunden an mehrere bekannte Fonds, wie z.B. der Fonds der Luxemburger Gesellschaft *Sheridan*, die dann die „Drecksarbeit" für sie erledigten.

Wenn Sie sich jetzt erstaunt die Augen reiben und dabei fragen: „*Kann denn so was eigentlich legal sein?*", dann muss ich Ihnen leider sagen: Ja, es war zum Zeitpunkt der Entwicklung legal. Steuerjuristen in Deutschland war dieser Trick sogar wohlbekannt, man wusste, dass hier eine Gesetzeslücke systematisch missbraucht wurde. Getan hat man aber erstmal nichts. Erst Ende 2011 wurde diese Möglichkeit, den Staat legal zu betrügen, endgültig verboten. Bis dahin mischten viele Banken bei diesem genialen Geldvermehrungsgeschäft mit, dem Fiskus sollen so rund 15 Mrd. € abgeknüpft worden sein – eine Wertschöpfung aus dem Nichts und zu Lasten der Steuerzahler.

Nun zum nächsten Punkt: Wer kauft so ein „Produkt"? Darauf gibt es zwei Antworten. Die erste wäre: Jemand, der überhaupt keine Ahnung hat, was er da kauft, und die zweite: Jemand, der ultragierig auf schnelles Geld für wenig Arbeit ist.

Ein paar Namen solcher Kunden, die bei der Bank *J. Safra Sarasin* solch ein Produkt gezeichnet haben, sind sogar bekannt. Unter ihnen befindet sich z.B. der Drogeriekönig Erwin Müller, der Gründer der Drogeriekette *Müller*, der laut *Forbes-Liste der reichsten Menschen der Welt* rund $ 2,5 Mrd. schwer ist und damit auf Platz 782 der Weltrangliste steht. Dann gibt es noch Clemens Tönnies, seit 2001 Aufsichtsratsvorsitzender von Schalke 04 und als Miteigentümer des Unternehmens *Tönnies Lebensmittel* sehr erfolgreich, denn er schafft es auf Platz 64 der reichsten Deutschen mit $ 2,4 Mrd. Vermögen. Auch dabei ist der mit $ 5,7 Mrd. Vermögen reichste Mann Portugals, der Unternehmer Américo Ferreira de Amorim. Auch er zeichnete eines dieser Produkte. Alle drei sind Personen, von denen man denken könnte, sie prüfen ihre Investments, bevor sie ein paar Millionen überweisen.

Ein Kunde sticht aber besonders ins Auge, ein Mann, dessen Name viele von Ihnen sicherlich schon einmal in dem einen oder anderen Zusammenhang irgendwo aufgeschnappt haben werden: Carsten Maschmeyer. Für all diejenigen, die Herrn Maschmeyer nicht kennen, hier ein paar Ausführungen: Maschmeyer war Gründer und CEO des *Allgemeinen Wirtschaftsdienstes*, besser bekannt unter seiner Abkürzung AWD. Der AWD hatte seit seiner Existenz mit negativer Presse zu kämpfen, Maschmeyer wurde als „Finanzhai“ und „Drücker“ betitelt. Verbraucherschützer warfen dem AWD und Maschmeyer immer wieder vor, riskante Anlagen unter falschen Versprechungen an ahnungslose Kunden abgedrückt zu haben. Bis zu zwei Millionen Kunden sollen so durch den AWD viel Geld verloren haben. Maschmeyer dementierte dies stets. Später vergoldete er seine AWD-Anteile, indem er sie an den Schweizer Finanzberatungs- und Versicherungskonzern *Swiss Life* verkaufte. Aus AWD wurde *Swiss Life Select* und „Maschi“, wie man ihn dort in den Büros gerne nannte, sicherte sich einen Stuhl im Verwaltungsrat der *Swiss Life*. In dieser Zeit durfte auch ich ihm einmal auf einem Event der *Swiss Life* die Hand schütteln. Er ist mir nicht sonderlich gut im Gedächtnis geblieben, was sicherlich auch daran lag, dass wir nur zwei oder drei Sätze gesprochen hatten und ich damals mehr Ausschau nach seiner Frau, der Schauspielerin Veronica Ferres, hielt, die ich aber nirgendwo erblickte.

Maschmeyer gehört zu den Leuten, die man in der Branche als richtig „abgebrüht“ versteht. Der Mann ist Selfmade-Milliardär, hat wahrscheinlich jede noch so nützliche Telefonnummer Deutschlands in seinem Handy gespeichert und bewegt sich in hohen politischen Kreisen.

Sogar der ehemalige Bundespräsident Christian Wulff hat in seiner Finka auf Mallorca Urlaub machen können – okay, das ist einer der Gründe, warum er jetzt der „ehemalige" Bundespräsident ist, aber das lässt tief blicken. Maschmeyer hat den Durchblick und Ellenbogen beziehungsweise die Reißzähne, die man braucht, um ganz nach oben zu kommen.

Aber auch er gab später an, nichts von dem gewusst zu haben, was da im Hinterzimmer der Bank *J. Safra Sarasin* ausgeheckt worden war. Mal ehrlich, Herr Maschmeyer, gerade Sie als der König – nein, was rede ich – als der Erfinder des Kleingedruckten, als der Mann, der mit Finanz- und Versicherungsprodukten zum Milliardär wurde, gerade Sie heben nichts von dem gewusst, was da läuft? Sie haben 40 Millionen Euro investiert und wussten nicht, wohin das Geld geht? Wie sind Sie so reich geworden mit so einer ausgeprägten Naivität?

Aber okay, ich will Ihnen das mal glauben. Nachdem Sie den hässlichen Schnurrbart abrasiert haben, sehen Sie ja auch viel vertrauenswürdiger und freundlicher aus. Andererseits kannten Sie den Privatbankier Eric Sarasin, den damaligen Chef des Private Banking und letzten aktiven Sarasin in der Bank *J. Safra Sarasin*, ja schon von früheren Geschäften zwischen ihm und dem AWD. Dann kommt noch dazu, dass Sie und Eric gute Fußball-Kumpels waren.

Carsten Maschmeyer sieht sich nämlich jedes Jahr gemeinsam mit seinen Freunden aus Wirtschaft und Politik die Champions-League Spiele vor Ort an, und auf den gehobenen Plätzen lässt sich sicherlich auch gut über Geld reden.

Langer Rede kurzer Sinn: Wie ging es mit „Projekt Gipfelsturm" weiter? Nicht gut! Um etwas schneller zum Ende zu kommen, werde ich Sie nicht mit langweiligen Finanzdetails überhäufen. Der Super-Duper *Sheridan-Fonds* brachte nicht das, was er anfangs versprochen hatte, denn der Fiskus spielte 2011 nicht mehr mit, die doppelten Rückerstattungen wurden gestoppt. Maschmeyer und Konsorten konnten ihre erwarteten Gewinne nicht kassieren. Eric Sarasin, der wohl immer noch die Hoffnung hatte, etwas von dem Geld retten zu können, hielt Maschmeyer und andere Kunden hin. Er verschickte nette SMS, beteuerte, selbst *„schlaflose Nächte"* zu haben und sein Bestes zu geben. Es half nichts: Von den 50 Millionen Euro, die Maschmeyer, seine Frau Veronika Ferres und deren Kumpel, der ehemalige HSV Trainer Mirko Slomka, in den Jahren 2010 und 2011 gemeinsam an die Bank *J. Safra Sarasin* überwiesen hatten, kamen über 14 Millionen € weniger zurück als gedacht.

Am 28. November 2012 durchsuchten dann 60 Staatsanwälte, Steuerfahnder und Kriminalpolizisten dreizehn Büros in Deutschland, darunter auch die der Frankfurter *Sarasin*-Filiale. Der Vorwurf lautete: Verdacht auf besonders schwere mittäterschaftliche Steuerhinterziehung. Ebenfalls durchsucht wurden die Büros der Kanzlei Dr. Hanno Berger, ein gewitzter Anwalt, der früher selbst als Betriebsprüfer unterwegs war, dann aber auf die Berater-Seite wechselte und u.a. auch Sarasin beriet und eine Schlüsselfigur bei der Gestaltung von „Projekt Gipfelsturm" war.

Maschmeyer war verunsichert. Er wollte endlich Klarheit und fuhr sogar noch kurz vor Weihnachten 2012 nach Zürich. Mit Eric Sarasin hielt er per Email den Kontakt, dieser vertröstete ihn immer wieder, übte sich in langen Ausflüchten, dass die Finanzämter überlastet wären und deshalb Steuerrückerstattungen länger bräuchten als geplant usw. Doch anstatt sich im Stillen über den missglückten Raubzug zu ärgern, schickte Maschmeyer schließlich seine Rechtsanwälte und erstattete Strafanzeige wegen Betrugs gegen seinen alten Fußball-Kumpel Eric Sarasin. Maschmeyer sagte bei der Polizei aus, von illegalen Geschäften im Hintergrund nichts gewusst zu haben. Die Staatsanwaltschaft ermittelte gegen Sarasin, zu einer Anklage kam es allerdings nicht, denn Maschmeyer zog seine Anzeige nach einer gütlichen Einigung mit der Bank zurück, und Eric Sarasin konnte durch eine Zahlung von 200.000 € die Einstellung des Verfahrens erwirken.

Eric Sarasin gab während der Ermittlungen zu Protokoll, Maschmeyer hätte ihn gefragt, ob er nicht *„mal was richtig Geiles"* habe. Und da war er wohl nicht der Einzige, denn die Klagen auf Schadenersatz gegen die Bank *J. Safra Sarasin* sind hoch.

Und was machen die Protagonisten dieses Melodramas heute?

Der 2014 von seinem Posten zurückgetretene Eric Sarasin stieg gerade als Investor beim Zürcher *Fintech Advanon* ein, ein junges Unternehmen, das auf die Liquiditätsplanung von kleineren und mittleren Unternehmen (KMU) spezialisiert ist. Über ihre Online-Plattform können Schweizer KMU ihre offenen Debitoren-Rechnungen von Finanzinvestoren vorfinanzieren lassen, um somit Zahlungsfristen zu überbrücken.

Joachim Strähle schied bereits 2013 als CEO bei *J. Safra Sarasin* aus, die Hintergründe blieben damals im Dunkeln. Seit April 2015 ist er der neue CEO der schweizerischen *EFG International*, einer Privatbank mit Sitz in Zürich.

Der Berater und Rechtsanwalt Dr. Hanno Berger musste seine Kanzlei schließen und hat sich in die Schweiz in ein idyllisches Bergdorf im Kanton Graubünden abgesetzt. Er soll neben der Bank *J. Safra Sarasin* auch die *Hypo-Vereinsbank* in Sachen „Cum-Ex-Deals" beraten haben.

Und Carsten Maschmeyer? Dem hat die ganze Angelegenheit in keinster Weise geschadet. Menschen wie er scheinen aus einer Art Teflon zu bestehen, an denen bleibt nichts haften. Wenn Sie ihn einmal wiedersehen möchten, er ist seit August 2016 als TV-Juror und „Investor" in der VOX TV-Sendung „Die Höhle des Löwen" zu sehen und ersetzt dort Vural Öger, der Ende Dezember 2015 mit seinem Unternehmen einen Insolvenzantrag stellen musste. Na, hoffentlich bringt sein Platz kein Unglück.

Und die Moral von der Geschicht'? Die Gierigen mögen in Hollywood-Blockbustern für Jahre hinter schwedische Gardinen gehen, im wahren Leben werden sie aber eher selten bestraft.

Rien ne va plus

„Es gibt Leute; die zahlen für Geld jeden Preis.“

Arthur Schopenhauer (dt. Philosoph, 1788-1860)

Ich habe mir irgendwann eine Auszeit gegönnt. Ich hätte einfach zurückkommen und mich wieder an meinen Schreibtisch setzen können, wenn ich das gewollt hätte. Aber ich habe es nicht getan.

Warum, kann ich Ihnen nicht genau sagen. Eigentlich sollte es nur ein Jahr werden, dann wurden es zwei, nun sind es beinahe drei Jahre. Vielleicht haben sich einfach meine Prioritäten geändert, denn sicherlich ist mir meine Zeit heute mehr wert als mein Geld. Vielleicht hat mein Körper den ständigen Raubbau, den ich ihm mit Zigaretten und Alkohol angetan habe, auch satt. Denn eigentlich war es damals der Wunsch, etwas gesünder zu leben und den Kopf frei zu bekommen für neue Ideen, der mich dazu brachte, von einem Tag auf den anderen alles aufzugeben und ins Ausland zu gehen. Vielleicht war es auch die Einsicht, immer eine Marionette gewesen zu sein, der Wille, sich zu verändern oder die tiefe Angst in mir drin, doch irgendwann im Knast zu landen oder von einem unzufriedenen Kunden abgemurkst zu werden.

Ich weiß es nicht, und es ist mir ehrlich gesagt auch egal. Wahrscheinlich liegt die Wahrheit irgendwo in der Mitte – einen einzigen Grund gibt es selten.

Wenn ich meine Zeilen wieder und wieder lese, komme ich mir immer mehr vor wie einer dieser Verschwörungstheoretiker, die ich früher so belächelt habe, und doch weiß ich: ICH habe alle diese Dinge gesehen und erlebt – kein anderer. Die Schlussfolgerungen, die ich aufgrund der mir bekannten Fakten ziehe, sind meine Schlussfolgerungen, die eines erfolgreichen Ökonomen, eines gefragten Beraters, die eines Insiders – und nicht die eines schizophrenen Spinners.

Ich habe vor etwas mehr als einem Jahr damit begonnen, dieses Buch zu schreiben. Zuerst wollte ich nur ein paar meiner lustigen Anekdoten als Erinnerungsstütze für mich selbst verfassen. Dann begann ich irgendwie automatisch, mir kritische Gedanken über mein Handeln zu machen und dann schließlich über die ganze Branche. Herausgekommen ist das, was Sie nun vor sich liegen haben. Ich weiß nicht, ob es gut geworden ist, ob es Sie nicht eher gelangweilt hat, aber irgendwie ist mir auch das egal, denn ich habe es für mich selbst geschrieben und für die Menschen, die ich liebe – und für die Kollegen, die im Laufe der Jahre unter die Räder gekommen sind oder dem Druck nicht mehr Stand halten konnten und ihren eigenen Ausweg gewählt haben. Und so ist es auch eine Erinnerung an Mr. Red, für den ich sicherlich sowohl Freund als auch Marionette zugleich war und den ich persönlich sehr vermisse. Auch habe ich es für meine Familie geschrieben, die ich in den letzten zehn Jahren viel zu selten sehen konnte, und natürlich für meine Partnerin, die mich als den Mensch akzeptiert, der ich einmal war und die mich heute so erträgt, wie ich jetzt bin. Danke!

Ich habe für mich mit dem Bankster-Dasein abgeschlossen. Das habe ich begriffen, auch wenn es lange gedauert hat. Die gesammelten Erfahrungen, Eindrücke und die meisten meiner Erinnerungen aus dieser Zeit möchte ich nicht missen. Sie haben mich zu dem gemacht, was ich heute bin, und mit diesem Menschen komme ich ganz gut klar.

Hier ist nun vorerst das Ende, auch wenn noch lange nicht alles gesagt wurde...

Interview mit Jan van Helsing (11.10.2016)

Herr Vollenweider, haben Sie keine Angst vor Repressalien? Das Buch enthält ja doch extrem viel Zündstoff... Immerhin waren Sie ja auch daran beteiligt, deutsche Gelder in der Schweiz so zu verschieben, dass der deutsche Fiskus keinen Zugriff hat. Zudem haben Sie auch geholfen, große Summen der verschollenen DDR-West-Mark-Millionen außer Landes zu schaffen. Das ist ja in gewisser Weise strafbar, oder nicht?

Ich habe keine Tat begangen, die in der Schweiz strafbar wäre. Das muss man ja auch einmal benennen: Die Schweiz hat ein ganz anderes Strafgesetzbuch als die Deutschen. In Deutschland ist die Beihilfe zur Steuerhinterziehung eine Straftat, in der Schweiz nicht. Strafbar hätte ich mich also nur gemacht, wenn ich persönlich Gelder aus Deutschland geholt hätte. Das habe ich nie getan. Ich habe auch nie Kunden in Deutschland Angebote gemacht, die Kunden kamen immer zu mir in die Schweiz. Ich habe Lösungen angeboten, aber die Lösungen gibt es nur in der Schweiz.

Trotzdem muss man hier sehr, sehr vorsichtig sein. In den letzten Jahren – gut, das ist jetzt auch schon drei Jahre her – sind doch einige aufgeflogen, die versucht hatten, scheinreiche Kunden an Land zu ziehen. Die waren natürlich verdeckte Ermittler der Steuerfahndung, die mittlerweile bemerkt hatten, wie das Spiel läuft und wo man diese Banker kaschen kann, und es hat damals in einem Frankfurter Hotel zwei Verhaftungen von zwei Schweizer Bankern gegeben, die dann sehr lange in Untersuchungshaft gesteckt wurden, um zu zeigen, wie man mit Leuten umgeht, die versuchen, das deutsche Finanzamt zu betrügen. Die beiden sind später auch verurteilt worden. Es gibt nichts Schlimmeres in Deutschland, als wenn Du dem Fiskus Geld wegnimmst.

Und Sie hatten sich auch anwaltlich beraten lassen?

Ja, aber man muss noch einmal bemerken, dass ich – auch in Bezug auf die DDR-Millionen – im Auftrag gehandelt hatte. Und dass es die DDR-Millionen waren, habe ich erst erfahren, als ich abends im Restaurant mit meinem Kollegen zusammensaß.

Stimmt...

Da hatte er es mir erzählt. Zuvor hatte ich einfach nur das gemacht, was man mir aufgetragen hatte: den Koffer mit ins Büro genommen, das Geld getauscht und zugesehen, dass ich das Gold loswerde. Und ich hatte einen Koffer gekauft. Das könnte man mir vielleicht vorwerfen. Beihilfe zum besseren Transport... (lacht)

Bei unserem Vorgespräch hatten Sie erzählt, dass Sie ursprünglich ein Jahr Auszeit geplant hatten – nun sind es drei Jahre geworden. Was war bzw. ist Ihr Beweggrund dafür?

Angefangen hatte es damit, dass ich eine Blinddarmentzündung verschleppt hatte. Ich hatte gemerkt, dass es mir wehtut, aber wir waren allerdings mitten im vierten Quartal – das heißt, Du musst die Abschlüsse für die Kunden machen –, und dann läuft man halt mal zwei Wochen durch die Gegend, egal, ob es wehtut. Der Kunde und das Geschäft gehen nun mal vor. Eines Sonntagmorgens war es dann so schlimm, dass das Einzige, dass ich mir ein Taxi rief und ins Krankenhaus fuhr, weil ich vor Schmerzen nicht mehr konnte... Der Blinddarm war kurz vor dem Durchbruch. Die Ärzte erklärten mir, dass ich bereits eine Entzündung im Blut hatte usw. Ich war damals privat versichert, was bedeutet, dass ich in einem Privatkrankenhaus in Zürich, also in einer äußerst noblen und ruhigen Atmosphäre, rehabilitieren konnte. Ich wurde mit feinstem Essen bedient, wie in einem Sternelokal – kurzum, ich war dann zwei Wochen dort, und es wurde mir von Seiten der Ärzte angeraten, doch einmal ein, zwei Monate eine Auszeit zu nehmen, um wieder in Ordnung zu kommen und meine Energiespeicher wieder aufzufüllen. Das tat ich dann und dachte mir dabei, dass ich es vielleicht sogar etwas länger mache. Dass ich jedoch nicht wiederkommen würde, war mir damals noch nicht klar. Ich habe mich sodann in den Zug gesetzt, fuhr nach Salzburg, habe mir das Salzburger Land angesehen, bemerkte aber recht schnell, dass ich noch zu nah an der Arbeit war. Dann überlegte ich, wo ich sonst noch hin konnte und entschied mich für London. London kannte ich ja recht gut durch meine Bankentätigkeit. Dort ließ ich es mir dann gut gehen und hatte gleichzeitig auch eine Ausrede, wenn mich jemand anrief: *„Ich bin gerade in England, habe keine Zeit usw...!*

An einem Freitagnachmittag, als ich gerade ins Harrods lief, traf ich beim Hineingehen einen Bekannten. Den Mann hatte ich zirka zwei Jahre vorher in der Zürcher City kennengelernt. Er war dort wissenschaftlicher Mitarbeiter an der Universität, ist dann aber wieder zurück nach London. Jedenfalls erkannte er mich auch gleich wieder. Wir sind dann zusammen in einen Pub und haben uns einen hinter die Binde gekippt, uns über die alten Zeiten unterhalten – wir waren in seiner Zeit in Zürich öfter einmal zusammen unterwegs –, und dann lud er mich nach Schottland zu seiner Familie ein, denn er war eigentlich Schotte. Seine Eltern haben in der Nähe von Edinburgh eine Ferienpension, und wir fuhren dann mit dem Nachtzug dorthin. Nach drei Wochen dort war mir klar geworden, dass die Arbeit in Zürich für mich nicht mehr taugt. Es war mir klar geworden, dass ich mir damit etwas antat, was ich eigentlich gar nicht wirklich wollte. Dort war eine Gesellschaft, in die ich nicht wirklich passte, eigentlich das ganze Umfeld dort. Jetzt hatte ich nach über acht Jahren zum ersten Mal Urlaub gemacht, zudem war ich telefonisch nur schwer erreichbar aufgrund des schlechten Netzes dort. Der ganze Aufenthalt in Schottland hat mich verändert. Ich war von der Familie auch in den Clan aufgenommen worden, bekam einen Kilt usw. Ich konnte mir vorher nicht vorstellen, dass ich mir die Zeit nehme, in der Natur zu verweilen oder mal einem Dudelsackspieler zwei Stunden zuzuhören. Das war völlig anders, als immer mit Kunden rumzuhängen und sich abends in der Kneipe volllaufen zu lassen, damit man von dem Stress runterkam. Dieses ganze „Engegefühl" fiel von mir ab.

Wir wussten natürlich immer ganz genau, was wir da mit unseren Bankgeschäften taten und wir fühlten uns auch schon ein bisschen

wie Robin Hood, aber irgendwo und irgendwie fühlte ich, dass ich etwas tat, das nicht richtig war. Und das wurde mir damals bewusst. Ich hatte mich in Zürich in eine Gesellschaft hineinbegeben, in der ich als Mensch eigentlich nichts zu suchen hatte.
Später war ich dann in Deutschland auf eine Geburtstagsfeier eingeladen, lernte dort meine jetzige Partnerin kennen und von da an war für mich eine Rückkehr definitiv ausgeschlossen.

Aber es ist Ihnen in Schottland auch klar geworden, dass es wohl nicht nur Ihnen so ging, dass Sie permanent unter Strom standen, sondern es generell in Ihrer Zunft recht ungesund zugeht.

Das wird einem natürlich erst klar, wenn man darüber nachdenkt, wen man eigentlich so alles um sich hat. Die meisten meiner Kollegen sind Mitte fünfzig geworden, nicht älter.
Ein guter Freund, mit dem ich viel gearbeitet habe, dem hat mit Anfang fünfzig der Speiseröhrenkrebs ein Ende gesetzt. Und der wusste ganz genau, woher das kam. Der war ständig unter Beschuss, hatte sein Leben lang Sodbrennen von diesem vielen Stress, dass er sich am Ende einfach nur von Innen verätzt hat.

Andere haben sich umgebracht...

Ja, und andere haben einen Herzkasper bekommen.

Wegen der extremen Ernährung, Saufen, Drogen...

Genau, die Ernährung ist ein Teil davon. Man isst zwar fast ausschließlich „gute“ Sachen, aber ausgewogen ist die Ernährung natürlich nicht. Dann säuft man ja den ganzen Tag. Das ist auch etwas, was mir auch erst im Nachhinein klar geworden ist, wie viel ich in mich hineingeschüttet hatte – und das jeden Tag! Man hält das dann irgendwann für ganz normal. Ich habe mich immer noch für jemanden gehalten, der relativ wenig trinkt – vor allem im Vergleich zu anderen, wenn ich gesehen hatte, wie viel Alkohol die trinken. Klar, wenn man abends ausgeht und trinkt dann drei Flaschen Champag-

ner, dann meint man, man trinke ja kein Bier, sondern Champagner, das ist ja nicht das Gleiche. Ich war auch nie ein Fan von Schnaps und dergleichen, andere tranken zwei Flaschen Wodka am Tag und sind dann noch mit dem Auto heimgefahren. Das hätte ich mit mir selber nicht vereinbaren können. Das ist verantwortungslos!
Du hast dann halt auf der anderen Seite die Leute, die es nicht schaffen, die mit ihrem Leben auf irgendeine Weise unzufrieden sind, und dann in extreme Lebenskrisen kommen – das hat mich echt erschreckt.
Im Buch schreibe ich von dem Kumpel, der im Beratungswesen tätig gewesen ist und sich dann vor den Zug geworfen hat, weil er gemerkt hat, dass sein Arbeitgeber ihn nicht wieder einstellen wollte. Er war vor Kunden umgekippt. Und sein Schicksal ist keine Seltenheit. Viele kommen nicht mehr weiter in der Gesellschaft. Und einige davon nehmen sich dann das Leben.
Ich hatte Ihnen im Vorgespräch von Carsten Schloter erzählt, dem damaligen CEO der *Swisscom*, dem größten Telekommunikationsunternehmen der Schweiz, ein extrem beliebter Mensch; jemand, der eine super Firmenphilosophie auch in der Swisscom geführt hat, der es geschafft hat, das Unternehmen *Swisscom*, obwohl es eigentlich ein alter, staatlicher Klotz war, auf neue Wege zu führen. Der hat sich, ohne dass man es hätte voraussehen können, einfach erschossen. Man hatte es zwar nicht veröffentlicht, aber in unseren Kreisen war bekannt, dass der Grund war, dass seine Frau sich von ihm getrennt hatte und mit den Kindern in die USA gezogen war. Es war die erste Situation in seinem Leben, die er nicht lösen bzw. kontrollieren konnte. Und das ist hart. Das ist etwas, was man selbst kaum merkt, also dass man selbst da tief drinsteckt. Ich selbst hätte mich nie als Kontrollfreak bezeichnet, aber es hat mich unheimlich genervt und geärgert, wenn irgendwo etwas schiefgelaufen ist. Man wird ein herrschsüchtiger und tyrannischer Mensch mit der Zeit. Man wird unheimlich eklig gegenüber der Mitwelt. Ich kenne mich ja selbst schon sehr gut, aber meine Partnerin hat in unserer Beziehung hin und wieder mal solche Auswüchse bei mir miterlebt und

gesagt: *„Das bist doch gar nicht Du in dem Moment! Du kannst von einem Moment zum nächsten zu einem richtigen Arschloch werden."* Gut, das mag eine Eigenschaft sein, die man ab und zu vielleicht einmal braucht, aber sie ist nicht gut – und sie ist vor allem nicht berechenbar. Und sie ist gefährlich, denn man wird zum Soziopath, ob man will oder nicht.

Es ist sicherlich der Druck, der sowohl von den Arbeitgebern als auch von den Kunden auf die Banker ausgeübt wird, der sie belastet.

Der größte Druck, den Du haben kannst, ist die Gesellschaft an sich. Du läufst in Zürich in einer Gegend herum – das ist in Genf oder London nicht anders –, die nur darauf ausgelegt ist, möglichst viel Geld zu verdienen und damit zu protzen. Das ist der einzige Grund, nämlich sich höher zu stellen als andere. Sicherlich hat man bei der Arbeit unheimlich viel Druck. Ich habe zum Beispiel mein Hauptgeschäft nach der Bankenkrise gemacht, in einer Zeit, in der andere wirklich geprustet haben. Das war zu einer Zeit, in der man im Investmentbanking und im Aktienhandel keine guten und großen Geschäfte machen konnte. Ich selbst hatte ja ein ganz normales Anlagegeschäft durchgeführt, und den Leuten, die mit Schwarzgeld kommen, denen ist es egal, ob sie 5% oder 15% Gewinn machen. In dem Moment wollen sie es einfach vom Markt haben. Es muss auf Konten sein, es muss Zugriff darauf möglich sein – wie viel Geld am Ende damit verdient wird, das kann man sich dann noch separat anschauen. Ich war ja nur für den ersten Schritt zuständig, den Rest machten dann meine Kollegen. Aber man hat diesen Druck, und diesen Druck siehst Du, wenn Du nur mal abends ausgehst. Gehe da nur mal in einen Club wie im *Hyatt* in Zürich oder ins *Terrasse*, direkt beim Bellevue-Platz. Du siehst am Freitagabend nur Leute, bei denen ein Anzug schöner ist als der andere, wo eine Frau aufgeplusterter ist als die nächste – umoperiert, gemacht und getan... Man sieht Uhren, die so viele Brillanten haben, dass man nicht mal mehr die Zeit ablesen kann. Du bist extrem unter Druck, das hatte ich auch gemerkt. Du darfst ja nicht in einem Anzug von der Stange zu einem dicken Kundenmeeting gehen. Du fährst alle drei, vier Monate mit Deinen Kumpels nach Mailand und lässt Dir dort Deine Anzüge schneidern. Das ist zum einen günstiger, als wenn man sich die in der Schweiz machen lässt, und man bekommt dort einfach die feinsten Sachen. Ich habe eine Kiste zuhause, da sind mindestens 30 Krawatten drin, alles feinste Seidenkrawatten – da hat jede 150 bis 200 Euro gekostet. Und zu den meisten habe ich auch die passenden Manschettenknöpfe… Das ist schick, aber braucht man es?

Na, in diesem Gewerbe schon… Sonst nehmen sie Dich nicht ernst.

Du wirst nicht ernst genommen. Und das ist dann halt dasselbe mit dem tollen Auto – ich selbst bin kein großer Autofahrer, deswegen habe ich mir ein Boot zugelegt. Das war eine kleine Kaschemme, das muss man sagen, aber ich hatte mitten in der Stadt Zürich einen Liegeplatz. Das ging natürlich nur über Beziehungen, andere warten bis zu 100 Jahre auf einen Liegeplatz. Du kannst Dich jetzt schon anmelden, damit Deine Urenkel einen bekommen. Und mein Schiff war renoviert, sah also ganz passabel aus. Das ist einfach toll – egal, ob Du dann mit Kunden rausfährst oder Frauen damit beeindrucken willst oder nur für Dich selber das Gefühl hast: *„Hey, Du hast ein Boot!“* Oder man hat eine teure Uhr. Das macht einfach was mit einem. Die teuerste Uhr, die ich hatte, war eine „IWC Portugieser“ für 15.000 Euro. Die hat man mir leider geklaut…

Kommen wir nochmals kurz auf den Herrn Schloter von der *Swisscom* zu sprechen. Sie kannten ihn persönlich?

Ja, wir hatten uns mehrfach getroffen.

Es gibt die im Buch erwähnten Bars und Restaurants, in denen man Leuten aus der Szene begegnet. Aber es gibt speziell in Zürich Clubs, in denen sich nur die Insider treffen; ich meine Clubs, in denen man sein „muss“, um die „richtigen“ Geschäfte zu machen.

Du fängst natürlich unten an. Es ist zum einen einmal eine unglaubliche Arbeit, sich immer und überall sehen zu lassen. Also mit Schlafen ist da nicht viel. In Zürich sind es bestimmte Anlässe – weniger in Form von Bällen, sondern mehr in Form von Summerend-Veranstaltungen wie im Hotel Baur au Lac, wo jetzt die ganzen FIFA-Funktionäre festgenommen wurden. Da gibt es die *White-Partys* – auch *Fêtes Blanches* genannt –, bei denen alle Besucher ganz in Weiß gekleidet sind. Da muss man immer wieder hin, denn genau dort lernt man die richtigen Leute kennen. Man lernt selbstverständlich auch Kunden kennen und macht auch unglaublich viel Business dort. Man geht dorthin, um sich entweder volllaufen zu lassen, weil man Weiber angucken will oder wegen der Geschäfte. Einen anderen Sinn hat das nicht. Und von dort geht es dann weiter. Wenn Du wirklich Glück hast, dann kommst Du in die Kreise, in die Du willst. Und da hatte ich einen ganz großen Türöffner, das war mein Freund Red, von dem ich im Buch schrieb, der alles und jeden kannte und der dafür gesorgt hat, dass ich mich dort blicken lassen durfte – aufgenommen wird man natürlich erst Jahre später. Und das ist zum Beispiel der *Club zum Rennweg* in Zürich. Das ist eine der Hausnummern, wo Du sein musst. Das ist ein Club, der ungefähr 200 feste Mitglieder hat. Diese 200 Mitglieder zahlen einen Jahresbeitrag von 12.000 Franken. Dafür kannst Du jederzeit rein, kannst jederzeit essen. Für die diversen Partys muss man noch etwas extra zahlen. Wenn Du Dir ansiehst, wer dort Mitglied ist, dann weißt Du, was das für ein Club ist.

Sie waren mehrmals dort?

Ich war mehrmals dort. Einmal, als ich dort zum Essen war, hatte ich Sepp Blatter getroffen, der dort mit einem bekannten Zürcher Rechtsanwalt dinierte, zusammen mit einem Herrn aus Saudi Arabien. Franz Beckenbauer ist dort sehr häufig präsent, Boris Becker ist dort Mitglied der ersten Stunde. Boris ist nicht nur Tennis-Star, sondern hat im Kanton Zug, dem steuergünstigsten Kanton der Schweiz, eine große Investmentfirma. Und die läuft top. Vom Tennis allein kann er bestimmt nicht leben, und er muss ja auch etliche Alimente zahlen. Becker geht also auch im *Club zum Rennweg* ein und aus.

Wer ist noch dort?

Zum Beispiel Philippe Gaydoul, er ist Gründungsmitglied. Gaydoul war früher der Geschäftsführer der *Denner AG* und ist heute als Investor tätig; Urs Rohner, er ist Verwaltungsratspräsident der *Cretit Suisse* und seit 2013 Vorstandsmitglied der Lobbyorganisation von *Credit Suisse* und *UBS*, das ist die *Suisse Finance Council* in Brüssel. Von dort gehst Du über die Straße und bist dann beim *European Service Round Table*, und der Vorsitzende dort ist Henri de Castries, der Vorsitzende der *Bilderberger*.

Der *Club zum Rennweg* ist also einer der Clubs, in denen sich die wirklich wichtigen Leute der Schweizer Bankenwelt treffen. Und der andere ist das *Suisse Finance Council*?

Nein, das ist der *Entrepreneurs' Round Table*. Das ist der Club, in den Du später reinkommst, wenn Du Dich im „Rennweg" bewährt hast. Die haben 80 feste Mitglieder. Mehr gibt es nach den Statuten dort auch nicht. Da muss schon jemand wegsterben. Das ist die Spitze, die Crème de la Crème. Treffen tun sich diese überwiegend in Vorstandsbüros.

Kennen Sie jemanden aus dem *Entrepreneurs' Round Table*?

Ich hatte öfters mit Urs Rohner zu tun, der dort ein- und ausgeht. Beim *Club zum Rennweg* möchte ich aber noch bemerken, dass man sich nur anschauen muss, wer dort alles Mitglied ist, denn dann sieht man, wie verstrickt das ist. Der Verleger Jürg Marquard ist dort Mitglied und der Schweizer Altbundesrat Adolf Ogi sowie Martin Spieler, der Chefredakteur der *Handelszeitung*. Andere Persönlichkeiten, die ich dort angetroffen habe, sind der Wirtschaftsanwalt Martin Wagner (ehem. Verwaltungsratspräsident der *Weltwoche*); Thomas

Matter (ehem. Teilhaber der Bank *Swissfirst* und heute Inhaber der *Matter Group* – ist Mitgründer des Clubs); Dany Bahar (Chef des Automobilherstellers *Lotus*, war früher bei *RedBull* und *Ferrari* – auch er ist ein Mitbegründer des Clubs); der Anwalt Thomas Ladner; der ehem. *UBS*-Chef Marcel Rohner; der CEO der Uhrenfirma *IWC*, Georges Kern; der Internetmillionär Daniel Aegerter (Mitbegründer des Clubs); Rolf Döhring (*SwissLife*-Präsident); Carolina Müller-Mohl (Verwaltungsrätin bei *Nestlé* und Inhaberin einer Investmentgesellschaft); Franziska Tschudi (Verwaltungsrat bei *SwissLife* und Chefin der *Wicor-Holding*), der ehem. *Sonova*-Chef Valentin Chapero, Samuel Keller von der *Fondation Beyeler*, Nationalrat (SVP) Peter Spuhler (Inhaber der *Stadler Rail*). Auch Ottmar Hitzfeld geht im *Club zum Rennweg* ein und aus. Jedenfalls geht es in diesen Clubs nur um Kohle und Macht. Es ist nicht mit den *Rotariern* und *Lions* zu vergleichen, die ja humanitäre Zwecke verfolgen und sich sozial engagieren. Hier geht es nur um Geld. Und das ist es auch, was viele Rotarier aufregt, dass es Leute gibt, die solch einen Club wie den *Entrepreneurs' Round Table* gründen, der niemanden reinlässt und der nichts Soziales macht. Du gehst dort nur rein, um Dich zu treffen und Geschäfte zu machen. Man muss ja nur einmal die Namen der Mitglieder googeln und was die so machen, welche Firmen die besitzen und in die Aufsichtsräte dieser Firmen schauen, und man stößt wieder auf Namen von Leuten, die in diesem Club sind. Man trifft sich in diesen Clubs eigentlich nur, um unter sich zu sein und um Geld zu machen. Und das sieht man diesem Club auch an. Zum Beispiel im „Rennweg", dort gibt es nur das feinste Essen, in der Ecke hast Du einen Humidor stehen – ich liebe Zigarren –, in dem Zigarren im Wert von mindesten 30.000 Franken aufbewahrt werden. Und als Mitglied kannst Du Dich bedienen – kostenlos, wie auch beim Essen. Das macht Spaß, das gebe ich zu. Es gibt kleine Räumlichkeiten, in denen man ungestört sprechen kann, aber man muss ohnehin nicht aufpassen, was man sagt, da alle dieses Schweigen einhalten. Die Leute sind ja unter sich.

Sie erwähnten Henri de Castries als Chef der *Bilderberger* als Mitglied in einem oder gar in beiden Clubs, was wiederum zeigt, dass es bei solchen Treffen weit über das rein Geschäftliche hinausgeht.

Na klar, das ist Macht und Einfluss. Was denken Sie, was diese Leute wollen? Du willst ja nicht nur Geld. Wenn Du Geld hast, ist das ja ganz schön, aber Du willst ja auch den Einfluss. Für mich persönlich stand das Geld im Vordergrund, der Einfluss interessierte mich weniger. Politik ist mir selbst als Banker zu schmutzig. Wenn Du Einfluss hast, dann laufen Dir permanent die Leute hinterher und wollen was von Dir. Das nervt. Das sieht man ja schon an Personen wie Philippe Gaydoul, der das Ganze gegründet hat.

Nun würde mich sowie auch die Leser interessieren, wen Sie noch so alles getroffen hatten. Sie erwähnten Urs Rohner oder Henri de Castries von den *Bilderbergern*. Mir geht es nun darum, ob Sie neben den geschäftlichen Machenschaften auch sonst von irgendwelchen Hintergrundgeschichten erfahren haben. Wurde in den Gesprächen mit diesen einflussreichen Leuten etwas von einer Verschwörung erwähnt, von Freimaurern, der „Neuen Weltordnung" usw.?

Ja, dazu kann ich ein ganz konkretes Beispiel nennen. Und zwar ist das ein Mann, der wohl noch vielen im Gedächtnis ist: Thomas Borer. Thomas – ich war mit ihm per Du – ist ehemaliger Botschafter der Schweiz in den USA und in Deutschland gewesen und war mit Shawne Fielding verheiratet. Das ging damals durch die Presse, weil er angeblich fremdgegangen ist… Der Thomas ist nun jemand, der im *Club zum Rennweg* ein- und ausgeht, dasselbe beim *Entrepreneurs' Round Table*, und er ist in einer Zürcher Freimaurerloge. Und was macht der Thomas? Wenn Du irgendwann aufhörst, Diplomat zu sein, dann brauchst Du immer noch einen Job – in seinem Fall, oder wie so oft bei Personen wie ihm, als Berater. Da helfen Dir Deine Kontakte, die Du Dir über die Jahre hinweg aufgebaut hast. Ein Name, der mir hierzu einfällt und der in den letzten Jahren als Investor immer größer geworden ist, das ist Wiktor Wekselberg –

das ist eine ganz merkwürdige Gestalt, um die sich viele Mythen ranken –, der anscheinend hier und da schmiert, seine Wege in die Politik sucht und hier und da Geld liegen lässt, damit die Leute nach seiner Pfeife tanzen... Man kann es ihm nicht nachweisen, das kann man den Wenigsten, die Leute sind schlau, deswegen sind sie ja auch da, wo sie sind. Aber für diesen Herrn Wekselberg hat der gute Thomas Borer in einem Vergleich zwischen den Schweizer Finanzbehörden und dem Herrn Wekselberg eine Summe von 10 Millionen Franken ausgehandelt, wegen irgendwelcher Patentgeschichten. Herr Wekselberg freute sich natürlich darüber – 10 Millionen sind für den nur Peanuts. Irgendwann ist dann aufgeflogen, dass Thomas Borer – nachdem er für Herrn Wekselberg nicht mehr tätig war – sich den nächsten Reichen aus Osteuropa geschnappt hat. Es wurde bekannt, dass Borer sich für die Auslieferung des in Ungnade gefallenen Oligarchen, Milliardärs und ehemaligen kasachischen Energieministers Wiktor Chrapunov stark gemacht hatte. Das war in meinen Augen alles sehr dubios. Chrapunov hatte in der Schweiz Asyl gewährt bekommen. Tja, und Thomas hat immer noch einen großen Einfluss auf Parteimitglieder der SVP und versucht dann natürlich, diverse Interessen durchzusetzen, für die er bezahlt wird. Und das ist halt etwas, das überall passiert. Wenn man zurückgeht zum erwähnten *Entrepreneurs' Round Table* und dem *European Financial Services Round Table*, wo Henri de Castries und Urs Rohner im Vorstand saßen oder sitzen – diese Organisationen sind nur dafür da, in Brüssel Einfluss auf Politiker zu nehmen. Dafür werden sie gegründet. Dafür geht dort das Geld hin. Deswegen schließen sich Banken wie die *Credit Suisse* und die *UBS* – die beiden größten Banken der Schweiz, die eigentlich in Konkurrenz zueinander stehen – zusammen und gründen eine Lobbyorganisation in Brüssel. Das macht man nur, wenn man Einfluss braucht. Man hat ja dieselben Interessen, alle Banken haben dieselben Interessen. Sie wollen, dass in Brüssel Gesetze so geändert werden, dass man weiter Geld verdienen kann. Sie ziehen Gesetze in die Länge, wie zum Beispiel die seit Jahren geplante Abgeltungssteuer, das sind Gesetzgebungen, die man jetzt in Europa einführen wollte, um den Aktienhandel ordentlich zu besteuern. Darum gründet man solche Organisationen: Man will entschärfen. Man kann viele dieser Gesetze nicht verhindern, dafür ist das Lager der roten und grünen Eurokraten in Europa viel zu stark. Aber Du kannst in gewisser Weise versuchen – wenn Du Einfluss auf die Leute in den Gremien hast –, die Gesetze so zu entschärfen, dass sie Dir nicht so weh tun.

Oder irgendwo ein Schlupfloch einbauen...

Exakt! Das hat uns Peer Steinbrück erklärt, wie das funktioniert. Der hat so viele Schlupflöcher in seine Gesetze eingebaut, dass wir uns in Zürich immer gekugelt haben vor lachen, wenn wieder etwas Neues herausgekommen ist. Das war teilweise so dämlich, dass wir uns fragten, warum er sich denn nicht von Leuten beraten lässt, die eine Ahnung von der Materie haben. Jetzt hat er bekannt gegeben, dass er in Zukunft die *ING-DiBa* berät. Endlich ist er Banker, das wollte er ja immer werden. Das war immer sein Traum.
Seien wir doch mal ehrlich: Wozu gründet man solche Organisationen? Das ist nur, um Einfluss zu nehmen.

Gehen wir einen Schritt weiter: Einfluss zu nehmen, ist ja klar im Finanzbereich. Wie steht es aber mit Begriffen wie dem „bargeldlosen Zahlungsverkehr"? Oder Namen wie Rothschild?

Na ja, der Name Rothschild fällt in Zürich sicherlich öfter als woanders. Es gibt zwei Rothschild-Banken in der Schweiz – eine in Zürich und die Edmond de Rothschild in Genf. Seit ein paar Jahren gehört das alles zur *Rothschild Holding AG*. Und soweit ich weiß, wird in der Schweiz ein Drittel des Rothschild-Anlagevermögens verwaltet, man spricht von rund 150 Milliarden Euro, kann aber auch Pfund sein. Was ich aber weiß ist, dass Rothschild leidet. Sie leiden extrem, und kaum einer weiß es. Denn der Alte gibt bald den Löffel ab, und es gibt Streit ohne Ende darüber, wer das neue Familienoberhaupt wird. Dann kommt mit hinzu, dass Du heute mit einer

Bank nicht mehr so viel Geld verdienst wie früher. Das funktioniert nicht mehr, weil der Markt unglaublich gesättigt ist. Wir sind immer noch in dieser Krise, wie die Leute das schimpfen, und Du kannst durch Anlage-Kapital kein großes Geld mehr verdienen. Du musst Dich also irgendwie anders orientieren. Und das macht Rothschild gerade, und die machen das extrem schlau. Sie gehen mit ihrem eigenen Kapital in der Bank in einen Bereich, wo sich viele nicht hintrauen. Sie machen *Private Equity* und *Venture Capital*. Da gibt es beispielsweise den Nathaniel, der ist jetzt Mitte vierzig und ist einer der jüngsten, die da mitspielen dürfen. Der macht gerade richtig großes Business. Er beteiligt sich sehr im Nahen Osten, in Ländern wie Afghanistan und Irak und alles, was momentan in Schutt und Asche liegt, vor allem in der Energiewirtschaft. Und er investiert dort große Summen. Da kannst Du natürlich jetzt, wenn Du die Kontakte hast und da reinkommst, richtig, richtig Asche machen. Das ist ein Geschäft auf die lange Sicht. Das ist aber auch sehr risikoreich, denn Du weißt nie, wie es da unten weitergeht. Das ist ein Pulverfass. Wenn man aber genügend Geld in die Hand nimmt, zum Beispiel 10 Milliarden, und investierst diese in einen noch nicht existenten Energiemarkt, dann kannst Du in 25 Jahren aus den 10 Milliarden 500 Milliarden machen. Denn das ist es, was gebraucht wird. Du baust im Irak 4 oder 5 Kraftwerke – egal ob Öl, Atom oder Solar. Du belieferst alle mit Energie, Du bist der Herr über den Energiemarkt. Und Du steigst dann, wenn Du Dich ausweitest – es geht ja nicht nur um den Irak oder Afghanistan –, in andere, nicht so stabile Energiemärkte ein, wie zum Beispiel im Iran. Und irgendwann dominierst Du den Bereich im Nahen Osten. Das ist unheimlich schlau, und mehr Geld kannst Du eigentlich gar nicht machen.

Nun, bei den Rothschilds munkelt man ja, dass sie nicht 150 Milliarden, sondern eher 10.000 Milliarden besitzen.

Ja, aber in Firmenbeteiligungen.

So wie bei *Blackrock*? Durch *Blackrock* haben die Rothschilds unzählige Firmenbeteiligungen bei Firmen weltweit – hier 3 Prozent, da 5 Prozent...

Von *Blackrock* handelt u.a. „Bankster – Band 2“, an dem ich gerade schreibe...

Aha, das klingt spannend. Erzählen Sie!

Blackrock hat weit über 10.000 Firmenbeteiligungen. *Blackrock* ist die größte Schattenbank der Welt. Und *Blackrock* ist zum großen Teil Rothschild. Und das ist DIE Möglichkeit, wie man heute und in den nächsten Jahren noch Kohle machen kann – über Firmenbeteiligungen. Du kannst das Geld nicht mehr aus dem Finanzmarkt ziehen, der Finanzmarkt ist leergesaugt. Deswegen ist er implodiert, deswegen gab es die Krise, deswegen haben die Leute alle ihr Geld verloren. Woher willst Du das Geld sonst nehmen? Du musst es daher nehmen, wo es produziert wird – also in der Wirtschaft, in irgendwelchen Dienstleistungsunternehmen und im produzierenden Gewerbe. Das ist die einzige Möglichkeit, um an Geld zu kommen. Eine Bank zu gründen ist dumm – heutzutage.

Früher hatten die Rothschilds Geld an Fürsten bzw. an Länder und Kriegsherren verliehen.

Die Frage ist ja nun, wie sicher das heutzutage noch ist. In diesen Geschäften geht es ja um Länder, die in der Krise stecken. Da kann man auf lange Sicht die größten Gewinne abschöpfen. Doch die Krisen haben sich in den letzten Jahrzehnten verändert. Du bekommst in einigen Fällen die investierten Gelder nicht wieder. Wenn Du heute in Syrien den Assad finanzierst, bin ich mir nicht sicher, ob Du das Geld jemals wiedersiehst. Der Investor hat auch den Gegenwert nicht mehr. Den einzigen Gegenwert, den Assad Dir anbieten könnte, wäre, dass er Dir das Land verkauft, und Du baust es nachher wieder auf. Aber das ist kritisch. Da würde ich doch lieber schauen, dass die Leute sich gegenseitig kaputt machen, und dann gehe ich in den Markt. Genau so, wie ich heute zusehen muss, wie ich Unternehmen das Geld leihe – siehe *Apple*. Wenn ich vor 40 Jahren gewusst hätte, dass *Apple* eine der teuersten Marken der Welt wird und ich hätte damals Aktien gekauft – was übrigens viele haben –, dann hätte ich heute warme Füße für den Rest meines Lebens. Man muss auch im Finanzbereich mit der Zeit gehen, und ich glaube, Staaten werden in den nächsten Jahren immer uninteressanter für uns Banker – also die Finanzierung derselben. Für uns gilt das sowieso, also für Banker und solche, die mit der Wirtschaft zu tun haben. Die Staaten gehen kaputt. Du hast doch eh kaum noch Politiker, die irgendetwas zu sagen haben. Das wird von hinten gemanagt – von da, wo das Geld ist und von der Industrie. Das Schlimmste, was uns passieren konnte war, dass so viele Unternehmen so groß geworden sind. Durch die Größe haben sie auch den Einfluss. Das ist es, was ich versuche, in meinem Buch ein bisschen zu beschreiben – auch durch die Aufzählung der Firmen. Wenn Du siehst, was dort für ein Einfluss ist und welche Umsätze diese Unternehmen machen, und wie viele Steuern sie sparen „dürfen". Es geht hier um ungefähr 1.000 Milliarden Euro an Steuern im Jahr. Das ist nichts, was ich mir ausgedacht habe. Und mit 1.000 Milliarden könnten wir Europa supercool machen. Es gäbe keine kaputten Schulen, Straßen oder Krankenhäuser mehr, keinen kaputten Pflegebereich – es wäre alles top. Aber dann wären solche großen Unternehmen nicht mehr so reich, wie sie es heute sind.

Kommen wir aber nochmals auf das Thema „Verschwörung" zu sprechen. Ist es einmal passiert, vielleicht bei einem Glas zu viel, dass jemand etwas geplaudert hat? Was als Nächstes geplant ist, was sie vorhaben... Bargeldabschaffung...

Die Banken sehen die Bargeldabschaffung zweischneidig. Für Leute wie mich ist es extrem schlecht; für große Banken ist es extrem gut. Denn die Situation sieht so aus: Es gibt Leute, die müssen ihr Geld auf der Bank haben, Du hast den gläsernen Kunden, der Staat freut sich, und der Schäuble reibt sich die Hände. Würde man das Bargeld

abschaffen, so hätte man sein Geld nur noch auf der Bank. Dass das passieren soll, ist klar, davon spricht man bereits seit Jahren. Es ist bislang einfach noch nicht zu dem Punkt gekommen, dass man hat sagen können: „*Ok, es bietet sich an.*"
Du bekommst das aber nur hin, wenn Du es unter dem Deckmantel von irgendeinem Mist machst, einem Terroranschlag zum Beispiel. Und dass die Jungs in Brüssel das am liebsten hätten, dass es kein Bargeld mehr gibt, ist klar. Man könnte sich auch jederzeit an Kundenkonten bedienen.

Inzwischen gibt es ja ohnehin schon eine Begrenzung der Höhe von Bargeldgeschäften, z.B. wenn man ein Auto kaufen will. In machen Ländern sind es 1.500 Euro, woanders etwas mehr…

Worüber in letzter Zeit viel gemunkelt wird, ist, dass man den privaten Gold- und Silberbesitz verbieten will. Ich glaube, viele Banken haben Angst davor, dass die Menschen sich in Edelmetalle retten und dass der Edelmetallmarkt explodiert. Denn wenn jeder auf einmal losgeht und Gold kauft, dann geht zum einen der Kurs nach oben, die Industrie hat Probleme und die Staaten haben Probleme. Wie gesagt, es ist schon lange im Gespräch, aber ich weiß nicht, ob es sich komplett durchsetzen lässt. Auf jeden Fall werden die Käufer bald auch bei kleinen Mengen registriert.

Seit Jahren gibt es immer wieder Gerüchte über einen kommenden Finanzcrash – evtl. nur ein teilweiser, wie bei der *Lehman*-Pleite, oder auch ein kompletter Crash. Im August und September 2016 gab es zwei geheime Treffen von Bankiers in London, und es hieß, dass es keine Frage des Ob, sondern nur noch eine Frage des Wann sei. Was meinen Sie dazu?

Es gibt verschiedene Szenarien, die in dieser Sache denkbar sind. Eines könnte sein, dass die *Deutsche Bank* crasht. Die *Deutsche Bank* hatte vor der Finanzkrise 2007/2008 extrem krumme Geschäfte in den USA getätigt, und man muss ganz ehrlich sagen: Das war nicht mehr hart an der Grenze, sondern war schon weit darüber. Und deshalb werden sie jetzt abgestraft und müssen viele, viele Milliarden Buße zahlen. Und dass die Bundesregierung aushilft bzw. rettend eingreift, ist zu bezweifeln. Sollte die *Deutsche Bank* also die Grätsche machen, würde das nicht nur viele Privatkunden treffen, sondern auch zahlreiche Unternehmen – auch ganz große –, weil die *Deutsche Bank* ja auch Kreditgeber ist.

Die andere große Blase in den USA, und auch weltweit gesehen, ist die Privatkreditblase, bei der wir eigentlich seit Jahren darauf warten, dass sie platzt, aber sie wird seit Jahren nach vorne geschoben, und somit immer größer. Wenn Sie einmal in den USA waren, wissen Sie ja, dass dort von den einfachen Menschen im Restaurant eine Kreditkarte nach der anderen durch das Lesegerät durchgezogen wird, bis eine gefunden ist, die noch $ 20 Kredit zur Verfügung hat. *American Express* hat den Kunden $ 200 oder $ 300 angeboten, wenn sie ihre Kreditkarte zurückschicken. Das hat natürlich keiner getan. Die Amerikaner haben das Portemonnaie voll mit Kreditkarten – von jeder Bank eine –, und das wird überzogen, überzogen, überzogen. Und dieses Geld ist weg. Du kannst einem nackten Mann nicht in die Tasche greifen. Wenn die Leute ihre Kreditkarte benutzen, um sich Essen zu kaufen, dann heißt das, dass sie nichts mehr haben. Die haben nicht zu Hause einen Schatz mit Krügerrand liegen, die haben nichts mehr, und denen kannst Du auch nichts mehr wegnehmen.

Viele Kreditinstitute wissen das, und deswegen ziehen sie sich aus dem Markt Stück für Stück für Stück zurück. Das ist einer der Gründe, wieso man im Moment keine Anlageprodukte auf dem Markt findet, mit einer so tollen Rendite wie vor der Krise. Weil man diese Schulden nicht mehr so verkaufen kann wie vor der Krise, weil jeder weiß, dass jedes fünfte Wertpapier, das unterwegs ist, toxisch ist. Es wird irgendwann in die Luft fliegen.

Wozu raten Sie jetzt persönlich, was tun Sie selbst? Jemand, der kein Geld hat, der kann logischerweise nichts anlegen, was raten Sie aber

Menschen, die über finanzielle Mittel verfügen? Ich selbst hatte vor 12 Jahren bei Canada Life einen Fonds abgeschlossen, der jetzt steuerfrei ausbezahlt wird – mit einer Rendite von 38%.

Wann war das, vor 12 Jahren? Ja, das war ein tolles Geschäft. Das gibt es ja heute nicht mehr, zumindest nicht mit seriösen Anlageprodukten. Also, wenn man heute Geld anlegen will, dann legt man es entweder einfach irgendwohin – zu Hause in den Tresor, jedoch nicht in Euro – oder man kauft Gold und Silber. Ich habe einen ehemaligen kleineren Kunden, dem ich jetzt geraten habe, sich wieder einen Tresor zuzulegen und diesen mit Edelmetallen vollzumachen. Der hat bei einem Händler, den ich ihm vermittelt hatte, 100 Kilo Silber gekauft und nochmals 30 oder 35 Kilo in Gold. Und alles in kleinen Stückelungen: Silber nicht größer als eine Unze, bei Gold dasselbe, eher noch kleiner. Und das Ganze muss er nun hinlegen und warten. In eine andere Währung zu investieren, würde ich auch nicht raten, gegebenenfalls noch in Schweizer Franken. Aber der ist, seit die *Schweizer Nationalbank* die Parität von 1,20 CHF zu 1 € aufgehoben hat, recht teuer und das auch nur, weil viel mit ihm spekuliert wird. Der Schweizer Franken ist eine Währung ähnlich dem Gold, nur nicht ganz so krisenfest.

Man sollte hier wohl auch besser auf verschiedene Währungen verteilen – ein bisschen in Pfund...

Ja, beim Pfund wäre das jetzt nach dem Brexit auch schiefgegangen, wenn man sich anschaut, wie das Pfund in den letzten Wochen nach unten gerutscht ist... Das war gar nicht gut. Wenn, dann müsste man gerade jetzt ein paar Schweizer Franken, ein paar Pfund und Dollar einkaufen – irgend etwas, was man für mehr oder weniger stabil hält –, aber nicht viel. Ich persönlich würde davon den größten Teil in Schweizer Franken anlegen – wenn ich in Währungen investieren wollte, was ich aber selbst nicht tue, denn ich selbst investiere nur noch in Gold und Silber.

Was halten Sie von Aktienbeteiligungen?

Man kann das gerne probieren, wenn man unbedingt Geld verlieren will... Sicher kann man immer spekulieren. Das ist aber risikobehaftet. Wenn man einen guten Tipp bekommen hat, kann man sicher immer etwas spekulieren. Dann darf man sich aber nicht ärgern, wenn eine vermeintlich sichere Aktie wie die der *Deutschen Bank* in den Keller rauscht. Das kann man mit Geld machen, das man übrig hat, ohne das man leben kann, falls es weg sein sollte. Wenn man Geld auf die lange Sicht angelegt haben will, würde ich mich im Moment aus dem Aktienmarkt heraushalten. Wenn ich auf kurze Sicht investieren wollte, dann würde ich in Schweizer Pharmaunternehmen investieren und mich in dieser Richtung orientieren. Das ist dann aber auch das höchste der Gefühle. Die Automobilindustrie – das haben wir gesehen – ist in die Grätsche gegangen, das Pfund ebenso. Es ist im Moment nichts sicher.

Deswegen physische Werte wie Immobilien und Edelmetalle...

Klar, ich habe meine Partnerin gerade davon überzeugt, dass es sinnvoll ist, in Edelmetalle zu investieren. Sie hat jetzt angefangen, schöne Silberunzen zu sammeln. Wenn man jetzt anfängt und jeden Tag den Silberpreis verfolgt, dann mag man sich ärgern, weil der immer wieder rauf oder runter geht, aber auf lange Sicht hat man sein Vermögen gesichert. Interessierten Kunden rate ich Folgendes: Wenn ich nicht viel Geld zur Verfügung habe, dann ist es besser, wenn ich 50 Euro im Monat in Silber anlege, als wenn ich die 50 Euro zur Bank bringen würde. Immer wieder mal kaufen, immer kleine Stückelungen, zu Hause hinlegen und sich nicht ärgern, wenn der Kurs mal fällt – nicht irritieren lassen. Und das Schöne an diesen physischen Werten ist, dass man es sich zweimal überlegt – wenn man sie so vor sich liegen sieht –, ob man sie verkauft oder nicht. Das ist für viele Leute, vor allem wenn Du keine Anlagedisziplin hast, sehr wichtig. Und eine Sache, die ganz wichtig ist: Wenn man sein Geld wirklich zur Bank bringt, dann muss man sich auch wirklich informieren. Ich habe manchmal, wenn ich mich so mit Menschen unterhalte, den Eindruck, dass wenn Du Deutscher bist, und Du Dir ein Auto, einen Rasenmäher oder ein Smartphone kaufst, Du Dich tagelang darüber informierst und Dich damit auseinandersetzt. Wenn es jedoch um Geld geht und wo und wie ich es bei welcher Bank anlege, da sind die meisten sehr nachlässig. Die meisten gehen zur nächstgelegenen Bank in ihrer Nähe und eröffnen dort ihr Konto. So ist es doch… Man muss sich mal überlegen, wie bescheuert das eigentlich ist. Man macht mit jemandem Geschäfte, über den man sich gar nicht richtig informiert hat.

Was raten Sie? Zu welcher Bank sollte man gehen?

Das kommt auf die Summe an. Wenn ich viel Geld habe, verteile ich es auf verschiedene Kreditinstitute – größere und kleinere. Man kann zu *Faber-Castell* gehen und dort einen Teil anlegen oder bei den *Fuggern* in Augsburg. Das ist allerdings auch teuer, dazu muss man wissen, wenn man bei solch einer Bank ein Konto eröffnet, dass man dort 1.000 Euro Kontogebühren bezahlt. Und bei weniger Geld würde ich zu einer Genossenschaftsbank gehen. Man muss eben wirklich wissen, was man braucht. Mein Vater zum Beispiel braucht nur ein Konto, mit dem er sein Geld überweisen kann. Mein Bruder hat hingegen weniger Geld, der möchte keine Kontoführungsgebühren haben und nur mit seiner Karte Geld abheben und Online-Banking tätigen. Der wird zu einer anderen Bank gehen als mein Vater. Worauf ich hier aber hinaus möchte: Es gibt kein Kreditinstitut, das ich empfehlen würde. Es kommt auf die Voraussetzungen des Anlegers an.

Was ist mit strategischen Metallen?

„Seltene Erden“ und „strategische Metalle“ sind sehr interessant, aber damit muss man sich auskennen. Aber das ist auf jeden Fall ein ganz spannender Markt. Auch hier würde ich nur agieren, wenn ich Geld übrig habe. Zudem muss man doch eine Menge Zeit investieren, um sich schlau zu machen. Bei Gold und Silber fällt das weg, da weiß jeder, woran er ist. Das kauft Dir vor allem auch jemand ab, wenn Du mal Geld brauchst.

Mit einem Freund war ich mehrfach im Zollfreilager in Embrach bei Zürich, da lagern mehrere Firmen „Strategische Metalle" für ihre Kunden ein – zum Beispiel die Firma SMH. Finden Sie das empfehlenswert?

Seltene Erden, na klar. Das ist ein Thema, wo man sich einlesen kann und was mit Sicherheit sehr interessant wird für die Zukunft. Ist natürlich auch abhängig von einer funktionierenden Wirtschaft, also im Kriegsfall ist es schwer verkäuflich oder Du wirst einfach enteignet, wenn Du einen Käufer suchst, was ja zu solchen Zeiten nur die Rüstungsindustrie sein kann. Aber wenn man damit rechnen muss, dass es in China wieder bergauf geht – das macht gerade eine Talsohle durch –, dann sind solche Investitionen mehr als gut. Man geht nicht einfach hin und kauft, sondern man informiert sich erstmal darüber. Man muss extrem viel darüber wissen, in welcher Industrie dieses Metall eingesetzt wird, und hat diese Industrie gerade Zukunft, oder geht sie gerade den Bach runter?
Aber wie gesagt: Ich persönlich tendiere dazu, den Leuten zu raten, mehr Silber zu kaufen als Gold, weil ich den Goldpreis im Moment als sehr hoch einschätze. Aber der Silberpreis ist noch lange nicht am Ende, vor allem hat der Silberpreis Zukunft. Aufstrebende Industrien wie China und Indien werden immer mehr davon brauchen. Deswegen ist der Preis noch lange nicht da, wo er eigentlich sein müsste. Also im Moment ist der aktuelle Marktwert etwa 15-17 Euro je Unze, und ich sehe den Silberpreis in ein paar Jahren bei mindestens 28-30 Euro. Also im Bereich von 10-15 Jahren gesehen.

Sind Sie während Ihrer Tätigkeit in Zürich jemals von Freimaurern oder anderen Logen darauf angesprochen worden, die sagten: „*Wenn Du noch bessere Geschäfte machen willst, dann komm zu uns.*"?

Ja, in Zürich ist das die *Modestia cum Libertate*, das ist die Freimaurerloge in Zürich, wo man echt geniale Kontakte knüpfen kann.

Sind Sie selbst auch ein Mitglied?

Nein, ich bin zu jung. Die Schweizer nehmen meines Wissens erst ab 35 Jahren Mitglieder in die Loge auf. Der Meister vom Stuhl ist Daniel Hofer, das ist der Chef der *Schweizerischen Erdölvereinigung*. Die Loge sitzt am Lindenhof 4 in Zürich. Und der Thomas Borer ist auch mit dabei. Mit dem war ich schon dort, deswegen weiß ich das eine oder andere darüber. Dort werden eben auch wie beim *Rennweg* oder dem *Entrepreneurs' Round Table* die Geschäfte gemacht. Dort knüpft man die Kontakte und kann sich auch in den Logenräumlichkeiten ungestört unterhalten.

Wichtig ist bei solchen Geschäften, dass Du in die Rote Freimaurerei reinkommst. Die Blauen Grade sind ja die unteren Johannesgrade (Lehrling, Geselle und Meister). Du musst erst in der Roten Freimaurerei sein, um die richtigen Kontakte zu knüpfen, also in den Hochgraden wie York- oder Schottenritus. Von dort steigst Du dann auf, Du wirst ernannt. Das ist dasselbe System wie beim *Club zum Rennweg* oder dem *Entrepreneurs' Round Table*. Wenn Du Dich beliebt gemacht hast, und die Leute sehen, dass Du „tauglich" bist, dann wirst Du eingeladen.

Und wenn Du zur *Modestia cum Libertate* eingeladen bist, musst Du Dich weiter zu den Roten Freimaurern hoch begeben, da, wo auch der Hofer oder der Borer drin sind. Dann bist Du mit Diplomaten oder mit dem Chef eines Ölkonzerns, einem Bankenchef oder dergleichen zusammen. Ja, das sind schon sehr exquisite Clubs. Wenn Du da rein willst, dann musst Du machtgeil sein. Denn da geht es nicht mehr nur ums Geld. Da geht es dann darum, dass Du wichtige Posten bekommst, dass Du Dich irgendwo politisch beliebt machst. In der Schweiz ist das gar nicht mal so schwierig, denn in der Schweiz gibt es eine Milizpolitik. Das bedeutet: Die Leute, die im Nationalrat sitzen, die da reingewählt wurden, sind normalerweise ganz einfache Geschäftsleute. Die strengen sich an und die werden

Milizpolitiker. Nur die Minister und die Bundesräte sind Vollzeitpolitiker, alle anderen sind Milizianer. Und wenn Du da rein willst, musst Du Dich bei diesen Leuten extrem beliebt machen. Du musst öfter mal Geld spenden, musst machtgeil sein, um irgendwo in die höheren Riegen reinzukommen. Wenn Du siehst, wie weit sich die Schweiz mittlerweile in Richtung Europa geöffnet hat, dann ist das schon gruselig. Vielen Schweizern geht das zu weit, deswegen hat man drauf bestanden, dass man z.B. ganz offiziell das Beitrittsgesuch zur EU zurücknimmt. Das bringt natürlich nicht viel, wenn Du mittlerweile an jedem bilateralen Abkommen mit dran hängst. Und wenn Du in die ganze Europapolitik involviert bist, ist das nicht so schlimm, dass Du in dem Moment nicht EU-Mitglied bist. Es reicht Dir, wenn Du Deine Lobbyorganisation in Brüssel hast. Da hast Du genug Einfluss.

Man muss das auch von der anderen Seite sehen: Die Schweiz hat ein unglaubliches Alleinstellungsmerkmal in Europa. Dadurch, dass sie so zentral sitzt, reist man über jede Grenze in die EU ein. In der Schweiz kann man so etwas wie eine Bankenindustrie aufrecht erhalten. Du musst natürlich nach außen hin so tun, als wenn Du unbedingt eine Weißgeldstrategie haben willst (wie ich das auch in meinem Buch beschrieben habe), damit nicht Peer Steinbrück mit der Kavallerie anrückt. Aber an sich lebt die Schweiz von diesem Geld. Es gibt in der Schweiz ja keine Industrie, was machen die denn mit ihren paar Taschenmessern und Uhren? Mehr fällt mir im Moment nicht ein. Die Pharmaindustrie sitzt ja nur dort, weil sie da viel Geld verdienen kann. Was ist denn die Pharmaindustrie? Die Pharmaindustrie ist pures Geld. Du hast ein paar Pillen mit irgendwelchen Wirkstoffen, die mischst Du irgendwo zusammen, presst sie in Tablettenform und kriegst unglaublich viel Geld dafür. Das funktioniert aber nur, wenn Du das Geld anschließend irgendwo bunkern kannst, wo man es Dir nicht wegnimmt – und das ist halt die Schweiz.

Werfen Sie mal einen Blick auf die Steuersätze: Wenn Du Geld verdienst, gehst Du in die Schweiz. Es will ja niemand etwas von Dir, die Schweiz hat genug Geld. Dieses Land ist unglaublich reich. Und

bei dem Bisschen Steuern, das man dort bezahlt, da muss man ehrlich sagen: Da bist Du sicher. Und es ist unglaublich sauber. Als meine Eltern das erste Mal nach Zürich kamen, um mich zu besuchen, ist meine Mutter ausgestiegen, ist die Bahnhofstraße rauf und runter gelaufen, und was ihr als Erstes auffiel, war, dass es unglaublich sauber ist. Du kannst bald vom Bürgersteig essen.
Warum gehen vermögende alte Leute in die Schweiz? Also in Deutschland möchte ich nicht krank werden, das sag ich Ihnen ganz ehrlich. Wenn man hier ins Krankenhaus muss, kann man noch so gut versichert sein... Nein, ich weiß noch, wie ich damals mit dem Blinddarm im Schweizer Krankenhaus lag. Zur selben Zeit lag ein anderer Bekannter von mir ein Haus weiter und hatte sich das Knie operieren lassen. Die meisten Leute, die bei ihm auf der Station lagen, waren Prominente. Er lag auf einer Privatstation ganz oben, mit einem wunderbaren Blick auf den Zürichsee. Zwei deutsche Nationalspieler waren ebenfalls da – ein Fußballer und ein Basketballer. Die haben sich dort operieren lassen. Warum dort? Weil es Top-Ärzte sind, die zum großen Teil aus Deutschland kommen. Gehen Sie mal an die Uniklinik in Zürich, da sind fast nur deutsche Ärzte, die besten Leute gehen da runter. Ein guter Bekannter ist Schönheitschirurg gewesen, der hat in Deutschland studiert, einen super Abschluss gemacht, hatte Anfragen von allen möglichen Schönheitskliniken, man hatte ihm verschiedenes angeboten. Der sagte: *„Weißt Du, was ich verdiene, wenn ich nach Zürich gehe? In Deutschland bezahlen sie mir 60-80.000 €, wenn ich in eine Klinik einsteige. In Zürich bieten sie mir 180.000 CHF plus Bonus! Und in Deutschland bezahle ich den Spitzensteuersatz von über 50% und 19% Mehrwertsteuer. In der Schweiz wollen sie nur 22-23% inklusive Sozialabgaben von mir, und auch die Mehrwertsteuer ist niedrig.“* Das merkst Du dann auch irgendwo. Ich weiß noch, wie ich nach Deutschland gekommen bin, Leute besucht habe und mit ihnen abends in eine Kneipe gegangen bin und eine Flasche Moët bestellt habe. Da haben die mich alle angeguckt, als wenn ich sonst irgendwer wäre. Das war bei uns früher normal. Eine Flasche Champagner hat in einer Gast-

stätte 80-90 Franken gekostet, aber das war mir egal. 80-90 Franken hat man in fünf Minuten verdient. In Deutschland muss man einen ganzen Tag dafür arbeiten. Die Relation fehlt, wenn Du in der Schweiz lebst. Eine Geschichte dazu: Ich hatte meinen Vater in Deutschland besucht und gesagt, dass ich einkaufen gehe. Ich bin zum Metzger gegangen und habe einfach alles Mögliche eingekauft, weil ich es so lustig fand, wie günstig alles war. Das Essen ist in der Schweiz relativ teuer. Dafür ist das, was man vorgesetzt bekommt, astreine Qualität. In Deutschland gehst Du zum Schlachter und hast für 25 Euro den Beutel voll. Ich bin mal in Zürich zu einem Kumpel zum Grillen gefahren und hatte angekündigt, dass ich T-Bone-Steaks mitbringe. Beim Schlachter habe ich fünf T-Bone-Steaks gekauft und umgerechnet 280 Euro liegen lassen. Und das war kein japanisches Kobe-Rind, sondern ganz normales Rindfleisch – zwei Wochen abgehangen. In Deutschland kostet eines etwa 15 Euro!

Die Tätigkeit, die Sie mit Ihrer Firma ausübten, findet auch weiterhin statt?

Ja, es gibt 60-70 private Vermögensverwaltungen in der Schweiz, die genau dieses Geschäft praktizieren. Wir waren nicht die ersten, die solche Geschäfte tätigten. Wie ich im Buch beschrieben habe, mussten dadurch, dass die Weißgeldstrategie kam, viele Kunden ihre Konten bei den Banken leeren. Sie wollten das Geld aber nicht zurückbringen. Das heißt, das Einzige, was wir gemacht haben war, dass wir dieses Geld genommen und es wieder eingezahlt haben, aber auf andere Konten. Und somit war der Kunde bei den Banken sauber gewesen. Das geht, weil die Bank die Anderkonten nicht prüfen musste, das musste in dem Moment nur der Treuhänder machen. Und dieses Geschäft läuft natürlich weiter. Das ist ja auch nicht strafbar in der Schweiz. Es ist ein ganz legales Geschäft. Eine Ausnahme gibt es natürlich: Der Treuhänder müsste an und für sich nachprüfen, woher die Gelder kommen, aber das macht sowieso niemand. Und dann verdienst Du Dein Geld damit, so wie ich das getan habe. Alleine die Provision, die man von den Banken bekommt,

wenn man zum Beispiel mit 100 Millionen Anlagevermögen ankommt, ist bombastisch. Da braucht man nicht viel arbeiten zu gehen. Man schätzt, dass in der Schweiz noch um die 25 Milliarden Euro Schwarzgeld aus Deutschland liegen, wobei ich davon ausgehe, dass es wohl eher viermal so viel ist.
Ich war ja auch mal Beschäftigter einer richtigen Bank und habe des Öfteren etwas im Keller oder bei den Schließfächern gesucht. Ich kann mich erinnern, dass da zwei Inder standen, die dabei waren, ein Schließfach einzuräumen – und das war eines der größeren, in das auch ein Koffer passt. Ich habe mit eigenen Augen gesehen, wie die aus einer Reisetasche nur 50-Pfund-Scheine reinschmissen. Wenn man mal hochrechnet, wie viele 50-Pfund-Scheine in eine Reisetasche passen, dann sind das mehrere Millionen.
Wenn man diese Eindrücke hat, dann weiß man, wie viel Geld in so einer Bank liegt. Und das geschieht ja auch nicht nur einmal am Tag, dass solche Geldmengen eingeräumt werden, das passiert stündlich. Stündlich kommen die Leute mit Koffern da runter. Wenn Du Dich in Zürich an den Paradeplatz stellst und mal schaust, wie viele Leute mit einem Rollkoffer in die *UBS* oder in die *Credit Suisse* reingehen... da wundert Dich nichts mehr. Klar kann man sagen, dass der eine oder andere vielleicht auf der Durchreise ist und mal schnell in die Bank muss, um Geld abzuheben. Aber ich weiß, was ich gesehen habe... Die Schließfächer sind prall gefüllt mit Geld, so sieht das aus. Es sind unglaublich viele Barwerte. Und wenn man sich nun fragt, wo denn die Deutschen mit ihren vielen D-Mark hin sind – also das Geld, das noch nicht ausgetauscht wurde. Ich weiß es... Zudem hatten wir Schließfächer im Keller, die durften nicht geöffnet werden. Die sind das letzte Mal 1942 oder 1943 aufgemacht worden. Da liegen wahrscheinlich noch Reichsmark drin, und Gold und sonst irgendwas – tonnenweise.

Wenn wir gerade beim Thema Nazi-Gold sind: Wie spricht man in Deinen Kreisen über jüdische Banken, über die Rothschilds? Spricht man unter Bankern darüber, oder wird das „politisch korrekt" ausgeblendet?

Klar spricht man darüber. Zürich hat eine der größten jüdischen Gemeinden außerhalb Israels. Und wenn man dort durch die Gegend läuft, dann sieht man viele Orthodoxe mit dem Stremel auf dem Kopf und dem Pelz. Das kennt man aus Deutschland gar nicht mehr. Wenn man durch Zürich-Wiedikon fährt, sieht man das. Und hier sind Leute wie der Immobilienmagnat Rubinfeld. Bei ihm war ich einmal abends zum Essen eingeladen. Die wollten wahrscheinlich mit uns über Business reden. Wir waren lecker essen, ich hatte auch noch einen koscheren Wein besorgt, den kriegt man in Zürich ja ohne Probleme. Ich glaube die Flasche ist gar nicht beachtet worden. Er hat sie mir dann wieder in die Hand gedrückt, wahrscheinlich war sie ihm nicht gut genug. Der Wein war koscher produziert und aus Israel. In Zürich gibt es ein großes Einkaufshaus für koschere Produkte, das *Koscher City*. Da gibt es alles Mögliche aus Israel oder sonst wo. Leute wie der Rubinfeld leben halt sehr in sehr verschworenen Gemeinschaften. Das sind große Familien, die gehören alle irgendwie zusammen. Wenn Du dort rein willst, dann musst Du denen gefallen. Und denen hat meine Nase definitiv nicht gepasst. Dazu bin ich viel zu forsch, viel zu sehr Banker und viel zu deutsch gewesen für diese Leute.

Zunächst unterhält man sich, und Du wirst ein bisschen ausgefragt, und nach dem Dessert fängt dann der Erste an zu gähnen, und dann weißt Du, dass Du jetzt gehen darfst. Und wenn Du die Leute das nächste Mal auf der Straße siehst, dann bekommst Du ein herzliches Nicken. Aber mehr dann auch nicht, denn die Bürodame hat ein oder zwei Tage später ein weiteres geschäftliches Treffen abgesagt und hat mitgeteilt: *„Es tut uns leid, aber unsere Interessen überlappen sich nicht.“* Aber die Community ist riesig. Und in meinem Gewerbe muss ich diese Kontakte haben. Es kann ja sein, dass Du Kunden hast, die vielleicht etwas mit Diamanten machen möchten. In Zürich besteht die Verbindung zu Antwerpen, das geht auch über das Zollfreilager in Zürich. Na ja, und dann gibt es da diese Geschichte – ich selbst würde das natürlich nie zugeben –, dass da jemand mit Blut-Diamanten aufkreuzt oder mit Diamanten, die keinen Nachweis besitzen. Na ja, und dann wird man eben gefragt, wo der Kunde diese loswerden könnte, und dann braucht man eben den einen oder anderen richtigen Kontakt in Wiedikon... Und der kennt dann wieder jemanden in Antwerpen... Entweder bekommt man dann Papiere zu den Diamanten oder sie werden verkauft. Das ist ein gutes, großes Geschäft. Da geht jeder Hand in Hand. Zürich ist nun mal auf Finanzen ausgelegt, da ist egal, wer vor Dir sitzt. Ich habe ja eine ziemlich große Xenophobie, aber das ist egal. Wenn mir die Leute Geld bringen, dann nehme ich es. Zumindest damals habe ich das gemacht. Heute würde ich das wohl eher ablehnen.

Gibt es weitere spannende Geschichten?

Nun ja, ich könnte eine Menge über die Konten von Uli Hoeneß erzählen. Dann gibt es die Verstrickungen der Vatikanbank in die Schweiz, da ist unglaublich viel Geld hingeflossen – und das sind vor allem unglaublich viele Gelder, die dort zur Zeit des Zweiten Weltkriegs hingeflossen sind. Das ist aber eine Thematik, die ich gerne in „Bankster – Band 2“ bringen möchte.

Alles hat sich extrem beschleunigt, hatten Sie in unserem Vorgespräch bemerkt. Was meinen Sie damit?

Der Markt hat sich extrem beschleunigt. Die jetzige Finanzsituation hat sich extrem beschleunigt. Du hast heute als Banker keine ruhige Minute mehr. Man läuft von A nach B, wenn man etwas erreichen will. Wenn man seine Kunden zufrieden stellen will, muss man der 24/7-Banker sein. Ich hatte Kunden, die haben mich nachts um 3 Uhr angerufen, weil ihnen irgendein Gedanke durchs Hirn schoss, den sie loswerden mussten. In dem Moment kannst Du kein Privatleben mehr führen, das geht nicht mehr. Das heißt, Du bist nur noch der Banker, Du bist so schnell in diesem Geschäft drin, bist nur noch am Telefonieren. Ich hatte zwei Handys, weil bei meinem iPhone permanent der Akku leer gewesen ist. Wenn Du nur telefonierst und Emails schreibst, bist Du nur noch digital. Du bist immer unterwegs. Das ist der totale Rush.

Wie sehen Sie den aktuellen Stand der Finanzsituation in Europa? Es scheint alles etwas gefährlich im Moment...

Klar. Der Euro an sich hat keinen Wert mehr. Ich habe hier ein wunderschönes Zitat, das ich so liebe. Das ist von Michael Ende. Er sagte: „*Immer wieder tauchte nach 1945 die Frage auf, ob es denkbar sei, dass es je zu einem Dritten Weltkrieg kommen könne. Ich glaube, wir befinden uns schon mittendrin. Nur bemerkt es offenbar niemand, weil dieser Krieg nicht territorial, sondern zeitlich geführt wird. Wir haben einen erbarmungslosen Krieg gegen unsere eigenen Kinder und Enkel, gegen die kommenden Generationen, entfesselt. Wir werden ihnen eine verwüstete Welt hinterlassen, auf der das Leben für sie sehr schwer sein wird. Aber da sie ja nicht zurückschlagen können, fahren wir damit fort – wir können schon gar nicht mehr anders – und beruhigen unser Gewissen (sofern es nicht ganz zum Schweigen zu bringen ist) mit der Annahme, dass ihnen schon etwas einfallen wird, um unsere Gemeinheiten wiedergutzumachen.*“ Es ist doch so: Wir nehmen so viel Kredit auf, wir schmeißen so mit Geld um uns, aber wir schaffen keinen Gegenwert mehr. Was sollen wir unseren Kindern denn vererben – gerade in Europa, was extrem schlimm ist und nicht mehr rückgängig zu machen? Die Renten sind weg! Heutzutage braucht keiner von uns mehr zu erwarten, dass man in Deutschland noch eine großartige Rente bekommt. Verschiedene Politiker wollen jetzt das Rentenalter hochschrauben, damit wir noch mehr einbezahlen, damit wir zumindest in den nächsten paar Jahren nicht den totalen Kollaps erleben, und trotzdem wird er kommen, er ist unausweichlich. Es ist vorbei, es ist kein Gegenwert mehr da.

Es gibt auf dieser Welt nur drei Möglichkeiten zu leben:

1. Du bist gegen das System und haust voll rein, dann hast Du nur Probleme.
2. Du bist eine Drohne im System. Dafür halte ich mich für zu intelligent bzw. ich kann es nicht ab.
3. Du steuerst das System.

Ein Dazwischen gibt es nicht.

Eine letzte Frage, Herr Vollenweider: Sie hatten mir gegenüber einmal erwähnt, dass manche Schweizer Banken ihre Keller mit Beton unterpumpen. Weshalb?

Die Schweizer Banken kommen auf denselben Trichter – wie ich mit dem Gold mittlerweile. In Zürich mussten sie jetzt neuerdings bei einigen Banken in den Kellern, also in der zweiten Etage des Kellers, den Boden mit Beton unterpumpen, weil das Gold, das darauf liegt, so schwer ist, dass es die Keller nach unten drückt.
Das ist übrigens auch einer der Gründe, warum der Goldpreis im Moment so extrem steigt, weil in der Schweiz ordentlich eingekauft wird. Die Schweizer Banken wappnen sich natürlich auch.

Vielen Dank, Herr Vollenweider, dass Sie so mutig waren, dies mit uns zu teilen. Ich persönlich bin schon gespannt auf Band 2.

Ich bedanke mich für das Interview!

Über den Autor

Hanno Vollenweider (1985) wurde in Norddeutschland geboren und studierte an einer international renommierten Universität „Business Administrations“. Mit Anfang Zwanzig zog er in die Schweiz, arbeitete dort zuletzt als *Senior Private Banker* bei einer Privatbank an der besten Adresse in Zürich, bis er zusammen mit einem Freund eine eigene Vermögensverwaltungsgesellschaft gründete.

Heute ist Vollenweider als strategischer Berater für Start-ups und kleinere Unternehmen mit großem Potential tätig.

WELTVERSCHWÖRUNG

Thomas A. Anderson

Wer sind die wahren Herrscher der Erde?

Immer mehr Menschen stellen fest, dass sie von den Regierenden belogen und betrogen werden und dass die Volksvertreter nicht das Volk vertreten, sondern die Interessen von Großkonzernen, von Militär und Wirtschaft. Große, weltumspannende Firmen und Organisationen leiten unsere Welt. Dass es nicht die Präsidenten und Kanzler sind, die ein Land regieren, ist spätestens nach der Äußerung von Dr. Arend Oetker, dem damaligen Vorsitzenden der Atlantik-Brücke, kein Geheimnis mehr: *„Die USA werden von 200 Familien regiert, zu denen wollen wir gute Kontakte haben."* Diese Familienclans nennen die Rohstoffe auf Erden ihr Eigen, bestimmen den Goldpreis und verleihen astronomische Summen an kriegführende Länder. Aber geht es diesen wirklich nur um wirtschaftliche Interessen, oder steckt etwas ganz anderes dahinter?

Wir leben in einer Welt, in der es permanent Kriege und Terror gibt, und wir leiden unter einem immer mehr instabilen Finanzsystem. Ist das Zufall oder ein Resultat von Misswirtschaft? Mitnichten! Dieser Zustand wurde bewusst herbeigeführt, denn die Menschheit der Zukunft wird nach den Wünschen der Herrscherclans kein Bargeld mehr benötigen – und auch vieles andere nicht. Doch wir Menschen sind nicht nur im Finanzsystem gefangen, sondern auch im Glauben. Man hat die Idee und Notwendigkeit einer Religion pervertiert und teuflisch genial gegen die Menschheit eingesetzt. Wir sind moderne Sklaven, das ist die bittere Wahrheit.

Die Länder Europas – insbesondere Deutschland – werden im Moment gegen den Willen eines Großteiles der Bevölkerung von Einwanderern überrannt und mit Zahlungsverpflichtungen für riesige Summen in eine finanzielle und politische Zwangsjacke gepresst. Gibt es möglicherweise einen historischen Grund für diese Zielgebiete? Gibt es einen Ort in der Vergangenheit, von dem alles ausging? Sind diejenigen, von denen wir glauben, sie seien die herrschenden Familien – die sog. Illuminati –, wirklich die wahren Herren dieser Welt? Oder gibt es da Fakten, die man uns verschweigt? Sind sie vielleicht auch nur Befehlsempfänger? Wenn ja, von wem?

Statt friedlich in einer großen Völkerfamilie zu leben, leben wir in Angst voreinander und bekriegen uns gegenseitig. Cui bono? – Wem nutzt es? All das ist nur möglich, weil wir die wahren Ursachen und die wahre Geschichte unseres Planeten nicht kennen. In diesem Buch finden Sie Antworten – Antworten zur Geschichte des aktuellen und des vergangenen Terrors, zur Entstehung der Menschheit und der Leidensgeschichte unseres Planeten Erde.

WHISTLEBLOWER

Jan van Helsing

Insider aus Politik, Wirtschaft, Medizin, Polizei, Geheimdienst, Bundeswehr und Logentum packen aus!

Edward Snowden, der US-amerikanische Whistleblower, der 2013 geheime Dokumente über verschiedene Überwachungssysteme der US-Geheimdienste veröffentlichte, ist den meisten bekannt. Sicher auch Julian Assange, der Sprecher der Whistleblower-Plattform *Wikileaks*, die es sich zum Ziel gesetzt hat, geheimgehaltene Dokumente allgemein verfügbar zu machen. Beide haben im Ausland Asyl beantragt, weil man sie juristisch wegen Verrats belangen möchte. Man will sie jedoch nicht bestrafen, weil sie Unwahrheiten oder Lügen verbreitet haben – nein: Man will sie bestrafen, weil sie den Menschen die Wahrheit gesagt haben, die Wahrheit darüber, dass wir alle von unseren Regierungen und deren Geheimdiensten überwacht und ausspioniert werden.
Ist es das, wofür wir unsere Volksvertreter gewählt haben? Eigentlich haben wir sie doch gewählt, damit sie unsere Interessen vertreten, damit sie uns beschützen und Schaden von uns abhalten. Ist es nicht viel eher so, dass sie inzwischen ganz anderen Interessen dienen?

Für dieses Buch haben *Jan van Helsing* und *Stefan Erdmann* 16 Whistleblower interviewt, die u.a. zu folgenden Themen auspacken:

- Wie geht es in deutschen Asylantenheimen wirklich zu?
- Ist Deutschland souverän? Ist die BRD ein Staat oder eine Firma?
- Was ist *Geomantische Kriegsführung*?
- Was tat die Schweizer Geheimarmee *Abteilung 322*?
- Es werden viele alternative sowie schulmedizinische Therapieformen unterdrückt!
- Gibt es das „Geheime Bankentrading" wirklich?
- Wie sparen Großunternehmen und soziale Einrichtungen über Stiftungen Steuern?
- Die Demonstranten in Hongkong 2014 waren bezahlt!
- Der Ruanda-Kongo-Krieg war wegen Rohstoffen angezettelt worden!
- Warum es bei Film und Radio nur „Linke" geben darf...
- Wie Geheimdienste bei Mobilfunkanbietern zugreifen können.
- Der Sohn eines Illuminaten enthüllt Hintergründe des Ersten und Zweiten Weltkriegs.
- Ein Schottenritus-Hochgradfreimaurer spricht über UFOs und Zeitreisen.

Die Zeit ist reif für die Wahrheit – auch wenn sie vielen nicht schmecken mag. Aber darauf wollen wir keine Rücksicht nehmen. Denn auf uns nimmt auch keiner Rücksicht!

ISBN: 978-3-938656-90-7 • 23,30 Euro

WAS SIE NICHT WISSEN SOLLEN!

Michael Morris

Einigen wenigen Familien gehört die gesamte westliche Welt – und nun wollen sie den Rest!

Eine kleine Gruppe von Privatbankiers regiert im Geheimen unsere Welt. Das Ziel dieser Geldelite ist kein Geringeres als die Weltherrschaft, genannt die *Neue Weltordnung*!

Michael Morris erklärt über die Zukunft der Finanz- und Wirtschaftswelt: *„Die Ländergrenzen werden bleiben, aber die Währungsgrenzen fallen! Ich habe in diesem Buch den Fokus auf die Wirtschaft, auf Geld und das Bankwesen gelegt, denn die Mechanismen des Geldes sind der Schlüssel zur Macht dieser Bankiers-Clans. Seit fast zweihundert Jahren sind wir immer wieder auf dieselben Tricks hereingefallen... Jeder Börsencrash war geplant und so ist es auch der nächste – und der kommt sehr bald!"*

ISBN 978-3-938656-13-6 • 21,00 Euro

WENN DAS DIE DEUTSCHEN WÜSSTEN...

Daniel Prinz

...dann hätten wir morgen eine (R)evolution!"

Wussten Sie, dass Ihr Personalausweis oder Ihr Reisepass nicht Ihre deutsche Staatsangehörigkeit bestätigt und fast alle Deutschen in ihrem eigenen Land staatenlos sind? Nein? Es gibt tatsächlich ein Dokument, welches die rechtmäßige Staatsangehörigkeit bescheinigt, aber es ist keines der beiden zuvor genannten. Nur wenige Deutsche sind im Besitz dieser speziellen Urkunde, z.B. viele Staatsanwälte, Notare, Bundespolizisten oder Politiker. Wussten Sie zudem, dass Gerichtsvollzieher in der BRD seit 2012 keine Beamten mehr sind oder dass die BRD selbst gar kein Staat ist – und auch nie war –, sondern eine von den Alliierten installierte Verwaltung, die großteils innerhalb einer „Firmenstruktur" operiert? War Ihnen geläufig, dass wir bald in die „Vereinigten Staaten von Europa" übergehen und die Menschen in „handelbare Waren" umfunktioniert werden? Haben Sie sich nicht auch schon gewundert, wieso aus dem Arbeitsamt eine „Agentur für Arbeit" geworden ist oder warum Sie vor Gericht als „Sache" behandelt werden und nicht als Mann oder Frau? Der Autor beantwortet nicht nur diese Fragen ausführlich, sondern zeigt zudem auf, welche höchst raffinierten und hinterhältigen Mechanismen eingesetzt werden, die uns alle versklavt haben und dafür sorgen sollen, dass wir aus dem gegenwärtigen, riesigen Hamsterrad nie ausbrechen.

ISBN 978-3938656-27-3 • 21,00 Euro

DER GOLDKRIEG

Michael Morris

Seit einhundert Jahren bestimmen fünf Banken im „Goldfixing" ganz im Geheimen den Goldpreis für die gesamte Welt! Zwischen diesem westlichen Bankenkartell und den sogenannten BRICS-Staaten – unter der Führung von Russland und China –, tobt heute ein Währungskrieg, der gleichzeitig ein "Goldkrieg" ist. IWF-Direktor Dominique Strauss-Kahn wollte 2011 das in New York gelagerte IWF-Gold zurück in die Schweiz holen. Noch am selben Tag wurde er Opfer eines absurden Sexskandals. Muammar al-Gaddafi, der eine neue Goldwährung einführen wollte, erging es noch schlechter. Warum hat die neue Führung in der Ukraine im März 2014 als erste Amtshandlung das Gold ihres Volkes heimlich in die USA geschafft? Warum haben sich mehrere US-amerikanische Spitzenbanker Anfang des Jahres 2014 nahezu gleichzeitig das Leben genommen? Wo ist das Gold der Deutschen Bundesbank?

ISBN 978-3-938656-12-9 • 21,00 Euro

WAS SIE NICHT WISSEN SOLLEN! – Band 2

Michael Morris

Was sind die Pläne der Geheimen Weltregierung?

In seinem 2011 erschienenen Bestseller „Was Sie nicht wissen sollen" führt Michael Morris anschaulich aus, wie eine kleine Gruppe von Bankiers dabei ist, durch Wirtschafts- und Währungskriege die totale Herrschaft über die Welt zu erlangen. In Band 2 legt er nun den Fokus auf den politischen und militärischen Aspekt der „Neuen Weltordnung". Die USA haben die Welt mehr als einhundert Jahre lang dominiert, doch ihr Stern sinkt, und die Machthaber im Hintergrund wehren sich verbissen dagegen. Sie intervenieren zwanghaft rund um den Erdball. Doch woher stammt ihr destruktiver Einfluss auf die EU?

Eine kleine Gruppe von Psychopathen ist für die Kriege in Afghanistan, im Irak und in Syrien ebenso verantwortlich wie für den Konflikt in der Ukraine und den „Arabischen Frühling". Afrika sowie der Nahe und Mittlere Osten versinken bereits im Chaos, das nun gesteuert auf Europa übergreift. Die Terroranschläge von Paris waren erst der Anfang! In Europa und in den USA werden Polizei-, Gendarmerie- und Militäreinheiten aufgerüstet und für die brutale Niederschlagung von lang vorbereiteten Bürgerkriegen trainiert.

Erfahren Sie, was es wirklich mit der NATO, dem weltweiten Terrorismus, dem Konflikt in der Ukraine und dem Krieg gegen Russland auf sich hat.

ISBN 978-3938656-40-2 • 23,30 Euro

POLITISCH UNKORREKT

Jan van Helsing & Co.

Mit der Schere im Kopf müssen viele Autoren, Journalisten und Verleger arbeiten und schreiben nicht das, was sie gerne möchten und was auch die Bürger interessieren würde, sondern sie unterliegen einem unsichtbaren Diktat – der *Politischen Korrektheit*! Wenn Sie bislang meinten, dass *„man in Deutschland doch alles sagen darf"*, dann liegen Sie falsch. Bei uns darf man bestimmte Themen nicht ansprechen oder gar publizieren. Ansonsten folgt eine gesellschaftliche – meist durch die Medien angezettelte – Hetze und im Regelfall dann auch eine Bestrafung. Fakt ist, dass den Bürgern entweder Teile einer Nachricht vorenthalten werden, weil sie „politisch unkorrekt" sind und eventuell den „öffentlichen Frieden" stören könnten, oder es tauchen in vielen Fällen die Ereignisse überhaupt nicht in den Nachrichten auf, man hält sie einfach von der Öffentlichkeit fern, um das Volk nicht zu beunruhigen!

ISBN 978-3-938656-60-0 • 24,00 Euro

HITLER ÜBERLEBTE IN ARGENTINIEN

Jan van Helsing & Abel Basti

Augenzeugen kontra Geschichtsbücher

„So ein Unsinn", werden Sie über den Titel denken. *„Hitler ist im Berliner Bunker gestorben. Man hat die verkohlten Leichen von ihm und Eva Braun gefunden, und das dort aufgefundene Gebiss wurde als das von Hitler identifiziert."*

Nun ja, diese Darstellung des Ablebens von Adolf Hitler ist zwar offiziell anerkannt und wurde kürzlich auch recht aufwendig verfilmt, ist aber selbst unter Historikern umstritten – nicht zuletzt deshalb, weil das angebliche Schädelfragment Hitlers im Jahre 2010 untersucht wurde und sich nach einem DNS-Test als das einer Frau herausstellte. Und wieso berichten die größten Tageszeitungen Paraguays im Jahre 2010, dass Hitler lange in Südamerika gelebt hat und auch dort gestorben ist? Nun stellen Sie sich bestimmt die Frage: *„Ja und, was soll's? Jetzt ist er aber bestimmt tot! Was soll ich mich damit noch beschäftigen?"* Richtig, genau das sollte man meinen. Allerdings werden in diesem Buch Personen präsentiert – die namentlich genannt werden –, die nicht nur behaupten, Adolf Hitler persönlich in Südamerika angetroffen zu haben und das über einen längeren Zeitraum hinweg – bis ins Jahr 1964 –, sondern auch, dass er die letzten zwanzig Jahre seines Lebens nicht untätig war – ganz im Gegenteil!

ISBN 978-3-938656-20-4 • 26,00 Euro